मध्य भारत के लोकनाट्य

मध्य भारत के लोकनाट्य

वसन्त निरगुणे

वाणी प्रकाशन

प्रकाशन के उत्कृष्टतम 63 वर्ष

vaniprakashan.com

सजिल्द पहला संस्करण : 2026

वाणी प्रकाशन

4695, 21-ए, दरियागंज, नयी दिल्ली-110 002

फ़ोन : + 91 11 23273167, 23275710

शाखाएँ

अशोक राजपथ, पटना-800 004, बिहार

कॉफ़ी हाउस कैम्पस, महात्मा गांधी मार्ग, प्रयागराज-211 001, उत्तर प्रदेश

महात्मा गांधी अन्तरराष्ट्रीय हिन्दी विश्वविद्यालय, वर्धा-442 001, महाराष्ट्र

sales@vaniprakashan.in
vaniprakashan@gmail.com

Madhya Bharat Ke Loknatya
by Vasant Nirgune

ISBN : 978-93-7348-384-9
Folk Drama

मूल्य : ₹ 695

जी.एस. ऑफ़सेट, दिल्ली-110 095 में मुद्रित

वाणी प्रकाशन का लोगो मक़बूल फ़िदा हुसैन की कूची से

समर्पण

लोक के उन पुरोधाओं को
जिन्होंने अपने आँचल की
लोकनाट्य की परम्परा को
आज तक
जीवित और जीवन्त रखा।

*

उन युवाओं को जो
सच्चे मन से,
लोकनाट्य को,
जानना-समझना
और जीवन में
उतारना चाहते हैं।।

—वसन्त निरगुणे

पूर्वा

नाट्य सबके भीतर है, जब वह बाहर भाषा, अभिनय, गीत-संगीत और नृत्य में आ जाता है, तब वह सबके लिए 'लोकनाट्य' बन जाता है। मैंने मध्यप्रदेश के पारम्परिक लोकनाट्यों की तासीर को समझने की कोशिश की है कि आख़िर समाज में लोकनाट्य की ज़रूरत क्यों और क्या है? नतीजा सामने यह आया कि लोकनाट्य मनुष्य की दुखती रग पर हाथ रखने का महत् कार्य भी करता है। हँसी-मज़ाक़ में लोकनाट्य बड़ी-बड़ी बातें कह जाता है, जो अधिकांश लोगों के पेट में पचती नहीं हैं। मनोरंजन के साथ यह लोकनाट्य की पहली शर्त भी है।

वाणी प्रकाशन, नयी दिल्ली के श्री अरुण माहेश्वरी का विशेष आभार, जिन्होंने बड़ी उदारता से इस किताब को छापा है। इस मुहिम में सभी सहयोगियों-आत्मीयों के प्रति कृतज्ञता ज्ञापित करता हूँ।

9-9-2025

—वसन्त निरगुणे

9479539358

अनुक्रम

मध्य भारत के लोकनाट्य

लोकनाट्य

लोक में अपने मनोरंजन की मौलिक परम्पराएँ हैं। कई लोक विधाएँ अपनी परम्परा में अनुष्ठान के निर्वाह के बीच, पर्व-त्योहार के मनाने एवं अपने मनोरंजन के अवसरों की पूर्ति में कर लेती हैं, लेकिन यह अवसर सम्पूर्ण लोकनाट्य को उपस्थित नहीं करते, फिर भी लोक में कई विधाएँ लोकनाट्य की सम्पूर्ण अभिव्यक्ति करने में सक्षम होती हैं। लोक जीवन में लोकनाट्य के महत्त्व को नकारा नहीं जा सकता, बल्कि यह कहना सर्वथा प्रासंगिक होगा कि लोक प्रहसन और मनोरंजन के लिए भरपूर सामग्री आदि काल से मौजूद हैं। लोक की अपनी पारम्परिक रंग दृष्टि का विकास धीरे-धीरे ही हुआ है, लोक के प्रभावी तत्त्वों को लेकर लोक समुदायों ने अपनी आंचलिक रंगकर्म परम्परा का विकास किया है। इसका परिणाम यह हुआ कि हर अंचल में अपने-अपने ढंग की लोकरंग शैलियाँ बनती चली गयीं। जिन्हें हम लोकनाट्य के रूप में पहचानते हैं, वह नाचा, माच, स्वांग, गम्मत, करियाला, ख्याल, सांग, विदेशिया, जात्रा, तमाशा, हेरिडगको, सिरमोर, भगत, नौटंकी, भवाई, यक्षगान, रासलीला, रामलीला आदि के रूप में देशभर में लम्बी और समृद्ध परम्परा में दिखाई देते हैं।

आदिम समूहों में उनके मनोरंजन की परिपाटियाँ मौजूद हैं। वन्य जीवन की आदिम अभिव्यक्तियाँ उनके नृत्य नाट्यों में सहजता से देखी जा सकती हैं, मिट्टी या काष्ठ मुखौटे लगाकर नृत्य और नाटक परम्परा जनजाति समूहों में प्रायः मिलती हैं। सम्भवतया, प्रारम्भिक मानव के आदिम नृत्य से नाटक की उत्पत्ति हुई है, तभी तो आदिवासियों में नृत्य प्रधान नाट्य अधिक मिलते हैं। बस्तर के मुरिया आदिवासियों का 'माओपाटा,' होशंगाबाद के कोरकुओं का 'खम्ब स्वांग,' मंडला के गोंडों का तमाशा स्वांग, भीलों का रायबुलिया और गवरी नाट्य आदि इसके प्रमाण हैं।

आदिम नाट्य से प्रेरित होकर लोकनाट्यों की संरचना हुई है। इसलिए लोकनाट्यों में आदिम रंग के कई तत्त्व समाहित हैं। आदिम समाज और लोक समाज की कला संस्कृति की यह अन्त:क्रिया आदि काल से चली आ रही है। लोक कलाओं का मूल आदिम कला ही हैं।

सीता स्वयंवर (विदाई)

पारम्परिक संगीत, नृत्य, अभिनय और कथानक से मिल कर लोकनाट्य की सरंचना होती है। जीवन के आस-पास घटित हर घटना लोकनाट्य का विषय हो सकती है। लोकनाट्य के जितने खेल होते हैं, उतनी विविध विषयवस्तु भी हो सकती है। लोकनाट्य साहित्य का शब्द है, लेकिन नाट्य के लिए खेल या ख्याल जैसे किसी शब्द का प्रचलन लोक में रहा है। लोकधर्मी नाट्यों की लोकधारा संस्कृत के शास्त्रीय नाटकों के समान्तर सदैव बहती रही है। नाट्यशास्त्र के प्रणेता भरतमुनि ने अपने ग्रन्थ में लोकनाट्य का ज़िक्र किया है। लोकनाट्य लोक जीवन का सम्पूर्ण प्रतिबिम्ब है। यह सामाजिक अभिव्यक्ति का सबसे बड़ा साधन है।

लोकनाट्यों में लोक रंगमंच की रचना अत्यन्त सरल होती है। गाँव का चौराहा या चौपाल जहाँ ओटलों, गलियों, सड़क पर लोग खुले में अपनी सुविधा से बैठ पाये बस वही लोकनाट्य मंच बन जाता है। बीच में एक खम्बा गाड़ कर उस पर रस्सियों से सफ़ेद चद्दरें बाँध लीं, बस यही मंच चंदोवा हो गया। लोक रंगमंचों में पर्दे जैसी कोई आड़ नहीं होती। पात्र पास के किसी घर से शृंगार या मेकअप करके आ जाते हैं।

श्रृंगार की सामग्री भी देहातीत होती है। कलाकार भी गाँव के पारम्परिक अभिनेता होते हैं, उनको उनके काम में पारम्परिक दक्षता हासिल होती है। जैसे–बजाने वाला, विदूषक या स्त्री पात्र करने वाला परम्परा से ही पारंगत और निश्चित होते हैं, ज़रूरत पड़ने पर पड़ोस के गाँव के श्रेष्ठ कलाकार को विशेष प्रतिष्ठा के साथ बुलाया जाता है, उसकी हर शर्त मंजूर की जाती है। कहीं-कहीं पेशेवर कलाकारों को तय किया गया मेहनताना दिया जाता है।

ऐसी स्थिति में नृत्य करने वाले कलाकार की एक साख बनती है, कभी अपने अंचल में वह नर्तक अत्यधिक लोकप्रिय हो जाता है, उसकी गाँव में एक तरह से 'स्टार वैल्यू' होती है। लोकनाट्य कर्म एक सामूहिक सहभागिता होती है। लोकनाट्यों में पूरा गाँव सक्रिय भागीदारी निभाता है। निर्देशक से लगाकर दर्शक तक गाँव की प्रतिभा का अद्भुत समन्वय लोकनाट्यों की प्रस्तुति में देखा जाता है। लोकनाट्यों में स्त्री पात्र प्रायः पुरुष ही परम्परा से निभाते हैं। अपवाद रूप में नौटंकी और तमाशा ऐसी लोकनाट्य विधाएँ हैं, जिसमें महिलाएँ शुरू से अभिनय करती आयी हैं।

आँचलिक रूढ़ि लोकनाट्य को मौलिक पहचान बनाती है। हर अंचल के पारम्परिक लोकनाट्यों की अपनी निजी शैली होती है, उसका निश्चित स्वरूप होता है, यहाँ तक कि उसका निश्चित उद्देश्य भी होता है। लोकनृत्य में उसकी परम्परा के निर्वाह का केन्द्रीय महत्त्व होता है। सारे लोकनाट्य किसी न किसी अनुष्ठान और पर्व से जुड़े होते हैं। अनुष्ठान और पर्व के बहाने समाज की विशेषताओं और विसंगतियों को उजागर करने का इससे अच्छा अवसर कदापि नहीं हो सकता था, हमारे पूर्वज इस बात को अच्छी तरह से जानते थे, इसलिए उन्होंने सारी लोक विधाओं को पर्व और अनुष्ठान के साथ बड़ी चतुराई से जोड़ा है। उससे एक लाभ हुआ, धार्मिक आस्थाओं से जोड़ने के कारण पारम्परिक विधाएँ जीवन के साथ सदैव जीवन्त और कालजयी बनी रहीं। लोकनाट्यों में विषयवस्तु या कथानक को उतना महत्त्व नहीं दिया जाता, क्योंकि लोकनाट्य की सामग्री लिखित नहीं होती, लिखी ही नहीं जाती, वाचिक परम्परा के अनुसार विषयवस्तु पहले आपस में बातचीत करके तय कर ली जाती है, उसमें सभी कलाकारों की खुली भागीदारी होती है, कहीं भी कोई सुझाव का संशोधन दे सकता है, लोकनाट्यों का पूर्व रंग पूरी तरह से लोकतान्त्रिक रीति अपनाता है। एक जगह श्री देवीलाल सामर ने ठीक लिखा है– "असली लोकनाट्य लिखे ही नहीं जाते वे रचे जाते हैं।" यह सच है लोक विधाओं के रचयिता कोई एक व्यक्ति नहीं होता, वह तो लोक का स्वाभाविक रचना कर्म है।

लोकनाट्य का स्वभाव और भाषा सामयिक होती है। बँधी-बँधाई या लिखी-लिखाई विषयवस्तु ना होने के कारण पात्रों को नाट्य के केन्द्रीय भाव तक भाषा के किसी भी रास्ते से पहुँचने में स्वतन्त्रता होती है। इसलिए लोकनाट्य में विषय अनायास आ जाते हैं, जो पूर्व निर्धारित नहीं होते, वे पात्रों के दिमाग़ की तत्कालीन उपज होती हैं। संगीत, नृत्य, अभिनय, और संवाद से मिल कर लोकनाट्य बनता है। लोकनाट्य के विषय जीवन के किसी भी आयाम से सम्बद्ध होते हैं।

स्वांग-बुन्देलखण्ड, सन्तोष पाण्डे दल-कनेरादेव, सागर

लोकनाट्य का प्रारम्भ पारम्परिक अनुष्ठानिक रीतियों से होता है और अन्त सामूहिक गायन, वादन और नृत्य से होता है। मंच से भी स्वांग या नक़ल में कड़वा-मीठा कहा-सुना, दिखाया जाता है, उसका अन्त भी गीत-संगीत नृत्य की अनुगूँज में होता है। यह लोकनाट्य की चरम प्राप्ति होती है। लोकनाट्य का मुख्य उद्देश्य मनोरंजन के साथ समाज की अच्छाई और बुराई की नब्ज़ पर हाथ रखना है। लोकानुरंजन लोकनाट्य की पहली शर्त हो सकती है, लेकिन हास्य के माध्यम से उनमें तिलमिला देने वाली व्यंगात्मकता भी होती है। लोकनाट्य अपने पारम्परिक अभिनय से गुदगुदाने का कार्य करते हैं, वहीं समसामयिक चुटीले संवादों से तीखी मार भी करते हैं। यह सब हँसी-हँसी में होता है और इसकी चपेट में राजा रंक सभी आ जाते हैं। अन्य लोक विधाओं की बजाय जिसे सुनाना है, उसे सब कुछ कह देने की सुविधा और स्वतन्त्रता लोकनाट्य विधा में सबसे अधिक है और यही लोकनाट्य की सबसे बड़ी ताक़त भी है।

मालवा का माच भरथरी, सिद्धेश्वर सेन, उज्जैन

परम्परा में लोकनाट्य जैसा कोई शब्द अथवा संज्ञा नहीं मिलती। यह लोक संस्कृति, साहित्य अथवा कला के अध्येता विश्लेषणकर्ताओं या परिभाषा करने वालों की सुविधा से उपजा शब्द है जिसे साहित्य ने भी स्वीकार कर लिया है और एक तरह से चलन में आ गया है। देखा जाय तो लोकनाट्यों की परम्परा में उनकी पहचान और प्रतिष्ठा उनके आंचलिक नामों से ही जानी जाती है और लोकजन उसे उसी नाम से व्यवहृत करते हैं। जैसे राजस्थान का ख्याल, महाराष्ट्र का तमाशा उत्तर प्रदेश की नौटंकी, हरियाणा का सांग, बुन्देलखण्ड का स्वांग, मालवा का माच, छत्तीसगढ़ का नाचा, उत्तर प्रदेश की रामलीला, रासलीला आदि। वैसे, लोकनाट्य का बोध कराने वाले 'खेल-तमाशा' स्वांग गम्मत नक़ल शब्द लोक में प्रचलित रहे हैं, लेकिन लोकनाट्य शब्द संज्ञा से जो व्यापक अर्थबोध होता है, वह 'खेल-तमाशा' से नहीं होता। खेल-तमाशा बहुत स्थानिक अर्थ में सिमट कर रह जाते हैं। इन्हें 'लोकनाट्य' के सम्पूर्ण अर्थ में नहीं लिया जा सकता। जो 'लोकनाट्य' से प्रतिध्वनित होता है। लोकनाट्य कहते ही किसी लोकरंग पारम्परिकता का बोध अवश्य होता है। भरतमुनि ने पाँचवें वेद नाट्यशास्त्र में 'लोकनाट्य' शब्द का उपयोग नहीं किया। उन्होंने नाट्यवेद के चौदहवें अध्याय में नाट्य में दो रूपों की चर्चा की है। एक लोकधर्मी दूसरा नाट्यधर्मी। हम लोकनाट्यों को लोकधर्मी

नाट्यरूपों में रख सकते हैं। भरत का भी यही आशय है। बाद में लोकधर्मी नाट्यों को भरत ने स्वयं 'रूपकों' में बाँध दिया है। भरत तो यहाँ तक कहते हैं कि मेरे बनाये गये नाट्यशास्त्र में जो नहीं है, कई बातें इसमें नहीं कही गयी हैं, उन्हें लोक को देखकर ले लेना चाहिए।

एवं नाट्य प्रयोगे बहुविध प्रणीतं कर्म शास्त्र प्रणीतम्।
नोक्ते यच्चात्र लोकादनुकृति करणात्, संविभाज्यं विधिज्ञैः ।।

नाट्यशास्त्र 367-83

जिस रूपक अथवा नाटक में सहज सादगीपूर्ण लोकानुरूप सामान्य भाव प्रदर्शित हों। जो आचरण और क्रियाएँ सामान्यजन को भाती हों, जिसके पात्र स्त्री हों या पुरुष हों, वह लोकधर्मी है। और जिस रूपक में बाहरी उपकरणों का मूर्त रूप में प्रयोग किया जाता हो, जिसमें एक ही पात्र की कई भूमिकाएँ हों, बूढ़े जवान की भूमिका हो, दैनिक सुख-दुख का यथार्थ अभिनय हो, जिसमें बताये गये लक्षणों के अनुरूप लीलायुक्त अंगहारों का सुव्यवस्थित मंचन हो, किसी भी सामान्यजन का चरित्र अवतरित हो उसे 'नाट्यधर्मी' समझना चाहिए। (नाट्यशास्त्र 14 / 69.73) आगे चलकर भरत ने नाटक को दान माना है और दर्शकों के लिए सद्गति अथवा पुण्य तक माना है। इसीलिए उन्होंने 'धर्मी' शब्द का प्रयोग दोनों विधाओं में किया है। लोक में नाट्य की अपनी अलिखित या वाचिक परिपाटी है और नाटक में अपनी लिखित या शास्त्रीय परिपाटी है। यहाँ धर्मी शब्द दोनों आचरणों को वहन करता है। लोकनाट्य शब्द का चलन भारत में सम्भवतया इन्द्र के आग्रह पर ब्रह्मा ने जब जन सामान्य और देवताओं के मनोरंजन के लिए वेदों के बाद नाट्यशास्त्र ग्रन्थ प्रणयन की योजना बनायी। जो उनके मन में थी। उन्होंने भरत को बुलाकर कहा–भरत तुम्हें एक ऐसे ग्रन्थ की रचना करना है जिसमें मनोरंजन के सभी साधन हों, उसमें मनुष्य का कल्याण छिपा हो। वह पाँचवाँ वेद कहलायेगा।

वेद समीक्षक अन्त में 'लोके च वेदे च' की उद्घोषणा करते हैं। भरतमुनि भी कहते हुए मिलते हैं–जो लोक में है, वही पंचम वेद में है। शास्त्र जब थक जाता है, तब आगे चलने के लिए उसका लोक ही आधार होता है।

भरत ने विनयपूर्वक कहा–लेकिन परम पिता मैं नाट्यशास्त्र के बारे में एक अक्षर नहीं जानता। क्या लिखूँगा?

अच्छा भरत! एक काम करना। कल जल्दी उठकर गाँव के बाहर जाकर सूर्योदय देखना। ज़रा ध्यान देकर देखना। फिर मेरे पास आना।

भरत ब्रह्ममुहूर्त में उठा। स्नान-ध्यान किया और पूर्व दिशा की ओर निकल गया। जाकर एक ऊँचे स्थान पर खड़ा हो गया। मुँह झाँकला था। सूर्योदय होने वाला था। थोड़ी देर में पूर्व दिशा में लालिमा छा गयी, सूरज की पहली किरण फूटी।

भरत ने महसूस किया। हवा बहने लगी। नदी झरनों में कल-कल होने लगी। पक्षी चहचहाने लगे। उनका कलरव एक स्वर्गिक संगीत रचने लगा। बीच-बीच में पत्तों की मर-मर ताल देने लगी। पेड़-पौधों पर फूल खिल गये। भँवरे गुंजार करने लगे। जैसे सारी प्रकृति नाचने लगी। सारा चराचर चैतन्य हो गया। किसान हल बैल लेकर खेत की ओर चल दिये। पनिहारिनें पनघट की ओर चल पड़ीं। भरत को लगा एक सूर्य के आते ही प्रकृति, जीव और जन जैसे अपनी भूमिका में आ गये हैं। यह सारी गतिविधियाँ स्वप्रेरणा से अपने आप हो रही थीं। भरत को लगा यह सृष्टि जैसे एक रंगमंच है। सृष्टि की एक-एक रचना पात्र की तरह मंच पर अवतरित हो रही है। प्रकृति नटी नृत्य कर रही है। धरती पर आकाश झुक रहा है। हर जगह भरत को एक अनोखा सौन्दर्य परारा नजर आ रहा है। सूर्य सृष्टि का सूत्रधार है। उसके निर्देशन में सब कुछ चल रहा है। भरत समझ गये ब्रह्माजी ने मुझे सूर्योदय ध्यान से देखने के लिए क्यों कहा? यही तो नाट्य है। जो रोज़ सुबह से शाम तक चल रहा है। सूर्यास्त से लगाकर सूर्योदय तक चल रहा है। जीवन एक रंगशाला है, जहाँ जीवन रूपी नाट्य जन्म से लगाकर मृत्युपर्यन्त निरन्तर चलता रहता है। लोक का यह जीवन्त नाटक है। यही सब तो मुझे लिखना है।

भरत एक भरे हुए उत्साह से ब्रह्माजी के पास पहुँचे। भरत की मुख मुद्रा और आंगिक चेष्टा से ब्रह्माजी पहले ही भाँप चुके थे। उन्होंने उससे पूछा–भरत इतने प्रसन्न क्यों दिख रहे हो? क्या कोई रहस्य हाथ लग गया है?

प्रणाम करते हुए भरत ने कहा–प्रभु! मुझे आपकी स्वर्णिम सुबह हमेशा याद रहेगी, कभी भूल ही नहीं पाऊँगा। सूर्योदय का इतना स्पन्दन मैंने पहले कभी नहीं महसूस किया। मुझे सब समझ में आ गया। नाट्य वेद में क्या लिखना है।

भरत तुम ही मुझे एक योग्य व्यक्ति दिखे जो यह काम कर सकते हो। ब्रह्माजी आश्वस्ति के साथ बोले।

फिर भी नाट्य की प्राप्ति के उपाय और प्रयोग कैसे हो सकते हैं–भरत ने जिज्ञासा प्रकट की।

कुछ नहीं चारों वेदों से इसकी प्राप्ति हो सकती है। ऋक् से 'पाठ', साम से 'संगीत', यजुर्वेद से 'अभिनय' और अथर्ववेद से 'रस' लिया जा सकता है।

प्रयोग के लिए आपके सौ पुत्र हैं। शुभ कार्य की शुरुआत घर से ही होनी चाहिए। प्रणयन के पश्चात् एक बार नाट्यशास्त्र के दर्शन महादेव को अवश्य करवा देना।

हँसते हुए भरत ने ब्रह्माजी का आशीर्वाद लिया और नाट्यवेद के प्रणयन के लिए चल पड़े।

लोक में मनोरंजन की परिपाटियाँ बहुत पहले से प्रचलित रही हैं, जिनके नाम स्थानिक रहे हैं। आज भी नाट्य परिपाटियाँ स्थानीय बोली के अनुरूप जानी-पहचानी और संचालित की जाती हैं। लेकिन समस्त पारम्परिक रंग विधा और विधियों को 'लोकनाट्य या लोकनाटक' शब्द के प्रयोग में मान्य कर लिया। डॉ. त्रिलोचन पाण्डेय अपनी पुस्तक (1988) में लिखते हैं–"हिन्दी में इनके लिए 'लोकनाटक' शब्द का प्रयोग स्थिर हो चला है। इनसे तात्पर्य उन नाट्य रूपों से है, जिनका अभिनय करने के लिए किसी प्रकार के रंगमंच की विशेष तैयारी नहीं करनी पड़ती। इनमें संगीत तत्त्व की प्रधानता रहती है, और जनजीवन के हर्ष-उल्लास को उन्मुक्त रूप में व्यक्त किया जाता है। ये सामूहिक आवश्यकताओं एवं प्रेरणाओं से निर्मित होने के कारण लोकवार्त्ता के कथानकों, लोक विश्वासों तथा अन्य तत्त्वों को समेट कर चलते हैं, इसलिए प्रभावपूर्ण होते हैं। लोक जीवन से सीधे जुड़े रहने के कारण ये लोक की भावनाओं का प्रत्यक्ष प्रतिनिधित्व करते हैं।" (लोकसाहित्य का अध्ययन पृ. 267-68)

ऐसा माना जाता है कि लीलानाट्यों से ख़ासकर रासलीला-रामलीला से लोकनाट्य विकसित हुआ। कुछ लोग मानते हैं कि नाट्य नृत्य से आगे की वस्तु है। कहने का तात्पर्य यह कि नृत्य से नाट्य का उद्भव हुआ। डॉ. विद्या विन्दु सिंह मानती हैं कि "लोकनृत्य और लोकनाट्य में विभाजन रेखा नहीं खींची जा सकती। नृत्य भी नाट्य की शैली है और नाटक का भी नृत्य अनिवार्य क्षेत्र है।" डॉ. महेन्द्र भानावत कहते हैं–जिन्हें वेदों का अधिकार नहीं मिला, उन्होंने अपने स्तर पर अपने और अपनों के लिए पंचम वेद के रूप में 'नाट्यशास्त्र' की अवतारणा की भरत के सौ पुत्रों ने उसे आत्मसात किया और उसमें लोक को सबसे बड़ी शक्ति के रूप में स्थापित-प्रतिष्ठित किया। लोक ही उनके लिए आधार से लेकर आधेय तक बना और उसी लोक के अनुरंजन के लिए भरत-पुत्रों ने अपने हेतु अभिप्रायों को प्रादुर्भूत और प्राणवान किया। यह प्राण-प्रतिष्ठा कुछ ऐसी रही कि युगों तक उसकी अक्षुण्णता बनी रही और लोकाश्रय में यह शास्त्र समृद्ध से समृद्धतर होता रहा।

वेद बन जाने के बाद ब्रह्मा इस बात को तत्त्वत: बड़ी गहराई और ईमानदारी से समझ गये थे कि यह भेदभाव किसी दिन मनुष्य की इतनी बड़ी खाई बन कर उभरेगा कि उसे पाटना मुश्किल हो जायेगा। इसलिए उन्हें पाँचवें वेद रचना की आवश्यकता पड़ी और जिन्हें वेदों को पढ़ने-लिखने-सुनने तक का अधिकार नहीं दिया गया, उस 'लोकजन' का क्या होगा? जिनके पास आदिम और लोककलाओं का सबसे बड़ा नैसर्गिक महासमुद्र है। आख़िर उनका दोष क्या है? इसीलिए भरत ने पंचमवेद की इसी महासमुद्र से गोता लगाकर मोती निकाल, नाट्यशास्त्र की रचना की और उनके कलाकार योग्य सौ पुत्रों ने ख़ूबी के साथ जगत में फैलाया। इसके लिए उन्हें जीवन में ज़हमत भी झेलनी पड़ी। असुर रुष्ट हुए।

आनन्द मिश्र, भोपाल

परिभाषा कभी भी परिपूर्ण नहीं होती। हर एक व्यक्ति अपने समय में और अपने अनुसार परिभाषा गढ़ता है। समय और व्यक्ति अनुभव सदैव बदलते रहते हैं। इसलिए परिभाषाओं पर बहुत अधिक भरोसा नहीं करना चाहिए। हर आदमी यथार्थ के लगभग क़रीब पहुँचने की कोशिश करता है। फिर भी लोकनाट्य की कुछ परिभाषाएँ यहाँ देने की चेष्टा कर रहा हूँ।

आचार्य भरत कहते हैं–'न कोई ऐसा ज्ञान है, न कोई ऐसा शिल्प है, न कोई ऐसी विधा है, न कला है, कोई योग है, न ही ऐसा कोई कर्म है, जो (लोक) नाट्य में न देखा जाता हो।' भरत तो यहाँ तक लिखते हैं, 'लोक के लिए ही इस नाट्य का

अनुकरण करना चाहिए। कृतानुकरणं लोके नाट्यमेतद् भविष्यति।"[1]

कोश में लोकनाट्य की परिभाषा दी गयी है–

लोकनाट्य, लोक तथा नाट्य इन दो शब्दों से बना है। लोक का अर्थ व्यापक है और नट से नाट्य शब्द की निर्मिति हुई है। "लोकनाट्य से तात्पर्य नाटक के रूप से है, जिसका सम्बन्ध विशिष्ट समाज से भिन्न सर्व साधारण के जीवन से हो और जो परम्परा से अपने-अपने क्षेत्र के जनसमुदाय के मनोरंजन का साधन रहा हो।"[2]

डॉ. महेन्द्र भानावत की दृष्टि में "लोकनाट्य लोकधर्मी रूढ़ियों की अनुकरणात्मक अभिव्यक्तियों का वह नाट्य रूप जो अपने-अपने क्षेत्र के लोक मानस को आह्लादित, उल्लसित एवं अनुप्राणित करता है, लोकनाट्य कहलाता है।"[3]

डॉ. जगदीश चन्द्र माथुर, डॉ. दशरथ ओझा, डॉ. श्याम परमार, डॉ. महेन्द्र भानावत को लोकनाट्य पर पहले कार्य करने का श्रेय है।

"लोक का नाटक लीला की दिव्यता को अपनी श्रद्धा और प्रणाम निवेदित कर प्रारम्भ होता है और एक ज़रूरी हँसी तक अनवरत अपनी यात्रा तय करता चलता रहता है। वह अनन्त के काल, पुराण के काल और इतिहास के वर्षों में देवताओं, दैत्यों, पुरखों और प्रेमियों तथा वीरों से मुलाक़ात करता अन्ततः जीवन के प्रवाह में लौट आता है, उसके पास बहुत से जीवन, बहुत से समय और बहुत से देव-दानवों, चरितों और नायकों की कथाएँ सुनाने के लिए रहती हैं।"[4]

जहाँ लोकनाट्यों में जन की आत्मा विराजती है, वहाँ जन के जीवन की अनन्त श्रुतियों और स्मृतियों के साथ अनुभवों का रस भी घुला होता है।

डॉ. राधावल्लभ त्रिपाठी बहुत से संस्कृत नाटकों पर लोकनाट्यों का प्रभाव मानते हैं। वे लिखते हैं–भवभूति की तीन नाट्य रचनाओं पर इन लोकनाट्य परम्पराओं का गहरा प्रभाव है। उन्होंने रामकथा को लेकर दो नाटक लिखे हैं–'महावीर चरितम्' और 'उत्तररामचरितम्'। ये परम्पराएँ रूपकों के बरअक्स उपरूपकों की परम्पराएँ हैं। इन दोनों नाटकों से उस समय की रामलीला की झलक मिलती है। राजशेखर

---

1. *आचार्य भरत–नाट्यशास्त्र 1, 116*
   न तज्ज्ञानं न तच्छिल्पं न विद्या न सा कला।
   नासौ यागो न तत्कर्म नाट्येऽस्मिन यत्र दृश्यते।।
2. डॉ. श्याम परमार : लोकधर्मी नाट्य परम्परा, पृ. 30-31
3. डॉ. महेन्द्र भानावत : भारतीय लोकनाट्य, पृ. 46 आर्यव्रत संस्कृति संस्थान, दिल्ली
4. डॉ. कपिल तिवारी : रंगभूमि, भूमिका, पृ. 13, आदिवासी लोककला एवं बोली, विकास अकादमी, भोपाल

की 'कर्पूरमंजरी' एक सट्टक है। सट्टक उपरूपक है, जो प्राकृत या लोक भाषा में लिखा जाता है और उसमें गीत, संगीत की प्रचुरता होती है। सट्टक वास्तव में प्राचीन काल का एक लोकनाट्य ही है। कर्पूरमंजरी में राजशेखर ने चर्चरी का विशद वर्णन किया है। चर्चरी उस काल का उपरूपक था। दूसरी तरह के अन्य रूपक डोंबी, भाणी या भाणिका, रासक, दण्डरासक (डाँडिया रास) आदि मध्यप्रदेश के विविध अंचलों में प्रचलित रहे हैं।[1]

---

1. डॉ. राधावल्लभ त्रिपाठी : मध्यप्रदेश का रंगमंच, पृ. 18, जनसम्पर्क मध्यप्रदेश, 2005

मालवा के लोकनाट्य

मालवा का माच

मालवा के पारम्परिक लोकनाट्यों में 'माच' सबसे अधिक विकसित और लोकप्रिय लोकनाट्य है। यह कहना अत्युक्तिपूर्ण नहीं होगा कि माच भारत की लोकनाट्य परम्परा का एक प्रतिनिधि लोकरंग है। राजस्थान का ख्याल, उत्तर प्रदेश का नौटंकी, बिहार का विदेसिया, कर्नाटक का यक्षगान, महाराष्ट्र का तमाशा आदि लोकनाट्य जितने आज जाने-पहचाने और मंचित किये जाते हैं, उतनी ही माच के खेलों की धूम पूरे देश में हमें सुनाई देती है। देश का कोई ऐसा सांस्कृतिक केन्द्र न होगा,

मालवा का माच, आड़ा खड़ा रजवाडी नाच, सीता स्वयंवर

जहाँ मालवा का लोकनाट्य माच न पहुँचा हो। कोई ऐसा रंगकर्मी न होगा, जो माच का नाम न जानता हो। एक समय में माच की लोकप्रियता इतनी फैली कि देश के

न केवल नाटक के क्षेत्र में सक्रिय कलाकार-निर्देशक बल्कि अध्येता-लेखकों का ध्यान माच विधा की तरफ़ गया। जहाँ-जहाँ मालवा में माच के खेल होते थे, वहाँ-वहाँ हज़ारों-हज़ार दर्शक श्रोता ठठ के ठठ जुटते थे और रात-रात भर माच के खेल का आनन्द लेते थे। जहाँ माच होता था, वहाँ मेला ही लग जाता था। तब माच की लोकप्रियता का आलम यह था कि लोग गाँवों से बैलगाड़ियाँ भर-भर कर पच्चीस-पच्चीस किलोमीटर दूर से खिंचे चले आते थे। बचपन में हमने माच के लिए जवानों और बूढ़ों में ऐसी 'दीवानगी' देखी है। हम ख़ुद घर से छिपकर माच देखने जाते थे, क्योंकि उस समय महिलाओं और बच्चों को माच देखने की मनाही थी। ऐसा इसलिए था कि देर रात में हँसी-मज़ाक़ के प्रहसनों अथवा गम्मतों में अश्लीलता का पुट आ जाता था। रात के ठण्डे प्रहर में माच की ढोलक की आवाज़ और गाने की तानें मंच से पाँच-पाँच किलोमीटर दूर तक सुनाई देती थीं। कई युवाओं की ढोलक की आवाज़ सुनकर नींद टूट जाती थी और वे वैसे ही माच के मंच की दिशा की ओर दौड़ लगा देते थे। तब युवकों में माच का झटकेदार नृत्य देखने की भारी ललक होती थी। उनमें एक तरह की होड़ लग जाती थी। जिन्होंने माच के नाच के लटके झटके नहीं देखे, उन्होंने अपने जीवन में कुछ नहीं देखा। ऐसा उन्हें एहसास होता था। दिन में लोग चौराहे-चौपाटी-बाज़ार में इसकी चर्चा करते नहीं थकते थे। तब माच मालवा के लोगों के ज़ेहन में इतने गहरे में रचा बसा था। निश्चित रूप से इसका श्रेय उन समर्पित माचकारों, निर्देशकों, कलाकारों को जाता है, जिन्होंने माच को लोकप्रियता के चरम शिखर तक पहुँचाया था।

माच की उत्पत्ति

मालवा में माच की उत्पत्ति किसी एक परम्परा की देन नहीं है, बल्कि बहुत-सी परम्पराओं के योग से माच की उत्पत्ति हुई। उज्जैन माच की उत्स भूमि है। उज्जैन सदियों से मालवा की संस्कृति का केन्द्र रहा है। मालवी संस्कृति और साहित्य में डॉ. भगवतीलाल राजपुरोहित इस सम्बन्ध में बहुत सुन्दर बात लिखते हैं, "मालवा कलाकारों का, शास्त्रज्ञों का और वैज्ञानिकों का भी केन्द्र रहा है। हम जानते हैं कि अग्निमित्र वास्तुविज्ञान का वेत्ता था और बहुत सम्भव है यह शुंग राजा ही हो। जिसे महाकवि कालिदास ने अपने नाटक 'मालविकाग्निमित्र' का नायक बनाया। उसकी राजधानी विदिशा थी। काश्यवंश के महर्षि सान्दीपनि धनुर्वेद या आयुध विज्ञान के वेत्ता थे। वे उज्जयिनी में निवास करते थे और उनसे भगवान श्रीकृष्ण तक ने शिक्षा प्राप्त की थी। भोपाल क्षेत्र के गोनर्द (या गोंदरमऊ) के महर्षि पतंजलि

प्रखर भाषाविद् थे। योग शास्त्र को दर्शन का उन्होंने दर्जा दिया था और स्वास्थ्य में काम शास्त्र के पारदरिक प्रसंग पर पृथक् से गोणिका पुत्र पतंजलि ने क़लम चलाई और वह गोनर्द का निवासी होने से 'गोनर्दीय' कहलाता था। उसने भार्याधिकारिक अधिकरण की रचना की, जिन्हें इन प्रसंगों में वात्स्यायन ने अपने कामसूत्र में आधार बनाया। वराहमिहिर ने ज्योतिष में पंचसिद्धांतिका और वृहत्संहिता के माध्यम से ज्ञान-विज्ञान के कई मार्ग खोल दिये तो राजा भोज ने समारांगण सूत्रधार के द्वारा नगर विन्यास, युक्ति कल्पतरु द्वारा विविध विज्ञान, ज्योतिष, आयुर्वेद, रत्न विज्ञान आदि को भी अपनी रचना का आधार बनाकर कई ग्रन्थ रचे। अप्राप्य उनकी 'मेघमाला पुस्तक' में मौसम विज्ञान प्रस्तुत हुआ था।"

मालवा नाट्य माच मण्डल-उज्जैन, सीता स्वयंवर, साथी कलाकार, मध्य में संचालिका कृष्णा वर्मा

'बौद्ध जातक' में उज्जैन के एक प्रवीण की चर्चा है, जिसने काशी जाकर बोधिसत्व से वीणा बजाने में मुक़ाबला किया था। उज्जैन में प्रद्योत राजा की बेटी वासवदत्ता को वीणा सिखाने के लिए वत्सराज उदयन को शिक्षक के रूप में उज्जैन लाकर नियुक्त किया गया था। 'मृच्छकटिकम्' में उज्जैन के प्रवीण गायक रेभिल का उल्लेख मिलता है। अभयमाता पद्मावती, वसन्त सेना, चतुर्भाणी की विभिन्न गणिकाएँ कला में पारंगत रहीं। महाकवि कालिदास ने 'मेघदूत' में उज्जैन के महाकाल प्रांगण में नृत्य करती गणिकाओं की चर्चा की है। उसी प्रकार 'मालविकाग्निमित्र' में विदिशा के राजमहल में संगीत नृत्य की शिक्षा के लिए विधिवत व्यवस्था की

चर्चा है, साथ ही वहाँ शास्त्रीय विवरण भी प्राप्त होता है। नाट्य के विषय में तो हर्ष विक्रमादित्य का 'नाट्यवार्तिक' तथा धनंजय का 'दशरूपक' उज्जयिनी में ही रचा गया। धनिक ने उसकी व्याख्या की है तो स्वयं राजा भोज ने अपने 'शृंगार प्रकाश' में समस्त ज्ञानों का समाहार कर दिया है। वीणा उदुम्बर (गूलर) की लकड़ी से बनायी जाती थीं, जिसे पानी से बचाना पड़ता है। वह 'मेघदूत' के देवगिरि वर्णन से ज्ञात होता है, जहाँ के सिद्ध वीणा को मेघ वर्षा से छिपाते बताये गये हैं। देवगिरि, मालव, मालवी राग-रागिनियों के उल्लेख गीत-गोविन्द गीत-गणेश में मिलते हैं। नाथद्वारा में उन्हें गाने की परम्परा है। संगीत की वह परम्परा बाजबहादुर-रूपमती से होकर देवास के बाल गन्धर्व (कुमारगन्धर्व) तक आ पहुँचती है।

माच, सीता स्वयंवर, मालवा लोकनाट्य मण्डल, उज्जैन

उज्जैन मालवा के एक साथ इतने सारगर्भित प्रमाणों के मिलने पर माहिष्मती और वाराणसी के बाद शिक्षा, साहित्य-कला, ज्ञान-विज्ञान और संस्कृति की सबसे अधिक हलचल हुई है तो वह भूमि उज्जैन और मालवा का पठार ही ठहरता है। जब इस क्षेत्र में विद्वज्जनों के माध्यम से कई विषयों के महत्त्वपूर्ण ग्रन्थ रचे जा रहे थे। कला, संगीत और नाट्य की अनेक श्रेष्ठतम गतिविधियाँ हो रही थीं। तब वहाँ का लोकजन भी कितना साहित्य कला-प्रिय रहा होगा, सहज अन्दाज़ लगाया जा सकता है। मालवा की लोक-कलाओं का भी उस समय चरम रहा होगा, जो शास्त्रीय

कलाओं का मूल हमारी लोककलाओं में ही है। जिसे बीसवीं सदी में सबसे पहले शास्त्रीय गायन में कुमार गन्धर्व ने सिद्ध किया। उन्होंने देवास में रहकर मालवी लोकधुनों में शास्त्रीय संगीत के बीज स्थापित किये। यह भरत की परम्परा का ही उद्घोष था जिसे बाद में कई शास्त्रीय संगीतकारों ने भी माना। उज्जैन और मालव क्षेत्र कई विषयों की नवोन्मेषी जगह भी रही है।[1]

माच भी उज्जैन की महाकाल की भूमि में जन्मा। माच के प्रादुर्भाव में मालवा की पारम्परिक लोककलाओं की महती भूमिका रही है। यह देखना प्रासंगिक होगा कि माच के पहले वे कौन-कौन सी लोकविधाएँ रही हैं, जिनके संविलियन से माच का स्वरूप बना है। निश्चित रूप से माच के जन्म और स्वरूप निर्धारण में मालवा के आसपास की कलाओं का भी योगदान रहा है।

मालवा का नाम आते ही एक ऐसे प्रदेश की स्मृति ज़ेहन में जाग जाती है, जहाँ की धरती हरी-भरी हों, धन-धान्य से भरपूर हो, जहाँ के लोग सदैव सुख के समीप रहते हो, जहाँ कभी दुर्भिक्ष के दिन नहीं देखने को मिले हों। विश्व के सबसे पुराने पर्वत विन्ध्याचल के पठार पर प्रसरित मालवा की भूमि कुछ इस तरह की याद दिलाती है। शस्य, श्यामल सुन्दर और उर्वर यहाँ की धरती पश्चिम भारत की सबसे अधिक स्वर्णमयी और गौरवमयी भूमि रही है। अन्य प्रान्तों के गीतों में अकाल अनावृष्टि के समय मालवा जाने की सलाह नायिका नायक को देती है।

सावन पेली पंचम ज्यौं गरजे अधरात।
तुम जैयो पिया मालवा, हम जैहें गुजरात।।

सदा सुखी मालवा की छवि जीवन और उसकी वाचिक और कला परम्परा में स्पष्ट रूप से देखी जा सकती है। मालवी लोकगीतों में सुख, सौन्दर्य और शान्ति, लोककथाओं में व्यापक समृद्धि, लोकनाट्यों में उदात्त चरित्र का सौष्ठव, लोकचित्रों में विशाल पौराणिक मिथकीय चित्रों का समावेशी संसार सहज ही दिखाई देता है।

मालवा के संगीत में मधुमय मिठास समायी होती है। मालवा की प्रत्येक लोक विधा में समृद्ध परिवार के चित्र, लिपेपुते आँगन, चन्दन, माणिक मोती चौक, ऊँची अटारियों का सौन्दर्य, हरे मूँग और भात का भोजन, मोतियों से माँग का पूरा जाना, चन्दन के किवाड़ और सोने की थालियों का बजना गीतों में महज़ ही चित्रित नहीं

---

1. डॉ. भगवतीलाल राजपुरोहित : मालवी संस्कृति और साहित्य, पृ. 143 आदिवासी लोककला अकादमी संस्कृति परिषद, भोपाल, 2004

हुए बल्कि उनके मूल में भूगोल के उपलब्ध साधनों का प्रभाव रहा है। इन सारी छबियों की माच के स्वरूप निर्माण में महत्त्वपूर्ण भूमिका रही है।[1]

मालवा में भुवाई खेल का चलन रहा है, जो एक नृत्य-नाट्य है जिसमें नर्तक गा-गाकर नाचता है। मालवा की प्रशंसा में माचकार गोस्वामी लक्ष्मण गिरि ने दसपुरी मालवी में दोहों की रचना की थी और उन्हें लोक ने अपने में समाहित कर लिया। इनका संकलन डॉ. पूरन सहगल ने किया था। उनमें से कुछ अंश यहाँ प्रस्तुत है, जो माच के प्राकट्य में सहायक है। यह रचना संवत् 1917 यानी आज से 160 वर्ष पूर्व की गयी थी। जब माच खेल का चरम समय था।

मालव देस दसपुरो

सीस मुकुट हे अरवली, चरणा विन्ध्य पठार।
चम्बल सिवना सीपरा, गरे मोतियन हार।।
हाड़ोती हे उगमणे, आतमणे मेवार।
लंकाऊ में निरमली, कल कल रेवा धार।।
मेढ़ा महके केवड़ा, अणगण चम्पा बाग।
आम्बा बागां कोयली, गावे पंचम राग।।
यो दसपुर्यो मालवो, नेम धरम को देस।
सादो भोजन जीमणो, सादो पेहरण वेस।।
कामण गारी मालव्यां, केसर महके वास।
काम पियासी हे घणी, पीव मिलन री आस।।
मीठी बोली दसपुरी, खूब करे मनवार।
मीठा लाडू चूरमो, बाटी तूहर दार।।
माच भुवाई रा अठे, वेवे खूब खयाल।
राग-रागणिया सूणजो, सुणजो अजबी ताल।।
आया थांका देस में, करां माच रो खेल।
मंच बणायो चौगटे, बीच बजारा मेल।।
खेल माच रो देखजो, करजो मति बबाल।
हरीचंद-तारामती अर सोनी-महिवाल।।
राम सलामी झेलजो, रइजो खूब खुशाल।
लच्छमण गिर तो नाम है, करां माच रो ख्याल।।[2]

---

1. वसन्त निरगुणे : मध्यप्रदेश के लोकनृत्य, पृ. 20-21, मध्यप्रदेश जनसम्पर्क, 2005
2. डॉ. पूरन सहगल–मनासा के निजी संग्रह से साभार

इन पंक्तियों से यह ज्ञात होता है कि एक समय माच के खेल जन-जन में अत्यन्त लोकप्रिय रहे हैं। तब तक माच उज्जैन की सरहद पार कर समूचे मालवा-निमाड़ क्षेत्र में फैल गया था। उज्जैनी मालवी और दशोरी मालवी में माच के खेल ख़ूब लिखे जा रहे थे।

माच के प्रथम अध्येता डॉ. शिवकुमार मधुर माच के उद्‌भव के बारे में लिखते हैं–मालवा का 'माच' ही मध्यप्रदेश का शीर्ष प्रतिनिधि लोकनाट्य है। माच की उत्स भूमि उज्जयिनी (उज्जैन) और मूल प्रसार क्षेत्र मालवा है। लगभग दो सौ वर्ष पूर्व मालवी लोकजीवन में मनोरंजन की विभिन्न प्रवृत्तियाँ यथा कृष्ण चरित पर आधारित ढाराढारी के खेल, गीत नृत्य, पर्व 'गड़वा' (गर्बा) और काव्य गायन की स्पर्धामूलक शैली 'तुर्रा-कलंगी' का ख़ूब प्रचलन था। वर्ष भर गम्मतों के आयोजन भी हुआ करते थे। इन विविध लोकानुरंजन प्रवृत्तियों के गीत-नृत्य, कथाभिनय, संवाद और मंच निर्माण आदि तत्त्वों को लेकर उज्जैन के प्रतिभा सम्पन्न गुरुओं ने लोक कलाकारों को जुटा रंग मण्डलियाँ बनायीं और एक नये रंग आन्दोलन की शुरुआत की।

सीता स्वयंवर–रच. सिद्धेश्वर सेन, मालवा नाट्य माच मण्डली, उज्जैन
निर्देशक–कृष्णा वर्मा

मालवा के प्रसिद्ध इतिहासविद् डॉ. रघुवीर सिंह ने (राजस्थानी) ख्यालों को माचों का जनक माना है। माच की शैली के आरम्भकर्ता गुरु गोपालजी को माना

1. डॉ. शिवकुमार मधुर-माच : मध्यप्रदेश आदिवासी लोककला परिषद, भोपाल

जाता है, जो मूलतः राजस्थान के रहने वाले थे और बाद में मालवा में बस गये थे। ऐसा माना जाता है कि गुरु गोपालजी ने मालवा क्षेत्र में राजस्थान के ख्याल जैसा कोई नाट्य रूप न पाकर स्थानीय संगीत और लोककला रूपों के समावेश से 'माच' की शुरुआत की, जो परम्परा से क्रमशः परिष्कृत संरक्षित और संवर्धित होता गया।[1]

माच गुरु सिद्धेश्वर सेन 'माच' की व्युत्पत्ति के पीछे सम्भावना व्यक्त करते हैं कि 'माच' के प्रवर्तक गुरु गोपालजी ने सम्भवतः कृषि की रक्षा के लिए पेड़ पर बने 'मचान' को देखा होगा, जिस पर चढ़कर स्त्री या पुरुष आवाज़ आदि के माध्यम से नुक़सान पहुँचाने वाले पशु-पक्षियों से खेत की रक्षा करते हैं। गुरु गोपालजी ने 'मचान' शब्द को ध्यान में रखा होगा और फिर नाटक प्रदर्शन के ऊँचे स्थान (मंच) से उठी 'मचान' की आकृति एवं रूप साम्य के आधार पर अपने 'मंच' का नाम 'माच' दे दिया होगा। कालान्तर में यही नाम प्रचलित हो गया।"[2]

नर्तकी नाचणई, गम्मत निमाड़, शोभाराम बाँसुरे–मण्डलेश्वर

मेरी धारणा यह है कि मालवा-निमाड़ में ओढ़ने-बिछाने के बिस्तरों (गोदड़ों) को रखने के लिए लकड़ी से बने स्टैंड को 'माचा या माची' कहा जाता है। उसी को देखकर 'माच को मंच' बनाने की कल्पना गुरु गोपालजी ने की होगी। जिसे

1. डॉ. शैलेन्द्र कुमार शर्मा : मालवी भाषा और साहित्य (सम्पादन), मध्यप्रदेश हिन्दी ग्रन्थ अकादमी, भोपाल, 2010, पृ. 82
2. वही।

आकार-प्रकार में बड़ा बनाया गया, इसी 'माचा या माची' से 'माच' शब्द आया होगा। चार पायों की बैठक को 'माच' और सोने के उपकरण को 'माचा' कहा जाता है। 'मचान' भी चार खम्बों पर बनाया जाता है। ये सब परिकल्पनाएँ उज्जैन में उपजे ख्याल, खेल 'माच' की उत्पत्ति और नामकरण को परिपुष्ट करती हैं। कल्पनाएँ कुछ भी रही हों। मालवा में 'माच' लोकनाट्य की सर्वस्वीकृति की मुहर जन-जन के मन-मस्तिष्क में गहरे में पैठ गयी है। मचान, माचा, माची, आदि संस्कृत शब्द 'मंच' से ही बने हैं। माच (लोकनाट्य) भी मंच की ही देन है।

डॉ. भगवतीलाल राजपुरोहित ने इस सम्बन्ध में ठीक लिखा है। 'जो मंच पर होता है,' वह माच है। मंच शब्द भूमि से उठे हुए मानव निर्मित क्षेत्र को कहते हैं। इस 'मंच' शब्द से माच, मचान, आदि शब्द बने हैं। माचा अर्थात् पलंग। मचान वह जिस पर बैठकर राजमिस्त्री समुन्नत भित्ति बनाता है। मचान उसे भी कहते हैं जो बरसात में खेत की मेंड़ पर बनाया जाता है। यह लकड़ी का समुन्नत मचान या डागला खेत की रखवाली के काम आता है। इस पर बरसात से बचने के लिए झोपड़ी भी बनायी जाती है। ये सभी मंच हैं। पहियों पर रखा गाड़ी का ढाँचा माच कहलाता है। गाड़ी पर खड़े होकर जो खेल किया जाय वह माच होगा। माच का खेल भी मंच पर होता है।

माच का उदय अठारहवीं-उन्नीसवीं शताब्दी में हुआ। ख्याल जैसे लोकनाट्यों का इसके उद्भव में विशेष योग रहा है। पं. सूर्यनारायण व्यास इसकी मूल परम्परा को बहुत प्राचीन मानते हुए इसे गुप्तकाल में रचे संस्कृत भाणों की परम्परा से सम्बन्ध करते हैं।

माच लोकधर्मी नाट्य है। भरत द्वारा यह भेद लोक की पारम्परिक रंग प्रवृत्तियों को देखकर सुनिश्चित किया गया है। तभी इससे आगे नाट्यधर्मी प्रवृत्तियों को भरत ने नाट्यशास्त्रीय अनुशासन के रूप में प्रतिष्ठित किया। तभी वे इस बात पर नाट्यवेद में अन्त तक सुदृढ़ रूप से स्थित रहे कि 'जो लोक में है, वही सब नाट्यवेद अथवा नाट्यशास्त्र में है।' नाट्य के बहुत से प्रकल्प भरत ने ज्यों के त्यों लोकनाट्यों से लिये हैं और उन्हें नाट्यधर्मी रूपकों के निर्वहन में अनिवार्य माना है। यहाँ तक कि

---

1. डॉ. भगवतीलाल राजपुरोहित : मालवी संस्कृति और साहित्य, पृ. 532, मध्यप्रदेश आदिवासी लोक कला अकादमी, भोपाल, 2004
2. डॉ. राधावल्लभ त्रिपाठी : मध्यप्रदेश का रंगमंच, पृ. 28, जनसम्पर्क मध्यप्रदेश शासन, 2005

नाट्यप्रवृत्तियों में भी यह विधि देखी जाती है, लेकिन वहाँ इतनी सुदृढ़ता नहीं होती। वहाँ एक लचीलापन भी होता है, जो लोक का एक गुण है।

एक ऐसी लोकधर्मी सार्वजनिक मनोरंजन की पूर्णपद्धति की आवश्यकता मालवा सें महसूस की गयी, जिसमें गीत, नृत्य, नाट्य संगीत, कथा, अभिनयादि मिलाकर हास्य, व्यंग्य, प्रहसन के साथ मालवी संस्कृति और कला का दिग्दर्शन हो। उस समय मालवा के आसपास की नाट्य प्रवृत्तियों ख़ासकर राजस्थान के ख्याल, महाराष्ट्र के तमाशा, निमाड़ की गम्मत आदि ने भी मालवी लोक मानस को ख़ासा प्रभावित कर रखा था। इसके परिणामस्वरूप मालवी माच के बनने की सुगबुगाहट होने लगी थी। किसी भी विधा के प्राकट्य के पूर्व उसकी रूपरेखा का बनना स्वाभाविक है। जैसे नाट्यशास्त्र के प्रणयन के पूर्व इन्द्र और ब्रह्मा जी के मन में नाट्यवेद की रूपरेखा बन गयी थी।

माच के कारक तत्त्व

उज्जैन संस्कृति का केन्द्र होने के नाते वहाँ हर तरह की सांस्कृतिक गतिविधियाँ होती रही हैं। माच से पूर्व भी वहाँ हर समय संस्कृत नाटकों और मालवी लोकधर्मी प्रवृत्तियों का आयोजन होता रहा होगा। ख़ासकर पर्व-त्योहारों, राज्योत्सवों आदि पर उज्जैन की सांस्कृतिक पहल देखने लायक रही होगी। इनमें पारम्परिक नृत्य, नाट्य, गायन आदि तो अवश्य होते रहे होंगे। तब लेकिन लोकरंग का कोई ऐसा समग्र लोकरूप नहीं था जिसमें सभी रंग मौजूद हों। यही ख्याल गुरु गोपालजी के मस्तिष्क में कौंधा होगा और उनके अवचेतन में जमी राजस्थानी ख्याल की रंगभूमि जाग्रत हो गयी होगी। उसी के आधार पर मालवा की सरज़मीं पर नये लोकरंग आन्दोलन की शुरुआत हुई होगी। गुरु गोपालजी ने अपने आसपास संस्कृत नाटकों डिम, समवकार, रूपक-उपरूपक, भाण सट्टक आदि की भरपूर अदायगी देखी होगी। नाट्याचार्य भरत का नाम भी सुना होगा। मालवा की लोककलाओं से गोपालजी प्रतिकृत तो थे ही। उन्हीं को मिलाकर उन्होंने एक नया नाट्य रूप रचा। ख्याल की तर्ज़ पर सबसे पहले मालवी खेल लिखा और उसे उज्जैन के भागसीपुरा में खेला। इस तरह गुरु गोपाल जी माच के आदि प्रवर्तक बने। इस सम्बन्ध में डॉ. राजपुरोहित ने लिखा है–"प्राय: दो सौ वर्ष पूर्व माच का मालवा में अवतार हुआ। उसका मालवा में प्रवर्तन राजस्थान से आकर मालवा में बसे गोपाल गुरु ने उज्जैन के भागसीपुरा में किया। उन्होंने बाल अवस्था में राजस्थानी ख्याल देखे थे। मालवा में स्थानीय खेल, ढराढारी, तुर्रा-कलंगी, रामदंगल इत्यादि तो थे ही। उन सबका मिश्रण कर उन्होंने

नये नाट्य रूप को तैयार किया, जिसे उन्होंने 'माच' नाम दिया। माच नाम राजस्थानी ख्याल की पोथियों में भी मिलता है।"[1]

लेकिन यह भी सही है कि गुरु बालमुकुन्द ने माच को अपनी चहुँमुखी प्रतिभा से शिखर पर पहुँचाया।

विभिन्न मालवी लोकरंगों तथा लोक तत्त्वों को राजस्थानी ख्याल में यथोचित स्थान देते हुए तथा ख्याल का मालवी रूपान्तर करते हुए उन्होंने एक नूतन गीति नाट्य माच की परिकल्पना की थी। उसमें परम्परा के विभिन्न तत्त्वों का समाहार किया गया। रचना में, पात्र चयन में, प्रस्तुति में, वाद्य में, मंच में, गायन में, नर्तन में किंवा समूचे रूपक की प्रस्तुति में देशकाल का ध्यान रखते हुए लोकमनोवृत्ति के अनुसार लचीले, परिवर्तनशील, माच नामक मालवी लोकनाट्य की परिकल्पना की गयी।[2]

सीता स्वयंवर, मालवा लोकनाट्य माच, उज्जैन

माच में कठपुतली फड़, गरबी, गरबा, रामलीला, रासलीला, ढारा-ढारी, कानगुवालिया, कूड़गर्या, बेरूप्या, तुर्रा-कलंगी, रामदंगल, चारबैत, क़व्वाली,

1. डॉ. भगवतीलाल राजपुरोहित : मालवी संस्कृति और साहित्य, पृ. 540, मध्यप्रदेश आदिवासी लोककला अकादमी, भोपाल, 2005
2. वही।

हाजरत विद्या, भाण, नक़ल आदि विभिन्न लोकनाट्यों, लोकरूपों, लोकप्रस्तुतियों तथा लोक परम्पराओं के तत्त्वों का समन्वय पाया जाता है। इन सबके सहयोग और पृष्ठभूमि में से माच लोकनाट्य उभरा, सबके तत्त्व लेकर माच ने मालवा में अपना रूप बनाया सँवारा।

आचार्य भरत ने अपने समय के पूर्ववर्ती लोकाचारों, अनुष्ठानों और अवसर विशेष पर किये जाने वाले लोक स्वभाव के अनुरूप अनुकरणों को जगह देकर लोकधर्मी नाट्यों की प्रतिष्ठा की है। भरत मुनि ने लोकरंग की परम्पराओं का पहले आदर किया है। पश्चात् प्रयोग और प्रस्तुतियों के नवाचारों को नाट्यधर्मी संज्ञान दिया है। उन्होंने नाट्यशास्त्र के चौदहवें अध्याय के दो श्लोकों में इसकी सम्पूर्ण व्याख्या कर दी है। जो लोकनाट्य के कारक तत्त्व कहे जा सकते हैं। नाट्यधर्मी प्रकार को उन्होंने इसी अध्याय में तेरह श्लोकों में सविस्तार समझाया है।

स्वभावभावोपगतं शुद्धन्त्वविकृतं तथा।
लोकवार्ताक्रियोपेतमंगलीलाविवर्जिततम्।।69।।

स्वभावाभिनयोपेतं नानास्त्रीपुरुषाश्रयम्।
यदीदृशं भवन्नाट्यं लोकधर्मी तु सा स्मृता।। 70।।

बाबूलाल शुक्ल शास्त्री नाट्यशास्त्रम् चतुर्दशोऽध्याय:

यदि कोई रूपक लोकस्वभाव के अनुसार भाव प्रदर्शित करने वाला सादगी तथा बिना बाहरी दिखावट वाला हो, (अधिकृत) जो अपनी (कथावस्तु में) सामान्य प्रजाजन के आचार तथा क्रियाएँ प्रदर्शित करने वाला तथा आंगिक प्रदर्शन जो लीला तथा वर्तना आदि के अभिनय से रहित सादे एवं सहज भाव प्रदर्शन करता हो, जिसमें विभिन्न पुरुष तथा स्त्री पात्र हों तो उसे 'लोकधर्मी' नाट्य प्रकार समझना चाहिए।[1] ।। नाट्यशास्त्र:69-70-14।।

लोक की समस्त पारम्परिक नाट्य प्रवृत्तियों को नज़दीक से देखें तो उनमें एक प्रकार की स्वभावगत नैसर्गिकता दिखाई देती है। जो जैसी बात है, उसे बिना लागलपेट के भावक के सामने रख देने में लोकनाटककार सुकून महसूस करता आया है। चाहे नृत्य में हो, गीत में हो, संगीत में हो, कथा में हो, अथवा अभिनय में हो। यहाँ तक कि वेशभूषा, सामग्री आदि की भी उतनी ज़रूरत नहीं रखी जाती।

---

1. डॉ. राजपुरोहित : मालवी संस्कृति और साहित्य, पृ. 528, मध्यप्रदेश आदिवासी लोककला अकादमी, भोपाल, 2004

माच को प्रभावित करने वाली पारम्परिक विधाएँ

मालवा की पारम्परिक प्रदर्शनकारी विधाओं ने जितना अधिक माच खेल को प्रभावित किया, उतना किन्हीं अन्य विधाओं ने नहीं किया। बल्कि यह कहना अधिक संगत होगा कि माच के स्वरूप निर्धारण के मूल में मालवी रंग शैलियों का महत्त्वपूर्ण हाथ है। वे रंग शैलियाँ निम्नलिखित हैं–

ख्याल

उत्तर भारत में ख्याल गायिकी का एक शास्त्रीय रूप है, जो मन्दिरों से होते हुए राजदरबारों तक पहुँचा। डॉ. राजपुरोहित का मानना है कि आगरा के निकट ख्यालों की एक लोकधर्मी परम्परा सत्रहवीं सदी में आरम्भ हुई। यह काव्य रचना और गायन पद्धति थी। ऐतिहासिक काव्य रचना की प्रतियोगिता होती थी। अठारहवीं शताब्दी में यही परम्परा राजस्थान में रंगमंचीय ख्यालों के रूप में परिवर्तित होकर जनता को आकर्षित करने लगी। ये ख्याल खेल, ख्याल तमासा, सांग, संगीत, नौटंकी, माच, रमत, रम्मत, रामत, रासधारी आदि अनेक नामधारी होते गये। राजस्थानी भाषा में विरचित ये ख्याल वीरमसिंह नौटंकी का विक्रम को नयो तमासा, संगीत नौटंकी शहज़ादी उर्फ़ अय्यारा औरत, स्वांग, नौटंकी स्वांग, माच के ख्याल आदि होते हैं। ये ख्याल मंच, वाद्य, कथावाचन, अभिनय समय आदि के अनुसार विभाजित होते हुए कई रंगशैलियाँ बन गयीं।[1]

ख्याल राजस्थान में बहुत पहले एक सम्पूर्ण लोकनाट्य परम्परा बन चुकी थी। जिसमें नृत्य गायन, वादन, मंचन, कथा, पात्र संवाद, अभिनय, संगीत, दर्शक-श्रोता आदि उसके प्रदर्शनकारी रूप में समा गये थे। मालवा में बसे गुरु गोपालजी के ज़ेहन में राजस्थानी ख्याल की परम्पराएँ रची बसी रमी हुई थीं। उसकी रम्मते-गम्मते वे अच्छी तरह जानते थे। इसलिए उन्होंने ख्याल की तर्ज़ पर सबसे पहला ख्याल या 'खेल' 'गोपीचंद' लिखा, प्रारम्भिक भाषा मालवी, उर्दू और राजस्थानी, मेवाड़ी थी। मेवाड़ और मालवा सीमावर्ती हैं। मालवी बोली पर भी मेवाड़ी का बहुत असर है जिसका नाम उन्होंने 'माच का खेल' दिया। जो सबसे पहले एक ऊँचे मंच पर खेला गया था। तब से 'माच' शब्द चल पड़ा।

मालवा में कुचामणी, शेख़ावाटी, अलीबक्षी, किशनगढ़ी, कठपुतली आदि प्रसिद्ध राजस्थानी माच ख्यालों के प्रदर्शन आते रहे थे। मालवा के लोकमानस

1. डॉ. बाबूलाल शुक्ल शास्त्री : नाट्यशास्त्र-(अनुवाद), चौदहवाँ अध्याय, श्लोक 69-70, चौखम्बा प्रकाशन, बनारस

में भी ख्याल पहले से रचा-बसा था। इसलिए मालवी लोक को ख्याल माच को स्वीकार करने में कठिनाई नहीं आयी। बल्कि मालवी रंग देखकर लोगों में नया चाव बढ़ गया। मालवी माच को जनता का प्रोत्साहन मिलने लगा। कलाकार जुटने लगे। माचकार आगे आने लगे। एक तरह से पूरे मालवा में माच लिखने, खेलने और देखने की प्रतिस्पर्द्धा ही शुरू हो गयी। इसका परिणाम यह हुआ कि माच के अच्छे से अच्छे खेल रचे जाने लगे और खेले जाने लगे। माच जैसी नयी लोकविधा का सूत्रपात हुआ। माच के मूल में राजस्थानी ख्याल का खाका ही है। माच के स्वरूप बनने में ख्याल के संगठन ने महत्त्वपूर्ण भूमिका निभाई है। माच ने ख्याल से बहुत कुछ लिया। गायकी, छन्द, मंच अदायगी से लगाकर माच के पूर्वरंग में ख्याल की कई परिपाटियों को ज्यों का त्यों लिया गया है। महतर, भिस्ती, फ़र्राश, हलकारा, चोपदार, सिपाही आदि ख्याल के पूर्वरंगी पात्र हैं। महतर झाड़ू लगाता है। मिस्त्री पानी छिटकता है, फर्राश बिछात बिछाता है। यह सब मंच पर अभिनय की गतिविधियाँ होती हैं। यह पूर्वरंग ख्याल और माच दोनों में होता है।[1]

मालवा की पारम्परिक लोक कला विधाओं का समावेश माच में किया गया है। इन लोकविधाओं के आंशिक रूपों को नाटकीय विस्तार दिया गया है, जिससे उनसे माच का रूप खिल सके। संस्कृत-प्राकृत के भाण, सटक, मत्तिलिका के भाँड (एकाकी अभिनय), नृत्यगीत, संगीत और भावों को भी माच में ग्रहण किया गया। इससे इसका स्वरूप नृत्यगीत संगीत प्रधान होता गया। कहना न होगा कि माच का रूप गीत वाद्य नृत्यमय है। "माच में भिस्ती हो या शेरमार खाँ या अन्य, हास्य के पात्र होने पर भी वे गीतों में ही अपनी बात कहते हैं। यह नाट्य की लोकधारा है जो अनजाने काल से प्रवाहित है और राजशेखर ने उसे (कर्पूरमंजरी) सट्टक में स्थापित किया है।[2]

यही बाद में 'चर्चरी' कहलाया। कोरकू जनजाति में 'चाचरी' नृत्य प्रचलित है। नृत्य से ही नाट्य की उत्पत्ति हुई है। इसलिए भारत में कई नाट्य नृत्य प्रधान मिलते हैं। माच भी नृत्य प्रधान नाट्य है।

---

1. डॉ. भगवतीलाल राजपुरोहित : मालवी संस्कृति और साहित्य, पृ. 528, आदिवासी लोककला अकादमी मध्यप्रदेश संस्कृति पषिद, भोपाल, 2004
2. डॉ. राजपुरोहित : मालवी संस्कृति और साहित्य, पृ. 501, आदिवासी लोककला अकादमी, भोपाल, 2004

ढाराढारी

ढाराढारी का खेल कृष्ण जन्माष्टमी के अवसर पर किया जाने वाला खेल है। इस दिन वैष्णव परम्परा में मन्दिरों में भगवान श्रीकृष्ण की सुहावनी मूर्ति के सम्मुख ढारा-ढारिन बनकर गाने-नाचने का रिवाज था। लेकिन अब ढारा-ढारिन का खेल देखने को नहीं मिलता। ढारा-ढारिन के खेल (स्वांग) में माच में रूप धरने, सिंगरने और कृष्णलीला के गीत-अभिनय के बीज ज़रूर डाले, जो बाद में माच के चरित्रों में अपने पूर्ण रूप में विकसित होकर दिखाई दिये। माच में गणेश और माच गुरु की प्रतिमा के सामने ही माच का पूरा खेल सम्पन्न होता है। अब्दालपुरा उज्जैन में माच गुरु फकीरचंद और माचकार हीरालाल ढारा-ढारी का खेल पचास और साठ के दशक तक करते रहे।

तुर्रा-कलंगी

भारत में लोकनाट्यों के विकास में तुर्रा-कलंगी का सबसे बड़ा हाथ है। अनेक लोकनाट्यों रामदंगल ख्याल, नौटंकी, तमाशा माच आदि के प्रादुर्भाव में तुर्रा-कलंगी विधा ने महत्त्वपूर्ण भूमिका निभाई है। तुर्रा-कलंगी को कहीं-कहीं 'कलंगी-तुर्रा' भी कहते है। तुर्रा-कलंगी मूलतः ख्याल गायकी है। महाराष्ट्र के कारण इसमें लावणी भी जुड़ गयी। महाराष्ट्र में तमाशा का विकास तुर्रा-कलंगी से ही हुआ। आज भी तमाशा की शुरुआत तुर्रा-कलंगी के गायन से होती है। कलंगी-तुर्रा एक प्रतिस्पर्द्धात्मक काव्य गायन शैली है। जिसमें दो दल आमने-सामने चंग बजाकर गाना गाते हैं और गाने (आशु कविता) में ही सवाल का जवाब देते हैं। कहीं-कहीं तुर्रा-कलंगी का रूप नाटकीय (नीमच में) भी पाया जाता है। एक समय में कलंगी-तुर्रा कर्नाटक से लगाकर उत्तर प्रदेश-बिहार तक लोकप्रिय विधा थी। आज से तीन सौ वर्ष पूर्व इस विधा के उद्भव का श्रेय तुकनगिर और शाहअली फ़क़ीर को दिया जाता है। जो शास्त्रीय संगीत के ज्ञाता और गायक थे। कहते हैं एक दिन चंदेरी महाराजा शिशुपाल के दरबार में उनकी गायन स्पर्द्धा हुई। दोनों ने उस दिन इतना अच्छा गाया कि महाराज शिशुपाल निर्णय नहीं कर पाये कि किसे विजेता घोषित करें। अन्त में शिशुपाल ने दोनों को विजेता घोषित किया। इनाम में मिर्ज़ापुर के तुकनगिर गोसाईं को अपनी पगड़ी का 'तुर्रा' उतार कर दिया और मुरादाबाद के शाहअली फ़क़ीर को 'कलंगी' प्रदान की। तब से तुकनगिर का 'तुर्रादल' और शाहअली का 'कलंगी दल' कहलाया। दोनों गायक परम मित्र भी थे। दोनों ने ख्याल और लावणी

लोकगायन शैलियों को आगे बढ़ाया। दोनों के गायन प्रतिस्पर्द्धा का मुख्य विषय शिव और शक्ति, ब्रह्म और माया पुरुष और प्रकृति को एक-दूसरे से बड़ा बताना है। जब कोई लोक नाट्य स्थापित नहीं हुआ था, तब तुर्रा-कलंगी का खेल अपनी लोकप्रियता के चरम पर था। एक समय कलंगी-तुर्रा ने पूरे देश को एक सूत्र में बाँध दिया था। तब ही कलगी तुर्रा ने कई लोकविधाओं को बहुत गहरे में प्रभावित किया। माच में पात्रों के झटकेदार गीतात्मक संवादों की देन कलंगी-तुर्रा से ही ग्रहण की गयी है। मालवा निमाड़ में कलंगी-तुर्रा के अनेक दल थे। निमाड़ में सुमेरसिंह सुमन और सुखराम का तुर्रा दल आज भी सक्रिय है। कलंगी के ताराचन्द यादव, राधेश्याम सोलंकी का दल मौजूद है।

रामदंगल

कलंगी-तुर्रा देश में जब अपने चरम शिखर पर था। उन दिनों में ही कलंगी-तुर्रा के प्रतिस्पर्द्धात्मक अदायगी से एक नयी निभा का जन्म हुआ। वह रामदंगल के रूप में लोक में पहचानी गयी और प्रतिष्ठित हुई। कलंगी-तुर्रा में बैठकी के रूप में सवाल जवाब होते थे/हैं। रामदंगल में मुख्य गायक ने खड़े होकर गाना बजाना शुरू किया। कोई-कोई गायक हाथ में डफली या खंजड़ी लेकर भी गाते थे। अब रामदंगल अतीत की वस्तु हो गयी। लेकिन पचास-साठ वर्ष पूर्व निमाड़ मालवा में रामदंगल होते हमने देखे हैं। उस समय के रामदंगल के चर्चित उस्तादों में बड़वाह के 'धर्मा', चोली ग्राम के 'मन्नू' और भारती उस्ताद का नाम बहुत प्रसिद्ध था। रामदंगल की भाषा हिन्दी, उर्दू, मालवी, निमाड़ी मिश्रित होती थी। बीच-बीच में अंग्रेज़ी के शब्दों से भी गायकों को एतराज नहीं होता था। रामदंगल के विषय सामाजिक, राजनीतिक के साथ पौराणिक और धार्मिक हुआ करते थे। उन पर फ़िल्मी संगीत का भी असर होता था। शेरो-शायरी में आशु कविता-सवाल जवाबों को ख़ूब मज़ेदार बना देती थी। दर्शक-श्रोता इसका ख़ूब मज़ा लेते थे और हज़ारों की संख्या में देर रात तक डटे रहते थे। तब चाय-पान, मूँगफली, भुट्टे, खानपान, बीड़ी-सिगरेट आदि की कई अस्थायी दुकानें सजाई जाती थी। मैदान में मेला ही लग जाता था।

बिजली माइक, ऊँचे मंच, स्वागत-सत्कार की व्यवस्था आयोजक समिति करती थी। आवागमन, गायकों का मानदेय, भोजन, आवास की व्यवस्था भी स्थानीय संयोजक ही करते थे। गायकों की बीच में हाथ देने और फ़रमाइश करने की भी प्रथा थी इससे महफ़िल में जीवन्तता बनी रहती थी। स्पर्धात्मक यह लोक गायन रात्रि 9-10 बजे के बाद ही शुरू होता था। गायक सामाजिक विषयों पर तीखी

टीका-टिप्पणी करते थे। धर्मा उस्ताद की दो पंक्तियाँ उस समय बहुत प्रसिद्ध हुई थीं, जब वनस्पति घी का चलन हुआ था।

पहले घी से सब्ज़ी बनती थी,
अब सब्ज़ी से घी बनता है।।

धर्मा रामदंगल से माच के ऊँचे मंच बनाने की कला को बल मिला। सम्भवतया उच्च आवाज़ में शेरो-शायरी कहने की अदायगी भी रामदंगल में ही आयी है।

रामदंगल कलंगी-तुर्रा से उद्भूत हुआ। कलंगी-तुर्रा आमने-सामने बैठकी का गायन है और रामदंगल खड़े होकर गाया जाने वाली विधा है। दोनों में सवाल-जवाब होते हैं। आशु कविता होती है। कलंगी-तुर्रा में गायक के हाथ में चंग या डफ होता है। रामदंगल में कोई वाद्य नहीं होता है। कलंगी-तुर्रा का गायक घुटने तक खड़े होकर ख्याल लावणी गीत के हाव-भाव करता है और रामदंगल में मुख्य गायक खड़े होकर हाथ-पैर-कमर आदि की मुद्राओं में अधिक स्वतन्त्र होता था। रचनाएँ मुक्त छन्दों में पढ़ी जाती थीं। रामदंगल के आयोजन रात-रात भर चलते थे। किसी समय लोकानुरंजन के लिए रामदंगल मुख्य आकर्षण था। इन्दौर में रामदंगल का प्रबल वातावरण था। उस्ताद धर्मा, उस्ताद शर्मा, उस्ताद छुट्टन उस समय के मशहूर रामंदगल के सितारे थे। रामदंगल जैसी दमदार लोक गायन शैली ने माच के गायन को अत्यधिक समृद्ध किया है। माच के पात्र प्रायः खड़े रहकर ही नाच गान अभिनय करते हैं। यह रामदंगल की ही देन कही जायगी। माच में रामदंगल की तरह केवल संगीत सोहबत बैठकी की होती है।

चार बैत

चार बैत भी कलंगी-तुर्रा से उत्पन्न हुआ है। इसमें भी सवाल-जवाब गाये जाते हैं। कलंगी-तुर्रा एक डफ के साथ गाया जाता है, जब कि चार बैत में जितने भी आठ-दस गायक बैठते हैं, उन सबके हाथ में डफ होती है। सम पर सारे डफ एक साथ गायन करके बजाये जाते हैं। चार बैत में डफ को 'तब्बल' कहते हैं।

चार बैत की शुरुआत भोपाल, रामपुर, टोंक आदि में हुई। सेना के सैनिकों को इसे आकार देने का श्रेय है। कलंगी-तुर्रा की तरह झटकेदार गायिकी इसकी विशेषता है। माच में इसका उपयोग सांगीतिक सोहबत में किया जाता है, जब माच की टेक को झेला जाता है। मध्यप्रदेश आदिवासी लोककला अकादमी ने भोपाल में चार बैत का आयोजन किया है और चार बैत पर एक मोनोग्राफ भी प्रकाशित किया है।

चार बैत के बारे में कहा जाता है कि यह कला भारत में अफ़ग़ानिस्तान से आयी है। आज़ादी के पूर्व भारत में लगभग छह सौ से अधिक रियासतें थीं। देशी रियासतें अपनी फ़ौजें रखती थी। फ़ौज में मुग़ल-पठान प्रायः फ़ौज में भर्ती होना पसन्द करते थे। युद्ध के दिनों को छोड़कर फुरसत के समय में पठान मिलकर फ़ौजी नग़मा गाया करते थे। जिसे प्रारम्भ में 'पठानराग' कहा जाता था। जिसे बाद में 'चार बैत' का नाम मिला। असल में वह पठानों का लोकगीत है। चार बैत का मुख्य वाद्य 'तब्बल' है। एक हाथ में तब्बल पकड़कर दूसरे हाथ से बजाते हुए फ़ौजी कभी अपनी जीत की ख़ुशियों के गीत गाते थे, तो कभी देश और वीरों की विरदावली गाते थे। कभी मेहबूबा की यादों और जुदाई के गीत गाते थे। कभी त्योहारों के अवसरों पर मस्ती में झूमते हुऐ मिलन और ख़ुशी के तराने छेड़ते थे। चार बैत के प्रारम्भिक गीतों की भाषा उर्दू और हिन्दुस्तानी रही। फ़ौजियों ने अपने इस शौक़ के कारण एक नयी विधा को जन्म दे दिया। उर्दू, हिन्दी, पश्तो और लोकबोलियों में चार बैत की रचनाएँ गायी जाती हैं।[1]

भोपाल के अलावा रामपुर, मुरादाबाद, अमरोहा, बिहराऊ, चाँदपुर, टोंक और हैदराबाद में चार बैत गाने की परम्परा है। चार बैत में कलंगी-तुर्रा की तरह आमने-सामने दो मण्डलियाँ बैठती हैं। गायन में सवाल-जवाब होते हैं। चार बैत के विषय कलंगी-तुर्रा से भिन्न होते हैं। मण्डलियाँ एक-दूसरे पर चोट करते हुए कविता और गायन में मात देने की कोशिश करती हैं। इनके विषय मुख्य रूप से फुखेरिया, तन्जिया, इश्क़िया, नातिया, हिजरिया, रक़ीबाना, मिलन और बहार आदि होते हैं। भोपाल में चार बैत के परम्परागत पाँच अखाड़े मौजूद हैं। एक जनाब उस्ताद हज्जन ख़ाँ, दो उस्ताद हाजी अब्दुल हमीद ख़ाँ, तीन उस्ताद नोशेख़ाँ, चार अब्दुल वहीद ख़ाँ और पाँचवें खलीफा लाल ख़ाँ हैं। चार बैत भोपाल के सचिव मसउद हाशमी, खलीफा शेख़ करीम, अब्दुल हमीद, लड्डन मुन्ने, दिलशाद मो. शउर, अब्दुल लतीफ़, अब्दुल वाहिद, मुन्ने ख़ाँ चार बैत विधा को बचाने में लगे हैं। मालवा में इसे 'चारबोल' के नाम से जाना जाता है। 'चौबोला' माच का ख़ास छन्द है। जिसमें चार पंक्तियाँ गायी जाती हैं। चबोला माच में संवाद के रूप में भी प्रचलित है।

क़व्वाली

भारत में क़व्वाली के आविर्भाव का श्रेय अमीर ख़ुसरो को है। अमीर खुसरो ने सूफ़ी मत की स्थापना में दसवीं-ग्यारहवीं शताब्दी में क़व्वाली की शुरुआत की। क़व्वाली

1. चार बैत (मोनोग्राफ), अंसारी-आदिवासी लोककला अकादमी, मध्यप्रदेश संस्कृति परिषद, भोपाल

का इतिहास कलंगी-तुर्रा, रामदंगल, चार बैत आदि से बहुत पुराना है। क़व्वाली में दो दल होते हैं। जिनमें सवाल-जवाब प्रतिस्पर्धा होती है। जिसमें ईश्वर के प्रेम में साधक तल्लीन होता है। ईश्वर के इश्क़ में सूफ़ी सन्त अपने आप को समर्पित कर देते हैं। श्वेत वस्त्र धारण कर नृत्य गीत संगीत में निमग्न होते हैं। क़व्वाली का मूल विषय इश्क़ हक़ीक़ी और अध्यात्म रहा है। प्रेम शृंगार की क़व्वालियाँ भी ख़ूब गायी जाती हैं। नातिया क़व्वाली का एक प्रकार है। माच में सवाल-जवाब, गीत-ग़ज़ल, शेर, आदि की बनक-ठनक क़व्वाली के मंच से प्रभावित है। माच की पीछे बैठी सामूहिक संगीत सोहबत-क़व्वाली की याद दिलाती है।

भाण

भाण संस्कृत परम्परा का एक एकाकी मंच है। इसमें एक अकेला पात्र नृत्य-गायन, कथा, नाट्य, एकल-अभिनय को मंच पर रचाता है। वाणी के माध्यम से 'विट' प्रस्तुत करता है। इसकी भाषा सामान्य बोल-चाल की होते हुए प्राकृत होती है। एक तरह से भाण लोक के बहुत नज़दीक पड़ता है, इसलिए इसे प्राकृत लोकनाट्य कह सकते हैं। माच में बहुत से पात्र होते हैं, लेकिन महतर, भिश्ती, फर्रास, चोपदार सिपाही कुडगर्या, आदि मंच पर अकेले ही अभिनय करते हैं। गा-गाकर अपना परिचय देते हैं और वाणी के माध्यम से 'विट' करते हैं। माच में ये प्रवृत्तियाँ निश्चित रूप से 'भाण' से ली गयी हैं। और उनका लगभग 300 वर्षों से सफल मंचन भी हो रहा है। अब वे माच में पूर्वरंग की रूढ़ियाँ बन गयी हैं।

भाण कथाकथन या वाचन शैली को नुक्कड़ नाटक और लोकनाट्य का पूर्वज माना जाता है। इसमें न मंच की आवश्यकता होती है न पर्दे की। यह जहाँ भी खड़े होते थे, वहाँ अपनी वाणी, गायन, अभिनय, नृत्य आदि से मजमा जमा लेते थे। बाद में वही हँसी-मज़ाक़, अभिनय, कथा भाण शैली और करने वाला 'भाणक' कहलाया और नाच-गाकर कथा कहने वाला कथक। मालवा में लोकानुरंजन के जो पारम्परिक तरीक़े रहे हैं वे रीति-रिवाजों, सामाजिक व्यवहारों और अनुष्ठानिक क्रिया-कलापों में पैठे होते हैं जिनके रूपंकर और प्रदर्शनकारी लोक रूप रहे हैं। जिनका मनोरंजन उद्देश्य नहीं होता बल्कि वह इससे आगे की वस्तु होती है। जिसका आस्था और विश्वास में विलय होता है। ऐसे तत्त्व भी लोकनाट्य माच में अपने आप घुलमिल जाते हैं। ऐसे तत्त्वों में नृत्य, गायन, नाट्य, हास-परिहास, साज-शृंगार, गीत-संगीत, लोकस्वर, लोकधुन, राग-रागिनी, लय-ताल-वाद्य, वेशभूषा आदि शामिल हैं। यहाँ तक कि लोकाचारों की खट्टी-मीठी चाशनी, कड़वे-तीखे

स्वाद, नाना प्रकार के सुख-दुख, प्रेम-घृणा आदि की सटीक और मार्मिक बानगी एक लोकनाट्य को जन-मन के बहुत नज़दीक ले जाने में समर्थ होते हैं। इसलिए वे कभी गुदगुदाते हैं, तो कभी रुलाते भी हैं।[1]

मालवा की पारम्परिक लोक विधा नृत्य में मटकी, रजवाड़ी, आड़ा खड़ा अन्ट्या और कानगुवालिया, लोक गायन में लोकगीत, कथागीत, कबीरगायन, बरसाती वार्ता, हीड़, फाग, देवीगीत, कलंगी-तुर्रा नाट्य में स्वांग-गम्मत-प्रहसन, चित्रकला में मांडणा, चित्रावण वाद्यों में ढोल, ढोलक, तबला, मृदंग, डफ, डफली, खंजड़ी, रूं रूं बाजा, बाँसुरी, घड़ी-घड़ियाल शंख, ढाँक, डमरू झाल, झांझ, चिमटा, खड़ताल आदि की माच के आन्तरिक संगीत स्वरूप को गढ़ने में कहीं न कहीं कोई न कोई छोटी-बड़ी भूमिका अवश्य होती है। माच के पारम्परिक दर्शक-श्रोता माच के खेल के बीच इस बात को भलीभाँति जानते-पहचानते हैं और गद्गद होते हैं।

मालवा की लोक कलाओं के चित्रण माच को सहज सुन्दरता प्रदान करते हैं। उनकी एक झलक, एक स्वर, एक शब्द, एक चित्र, एक मुद्रा, एक लहजा देखने के लिए उस क्षण की दर्शकगण रात-रात भर प्रतीक्षा करते हैं। रामलीला-रासलीला, गरबा-गरबी, नक़ल, हँसी-मज़ाक़, ग़म-ख़ुशी, अभिनय चाल-ढाल आदि मानवीय जीवन की हर हलचल माच के मंच पर गीत, नृत्य, संगीत, संवाद के माध्यम से अवतरित होती है। तब माच मालवा के समस्त संस्कारों के प्रदर्शन का सार स्थल बन जाता है। बाहरी व्यक्ति ही नहीं बल्कि स्वयं मालवा का सहृदय दर्शक भी ठगा-सा रह जाता है और मन ही मन यह महसूस करता है कि मालवा लोककलाओं में कितना समरस और समृद्ध है। शास्त्र में कहा गया है कि जहाँ संगीत होगा, वहाँ गीत, वाद्य और नृत्य-अभिनय ज़रूर होगा।

गीतं वाद्यं तथा नृत्यं त्रयं संगीतमुच्यते।। संगीत रत्नाकर।।

माच संगीत नाट्य है। इसमें कोई भेद नहीं। उज्जैन के प्रसिद्ध ज्योतिषाचार्य और मालवी के यशस्वी लेखक उन्नायक पं. सूर्यनारायण व्यास माच की उत्पत्ति 'चतुर्भाणी' से मानते हैं। माच में नृत्य, गीत, वाद्य और कथा अभिनय का सन्तुलन पाया जाता है। पर मालवी संस्कृति और साहित्य के गहन अध्येता डॉ. भगवती लाल राजपुरोहित माच को 'सट्टक' के नज़दीक मानते हैं। संस्कृत कवि राजशेखर ने उनकी रचना 'कर्पूरमंजरी' में सट्टक का पूर्ण उदाहरण पेश किया है। सट्टक

1. डॉ. भगवती लाल राजपुरोहित : मालवी संस्कृति और साहित्य, पृ. 447

की भाषा पूर्णतः प्राकृत है। जो उस समय लोक बोलियों की तरह जनसाधारण में व्यवहृत होती थी। डॉ. पुरोहित का कहना है–राजशेखर ने लोकधारा का समावेश अपने सट्टक में किया है। सट्टक सर्वप्रथम राजशेखर ने रचा–कर्पूरमंजरी। प्राकृत भाषा की इस रचना में लोकतत्त्वों को पद-पद पर पाया जा सकता है। भाषा, रचना, संवाद, शैली, अभिनय, नृत्य आदि सभी का उसमें समाहार है। उसमें विदूषक भी श्लोक रचता है। वह भी नायिका का वर्णन कविता में करते हुए नायक का साथ देता है। सट्टक में एक सेविका भी गीत बनाती है और गाती है। अर्थात् निम्न वर्ग के पात्र गाते हैं। वहाँ माच में सभी वर्ग के पात्र गाते हैं। इसी प्रकार माच के मंच पर जो भी पात्र अवतीर्ण होता है वह गीतों के माध्यम से अपनी बात कहता है, वह गीति ही माच का प्राण है, वह गीति सट्टक का भी प्राण है। दोनों ही गीतिनाट्य हैं। इसी पद्धति को भक्ति रस की ओर मोड़ने से रामलीला का प्रचार-प्रसार हुआ। जिसकी जड़ रासक या रासो में है।[1]

मालवा के पारम्परिक नृत्य गायन वादन ने माच के रूप को सर्वांगता प्रदान करने की महती भूमिका निभाई।

मटकी आड़ा-खड़ा, रजवाड़ी नाच

मटकी मालवा का पारम्परिक नृत्य है। यह मालवा की माटी से ही पैदा हुआ और सोंधी सुगन्ध यानी उसकी मादक ताल लय समूचे देश में लोकप्रिय हुई। जैसे पंजाब के भांगड़े के ढोल की उन्मुक्त थाप सबको थिरकने के लिए बाध्य करती है, ठीक उसी तरह मालवा के ढोल की थाप आबाल वृद्ध को नाचने के लिए मजबूर कर देती है। मालवी ढोल या ढोलक की यह चाल, थाप अथवा रंगत 'मटकी' कही जाती है। इसी थाप, चाल, रंगत पर इस नृत्य का नाम 'मटकी' पड़ा। मटक-मटक कर नाचने के कारण भी इस नृत्य का नाम 'मटकी' पड़ा।

मटकी मूलतः महिलाओं का नृत्य है। जो प्रायः सगाई, विवाह आदि आनन्द के अवसरों पर किया जाता है। ढोल वादक ढोली होता है। डोल पर केहरवा, दादरा बधाई तालें बजायी जाती हैं। महिलाएँ प्रायः अपनी परम्परागत मालवी वेशभूषा में चेहरे पर घूँघट डाले नृत्य करती हैं। नाचने वाली महिला पहले गीत की कड़ियाँ उठाती है, फिर आसपास की महिलाएँ समूह में इस कड़ी (पंक्ति) को दोहराती-

1. डॉ. भगवती लाल राजपुरोहित : मालवी संस्कृति और साहित्य, पृ. 501-502, आदिवासी लोककला अकादमी, मध्यप्रदेश संस्कृति परिषद, मध्यप्रदेश शासन, भोपाल, 2004

तिहराती हैं। नृत्य में हाथ और पैरों का संचालन प्रमुख होता है। नृत्य के केन्द्र में ढोल होता है। ढोल पर जितनी अधिक अच्छी चाल बजती है उतनी ही आकर्षक मटकी नाच की हस्त, कमर और पैर की मुद्राएँ होती हैं। मटकी ढोल की मुख्य ताल है। ढोल डण्डे, हाथ और किमची से बजाया जाता है। मटकी नाच में आड़ा-खड़ा और रजवाड़ी नाच की तालों को भी सम्मिलित किया जाता है, जिससे मटकी नाच का सौन्दर्य विस्तारित हो जाता है। माच में मटकी, आड़ा-खड़ा और रजवाड़ी नृत्य को सबसे अधिक स्थान दिया गया है। माच का स्त्री पात्र करने वाला पुरुष नर्तक पारम्परिक रूप से मटकी, आड़ा-खड़ा, रजवाड़ी नृत्य करने में दक्ष होता है।

पूरा माच का खेल मालवी नाच के दमखम पर ही चलता है। कभी माच की ढोलक की थाप और माच नर्तक के पैरों की 'चाप' देखने-सुनने के लिए लोग रात-रात भर बैठे रहते थे।[1]

नक़ल स्वांग गम्मत बहरूपिया

स्वांग गम्मत बहरूपिया ये नक़ल या अनुकरण के रूप हैं। पर इनमें बुनियादी फ़र्क़ भी है। नक़ल करना मानव की मूल प्रवृत्ति माना जाता है जिसे अनुकरण कहा गया। बचपन से ही मनुष्य नक़ल करता आया है। छोटे बच्चे को हँसने-हँसाने या डराने के लिए बड़े बच्चे अपने चेहरे की हाथों, आँखों और ज़बान निकाल कर शेर की मुख मुद्रा बनाते हैं। इसे बड़े लोग भी करते दिखाई देते हैं। ऐसे ही आसपास के बहुत से चरित्रों की नक़ल की जाती है। नक़ल उतारने में सबको बहुत मज़ा आता है। मसखरे स्वभाव के लोग इसमें और नमक-मिर्च लगाकर उपहास करते हैं। जब यह बहुत देर तक संवाद आदि के माध्यम से उसमें दो-चार लोग और जुड़ जाते हैं, तब वह थोड़ा नाट्य का रूप धारण कर लेता है। ऐसे ही ग्रामवासी सेठ-सेठानी, चोर-राजा आदि की नक़ल करके मनोरंजन करते हैं। नक़लें कई प्रकार की होती हैं। विदूषक नक़ल करने में अधिक होशियार होता है। विदूषक को मालवा-निमाड़ में 'कुडगर्या' कहा जाता है। डॉ. राजपुरोहित नक़लें दर्शकों के मन में बैठे छद्म भाव का प्रकटीकरण मानते हैं। अलग-अलग खेलों के साथ अलग-अलग नक़लें की जाती हैं। माच के खेल में अलग-अलग नक़लें प्रसंगानुसार की जाती हैं। स्वांग में प्रायः किसी देवी-देवता, पशु-पक्षी आदि का रूप धारण करते हैं। स्वांग नक़ल से थोड़ी आगे की वस्तु है। लोकनाट्यों के पूर्वरंग में स्वांग की अनिवार्यता समझी

1. वसन्त निरगुणे : अप्रकाशित पाण्डुलिपि–कलाओं का घर मध्यप्रदेश, पृ. 20, 1994

गयी और उसे अनुष्ठान से जोड़कर नाट्यों की मांगलिकता की कामना का स्थायी अंग ही बना दिया। ऐसे मंगलकर्ता, गणपति, सरस्वती, भैरव, हनुमान आदि दैवी स्वांग लोकनाट्यों में गाते बजाते स्थापित किये जाते हैं। गणपति बुद्धि के देवता विघ्न विनायक हैं, सरस्वती विद्या और कला की देवी, भैरव तन्त्र-मन्त्र का देवता और हनुमान स्वर संगीत भक्ति के देवता हैं। नृत्य में स्वांग नहीं लाये जाते, उनमें वाद्य वादन के साथ 'सुमरणी' गायी जाती है। स्मरण मात्र से देवी-देवता उपस्थित होकर सभा की रक्षा करते हैं। माच में गणपति, सरस्वती व भैरव की स्थापना की जाती है, ताकि मंच या माच 'अलाय बलाय' से बचा रहे। स्वांग गम्मत का अनिवार्य अंग है। इसमें सूँड़धारी गणपति और वीणाधारी सरस्वती मंच पर नाचते गाते आते हैं। गम्मत का सीधा अर्थ हँसी-मज़ाक़ से लिया जाता है। लेकिन जब किसी कथा के साथ अवतरित किया जाता है तो वह लोकनाट्य धारण कर लेता है। जिसमें नृत्य गायन, अभिनय, संवाद आदि सब शामिल हो जाता है। माच खेल के बीच-बीच में गम्मत की जाती है। जिनका कलेवर छोटा होता है, लेकिन प्रहसन की प्रपूर्ति पूरी करता है। निमाड़ की लोकनाट्य परम्परा में इसका विस्तार से वर्णन प्रस्तुत है।

स्वांग बुन्देलखण्ड, सन्तोष पाण्डे दल, कनेरादेव, सागर

बहुरूपिया नक़ल का सर्वांग रूप है। इसमें नक़ल, स्वांग, गम्मत और बहुरूपिया का एक जगह, एक आदमी और एक विधा में सब कुछ एक साथ देखा जा सकता है। समाज में बहुरूपिया ने एक जाति विशेष का दर्जा प्राप्त कर लिया। ऐसा दक्ष

बहुरूपिया कलाकारों के कारण हुआ। पिता से पुत्र पीढ़ी दर पीढ़ी तक पहुँचने वाली इस विधा ने एक परम्परा का ही रूप धारण कर लिया। बहुरूपिया स्वांग भरते हूबहू नक़ल करने, हँसी-मज़ाक़, रोने रुलाने, गाने-बजाने, हँसाने, अभिनय, नाचने आदि में पारंगत होते हैं।

कभी वह थानेदार का रूप धारण कर बच्चों और बड़ों में भय पैदा कर देता है। फटेहाल कभी मजनूं बनकर खंजड़ी पर लैला-लैला पुकारूँ मैं बन में का गाना गाकर सबके दिलों में करुणा और प्रेम को जगाने में सक्षम होता था। माच का शेरमार ख़ाँ राजा का विदूषक (कुड़गर्यो) हर तरह की नक़ल, स्वांग गम्मत और बहुरूपिया में पारंगत होता है। बहुरूपियापन ऋग्वेद से पहले की विधा है। ऋग्वेद में इन्द्र माया से कई रूप ग्रहण का सकता था। जिसे वहाँ पुरुरूप कहा गया है–इन्द्रो मायाभिः पुरुरूपमीयते।

कालगुवालिया नक़ल का ही एक रूप है। गाय चराने वाले कान्हा और ग्वाले का रूप धारण कर घर-घर गा-नाचकर गुवाली माँगते हैं। हँसी-मज़ाक़ के दोहरे गाकर अन्त में गोल-गोल नाचते हैं। एक हाथ में 'खड़ताल' होती है। सिर पर शंकुनुमा टोपी होती है। माच गुरु सिद्धेश्वर सेन ने माच में कानगुवालिया को पुनजीर्वित करने की कोशिश की है। प्रेमकुमार सेन कानगुवालिया के सर्वश्रेष्ठ कलाकार हैं। कानगुवालिया की मूल प्रवृत्ति गीति नाट्य की है। धीरे आन दे रे जरा धीरे आन दे–कानगुवालिया की टेक है जिसे 'पुछल्ला' भी कहा जाता है। दोहे में नक़ल, मज़ाक़ और व्यंग्य किया जाता है। कानगुवालिया 'स्ट्रीट सिंगर' कहे जा सकते हैं। इन्हें गुवाली नगदी, अनाज और कपड़ों का नेग दिया जाता है।

गाय की गुवाली दे दे मोगर की गुवाली।
आवा दो गुवाली म्हारी, झालर की गुवाली।। जरा धीरे आन दे रे...
काला काला खेत में टिटोड़ी का अण्डा।
रामपुरिया में झगड़ो हुआ, पुलिस मारे डण्डा।। जरा धीरे आन दे रे...

गरबा-गरबी

मालवा-निमाड़ में गरबा-गरबी गुजरात से आये हैं। गरबा स्त्रीपरक गायन और नृत्य है। गरबी पुरुषपरक गायन है। गरबा नवरात्रि का शक्ति पर्व है। जिसमें शक्ति के नौ रूपों की नौ दिनों तक पूजा आराधना की जाती है। गरबा गर्भ से बना है। मिट्टी के घट की स्थापना इसी बात का प्रतीक है। इसी घट के गर्भ में और घट के मुख पर

जलता दीप रखकर ताली बजाकर गीत के साथ घूमती हुई सामूहिक नृत्य करती है। जिसे गरबा नृत्य कहते हैं। माच में गरबा नृत्य की मुद्राएँ कथा के अनुरूप समय-समय पर देखने को मिल जाती हैं। इसी गरबा खेलने के बीच गम्मत का आयोजन भी किया जाता है, जो केवल पुरुषों द्वारा किया जाता है। गरबी गम्मत का अनिवार्य अंग है। गम्मत पूरी तरह से जनरंजन के लिए गरबे के विश्राम में की जाती हैं। गरबी मूलतः कृष्ण लीला गीत होते हैं, जो विभिन्न राग-रागनियों में रचे जाते हैं।

भरथरी गायन

मालवा में नाथ सम्प्रदाय के लोग चिकारा, सारंगी, रैकड़ी पर भरथरी गायन करते हैं। चिकारा नारियल की नहीं, बाँस और घोड़े के बालों से बनाया जाता है। जिसे घोड़े के बालों से बने धनुष से बजाया जाता है। जिसमें एक 'रूँ-रूँ' की मधुर ध्वनि निरन्तर निकलती है। भरथरी गाथा को इसी के साथ मिलाकर ऊँची आवाज़ में गाते हुए नाथ सम्प्रदाय के लोग भोर में गाते-माँगते हुए मालवा के गाँवों में आज भी मिल सकते हैं। नाटाखेड़ी तराना के प्रभुलाल भोपा भरथरी की गाथा गाते हैं। वहीं उज्जैन के आनन्दीनाथ योगी सारंगी पर भरथरी गाथा का गायन पिछले तीस-चालीस वर्षों से कर रहे हैं। माच गुरुओं ने अपने माच के खेल में भरथरी गायन, वादन और नाथ सम्प्रदाय के तत्त्वों का बख़ूबी वर्णन और प्रदर्शन किया है।

गीत मनुष्य की भावना है। नृत्य कामना है। अभिनय अभ्यर्थता है तो कथा प्रार्थना है। इनसे मिलकर पाचवाँ वेद बना यानी नाट्यशास्त्र प्रकट हुआ। लोक और शास्त्र नाट्य का न केवल व्याख्या का विषय बना बल्कि एक-दूसरे की अन्तर्निर्भरता को निरूपित भी करने लगा। पंचमवेद नाट्यशास्त्र के प्रणेता आचार्य भरत स्वयं इस अन्तरर्निर्भरता को प्रारम्भ में ही स्वीकर करते हैं। लोक से बड़ा कोई प्रमाण नहीं। लोककलाओं की प्रामाणिकता निःसन्देह है। मालवी लोककलाओं ने माच लोकनाट्य को प्रामाणिक बना दिया।

मालवा की बोली, संस्कार और परम्परा, माच का 'मन' है। जीवन की समझ और 'सर्जना' है। लोक का विस्तार उसके रंग हैं। गीत, संगीत, नृत्य-नाट्य उसके आधार हैं। मनोरंजन उसकी शर्त है तो जीवन को सँवारना उसका धर्म है। आज भी माच के खेल जितनी मात्रा में जीवित हैं, इस उद्देश्य की पूर्ति में संलग्न हैं। एक कला विधा के रूप में माच मालवा में सदैव बना रहेगा। इसमें कोई शक नहीं है।

माच मालवा का पारम्परिक लोकनाट्य है। लोकरंग की दृष्टि से माच को लोक का सम्पूर्ण लोकनाट्य कहा जा सकता है। माच में लोकनाट्य के वे सभी लोकतत्त्व

मौजूद हैं, जिसके आधार पर माच को देश के अन्य पारम्परिक लोकनाट्यों की तुलना में उनके समक्ष रखा जा सकता है। मालवा में माच का जो रूप आज दिखाई देता है उसका प्रारम्भ लगभग तीन सौ वर्ष पहले हुआ था। माच का उद्भव राजस्थान के 'ख्याल' से हुआ है, क्योंकि माच की प्रवृत्ति राजस्थानी ख्याल से बहुत कुछ मिलती है। इसलिए प्रारम्भ में माच को माच का खेल कहा जाता था, खेल ख्याल का संक्षिप्त रूप है। मांच की मूल प्रेरणा ख्याल है, बाद में मालवा की पारम्परिक लोक विधाओं ने माच के स्वरूप को गढ़ने में मदद की। लोक विधाएँ आड़ा-खड़ा, मटकी नृत्य, अन्टया नाच, लोक गायकी, कलंगी-तुर्रा पारम्परिक गीत-कथा गायन, गाथा गायन, नाथपन्थी गीत, संजा गीत, गंगापूजन के गीत, हीड़ और गम्मत आदि के तत्त्वों ने माच को सबसे अधिक प्रभावित किया। सबसे महत्त्वपूर्ण तथ्य यह है कि माच लोकनाट्य मालवा की मिट्टी की उपज है। लोक कलाकारों और लोक गायकों के सामूहिक प्रयास से मालवा के माच को सायास सार्थक रूपगत परिणति मिली। पूर्ण विकसित राजस्थानी ख्याल की मूल उद्भावना के सहारे मालवी परिवेश की लोकरंग चेतना के सामूहिक सार्थक संकलन का नाम माच है। किसी ने पारम्परिक गीतों की लोकधुनें चुनीं, किसी ने कलंगी-तुर्रा की प्रतिस्पर्द्धात्मक गायकी, किसी ने गम्मत से अभिनय और संवाद की परम्परा चुनी और एक लोकनाट्य का रूप बना। गम्मत प्राय: गाँव के गली-चौराहों पर किया जाने वाला नाट्य है, ठीक इसके विपरीत कुछ नया करने की दृष्टि से माच को लकड़ी के ऊँचे मंच बनाकर करने का निश्चय उस समय के लोक रंगकर्मियों ने किया। मंच बनाकर विभिन्न खेल करने के कारण मालवा के इस खेल का नाम माच पड़ा। मंच से माच की शब्द युति सम्भव है। मंच से माच की उत्पत्ति संस्कृत सम्मत भी है।

माच कथानक

माच की मूल प्रवृत्ति गीतिकाव्य की है। इसलिए उसके कथानक अथवा कथा को छन्द या गीतबद्ध किया गया है। माच के कथानक की यह विशेषता ही बन गयी है। प्रारम्भ से अन्त तक कथा सूत्र और अदायगी का आधार गीत-संगीत है। इसे हम इस प्रकार भी व्यक्त कर सकते हैं कि माच आज की नाट्य विधा में एक आपेरा थियेटर है। माच को गीति नाट्य कहना कोई अतिशयोक्ति नहीं हो सकती। नृत्य और नाट्य माच की आत्मा है और कथा नाट्य माच का शरीर। यद्यपि पहले माच का खेल हरिश्चन्द्र, गोपीचंद, भरथरी आदि भारतीय पौराणिकता से आते हैं, लेकिन यह तीनों चरित्र जहाँ पौराणिकता में पगे हैं, वहीं वे बहुत कुछ यथार्थ के सत्य के तट

को भी छूते हैं। हरिश्चन्द्र की कथा यथार्थ के सत्य की कथा है। उसमें सपना भी है और यथार्थ भी है। इसलिए उसकी कथा का सच कभी फीका नहीं पड़ सकता है। माचकारों ने ऐसे ही धार्मिक, ऐतिहासिक, सामाजिक और आधुनिक कथानकों को अपने समय में माच में बाँधने की यथा सम्भव कोशिश की है जो जीवन के सार तत्त्व को व्यक्त करता हो। जिसमें जीवन के सभी 'रस' हों ख़ास करके 'कथा रस' और 'नाट्य रस' को उसमें सर्वोपरि माना है। कथा के उद्गम शिव ने कथा रस को श्रेष्ठ माना है और ब्रह्मा ने नाट्य रस को सर्वश्रेष्ठ माना है। इसीलिए उन्होंने पाँचवाँ वेद नाट्यशास्त्र रचने की प्रेरणा भरतमुनि को दी थी। यद्यपि यजुर्वेद में नाट्य पर एक पूरा अध्याय पहले ही लिखा गया था। उसी का विस्तार नाट्यशास्त्र है। भरत ने भी नाट्य में सभी रसों का विश्लेषण लोकतत्त्वों के आधार पर किया है। इसलिए माच में लोक तत्त्वों का समावेश स्वाभाविक है। इससें नाट्यशास्त्र के विश्लेषण तत्त्व भी माच के कथानकों में प्रत्यक्ष-अप्रत्यक्ष रूप से समाहित होते चले गये। जिन्हें हम आज व्याख्यायित करने में अपनी प्रतिभा का सारा दम लगाते हैं। माच के आलेख निश्चित रूप से नाट्यशास्त्र देखकर नहीं लिखे गये।

माच, राजा रिसालू, निर्देशक पं. ओमप्रकाश शर्मा, उज्जैन

माच की कृतियों में कथानक को रसपूर्ण बनाने की कोशिश माचकारों द्वारा की जाती रही है। माच की कृतियों में रस-सृष्टि की ललक इतनी तीव्र होती है कि लोकजीवन में उसकी प्यास सदैव बनी रहती है। सारी-सारी रात हज़ारों दर्शक मन्त्रमुग्ध बने रहते हैं, जो इस बात का प्रतीक होता है कि उनकी रागात्मक प्रवृत्तियाँ

परितृप्त होती हैं। एकरसता का अभाव और विविध रसों की उपलब्धि ही इस नाट्य शैली की प्रभविष्णुता की परिचायक है। लोकमंगल की भावना और जीवन के विकृत असुन्दर और अरुचिकर भावों के प्रति उदासीनता की प्रवृत्ति लोक रचनाओं में हमेशा पायी जाती है। यही कारण है कि माच में वीभत्स भावों और कुत्सित प्रसंगों का समावेश नहीं मिलता। जीवन के सुन्दर और सरल स्वरूप को ही माचकारों ने ग्रहण किया है। इसीलिए माच रचनाओं में रौद्र रस का अभाव है। माचकारी ने माच में मानव की मूल भावना रति और शृंगारपरक प्रवृत्ति को पहचान कर अपनी कृतियों में रसराज शृंगार को सर्वाधिक महत्त्व दिया है। शृंगाररस के वर्णन में माचकारों ने नायकों की तुलना में नायिकाओं का नख-शिख वर्णन हृदयग्राही किया है। माच का दर्शक और श्रोता इन प्रसंगों में डूबकर रस लेता है।

'वीर तेजाजी' का चरित्र-चित्रण करते हुए माचकारों ने उनकी वीरता, साहस और उत्सर्ग भावना का अद्वितीय चित्रण किया है। 'बन्दी छोड़ कोदर' सिंह के खेल में नायक अपने विरोधी कोढ़ी राजा के चंगुल से सोलह हज़ार निरीह बालक-बालिकाओं को मुक्त करता है। इस कार्य में वह अपने प्राणों की आहुति तक दे देता है। 'राजा रिसालू' खेल में नायक अपने प्रतिस्पर्धी राजा को युद्ध के मैदान में जहाँ पराजित करता है, वहाँ बुद्धि चातुर्य राजकुमारी नोबदे को हराकर उससे विवाह करता है। 'वीर विक्रमादित्य' अपने साहस और बुद्धि बल से देवी को प्रसन्न कर लेता है और कुम्हार के पुत्र की बलि नहीं होने देता।[1]

माच के संवाद

माच के पारम्परिक संवाद पद्यबद्ध होते हैं। पात्र प्राय: अपना परिचय और चरित्र पाठ, गीत, ग़ज़ल, दोहा, कविता, सवैया आदि छन्दों में करते हैं। लेकिन बोलचाल में गद्य संवादों की भी मनाही नहीं है। जब माच में गद्य संवाद किये जाते हैं, उसे 'चबोला' कहते हैं। सामान्य संवाद 'बोल' कहे जाते हैं। जो गीतमय होते हैं। संगीत में 'बोल' स्वर सहित समझे जाते हैं। माच में भी 'बोल' उसी अभिव्यक्ति को वहन करते हैं। बोल का मतलब है, गाकर बताये गये शब्द, छन्द अथवा गीत। माच के बोल इसी बात का अनुसरण करते हैं।

इन बोलों की गायिकी और संवादों की सम्प्रेषणीयता इतनी प्रभावी होती है कि दर्शक श्रोता बीच में ही 'कई' की है, की आवाज़ लगाते हैं। मतलब कथन कितने

1. डॉ. शिवकुमार मधुर : मध्यप्रदेश का लोकनाट्य माच, पृ. 93

सुन्दर ढंग से किया है। सांगीतिक अर्थ में कितनी अच्छी तरह से गाया है, एक-एक शब्द दिल में उतर गया है।[1]

माच में गद्य संवादों को 'वारता' कहा जाता है। माच का पूरा खेल छन्दबद्ध संवादों पर चलता है। जिसमें एक प्रकार की ताज़गी और चैतन्यता बनी रहती है। कथा प्रवाह बना रहता है।[2]

'चन्द्रबदन नागमती' खेल की नायिका अपना परिचय और चरित्र इस गीत को गाकर उजागर करती है।

ए जी म्हारो कनकवती है नाम, हार कलियन को बनायाजी ।।टेक ।।
इस जो बन के बाग़ में सो, कई कलियन की भरमार।
प्रेम को पानी पीवे तो झुकेगी दोई डार।।टेक ।।
तन लिम्बुआ गदरावन आये मन पत्ता बलखाय।
प्रेम पेड़ यो परवास हुवो दिन दूनो लहराय।।टेक ।।
मन को गँधा मोगरो (सो कई) ध्यान गुलाब को फूल।
दिल कहे है गुलदावदी (सो कई) नैन कँवल का फूल ।।टेक ।।[3]

पद्यबद्ध संवाद

पहेली फूलबदन की (रंगत दुगुन)
म्हारी भेद बता दो छैल, थारा संग ब्याव करूँगा जी।।टेक ।।
बरखा बरसी रात में, भीज गया बनराय।
चिड़िया प्यासी जाय है, हाथी मल-मल 'न्हाय'।।टेक ।।

राजा रिसालू का जवाब (रंगत दादर)

थारो भेद बतावा नार, थाने संग लई चाला जी।।टेक ।।
ओस पड़ी थी रात में, भीग गया बनराय।

---

1. डॉ. शिवकुमार मधुर : मध्यप्रदेश का लोकनाट्य माच, पृ. 93, मध्यप्रदेश लोककला आदिवासी अकादमी, भोपाल, 2000
2. डॉ. शिवकुमार मधुर : मध्यप्रदेश का लोकनाट्य माच, पृ. 98, मध्यप्रदेश लोककला आदिवासी अकादमी, भोपाल, 2000
3. डॉ. शिवकुमार मधुर : मध्यप्रदेश का लोकनाट्य माच, पृ. 91 मध्यप्रदेश लोककला आदिवासी अकादमी भोपाल, 2000

चिड़िया प्यासी जाय है, हाथी मलमल जाय।।

—गुरु कालूराम

माच, राजा रिसालू, निर्देशक ओमप्रकाश शर्मा, उज्जैन

वारता की एक गद्यात्मक प्रस्तुति (चबोला)

भरथरी—हे भगवान म्हने बड़ी भूल करी। जो एसा समजदार मृग के मार दियो। म्हारे माफ़ कर दीजो मिरगराज।

मिरगनी—बस राजा बस। माफ़ी माँगते सरम नी आयी। कान खोल के सुण लो। जो पाप तमने है कर्या, उको नतीजों तो भुगतनो ज पड़ेगो। हम नौ सौ मिरगनी मिरगराज पे सती होने से पेलां तमारे सराप दई री हाँ, जो सच्चा हुई ने ज रेगा।

सराप को गीत (रंगत लावणी-)

आप बन बन में भटकता रीजो जी।।टेक।।
जैसे बन में हिरणी बिलखे वैसा बिलखता जो जी।
राजपाट सुखभोग भरथरी, सुख से कदी मत कीजो जी।
परनी नार से बिछड़ा पड़ेगा, ऐसा रंग में भीजो जी।
सुख की खेती में दुखदाई बोयो पाप के बीजो जी।

हाथे करी ने हरण के मा-यो, करम के दोस मत दीजो जी।
मिरगनी–हम तो हमारा पति मृगराज का सांते हुई ने जइरी हाँ
ओर तम ई सराप के भुगत्ता रीजो।
भरथरी–अरे-अरे ई तो नौ सौ ई मृगनी होण ने देखते-देखते
प्राण तजी दिया हे भगवान म्हने बड़ी बुरो कर्यो।[1]

लोकनाट्य शास्त्रीय बन्धनों से मुक्त होते हैं। माच में संवादों की शैली व्याकरण के अनुसार 'सर्व श्राव्य' की है। माच के पात्र न 'स्वगत' भाषण करते हैं और न कोई बात छिपाते हैं। माच में बँधी-बँधायी रूढ़ि के अनुसार पात्र गीति कथन करने के लिए प्रतिबद्ध होता है। इन रूढ़ियों की वजह से रंगमंचीय अभिनय सम्बन्धी परिपाटियों का माच में नाटकीय विस्तार नहीं हो पाता।

माच साहित्य का काव्य सौन्दर्य

माच साहित्य का काव्य सौन्दर्य देशज है। लोक साहित्य की ऊर्जा से युक्त माच का सृजन साहित्यिक मूल्य भी रखता है, इसे भी लेखक आलोचकों ने कसौटी पर कसा है। देखा जाय तो सारे माचकार लोक से आये हैं। जो अपनी नैसर्गिक काव्य प्रतिभा का जौहर दिखाते हैं। उनके पास शिक्षा की कोई उपाधि आदि नहीं होती, वे अपनी प्रतिभा के बल पर माच साहित्य का सृजन करते रहे हैं। लेकिन इसका मतलब यह नहीं समझना चाहिए कि उनमें छन्द, अलंकार, भाषा प्रवाह आदि का ज्ञान नहीं होता, वे अपने कवि और लेखन कर्म में परम्परागत रूप से दक्ष होते हैं।

माच, राजा रिसालू, निर्देशक ओमप्रकाश शर्मा, उज्जैन

उनसे सरस्वती प्रसन्न होती है और उनके मुँह से काव्य निर्झर की तरह स्वाभाविक रूप से झरता है। यह प्रतिभा का दुर्लभ कमाल है। कभी-कभी तो हम

1. डॉ. राजपुरोहित : मालवी संस्कृति और साहित्य, पृ. 503

आश्चर्यचकित रह जाते हैं कि बहुत कम पढ़े-लिखे व्यक्ति में इतनी उदात्त काव्य प्रतिभा किस प्रकार आती है। माच के ऐसे कई गुरु हुए हैं, जिनमें प्रतिभा का विस्फोट देखा गया है। गुरु गोपाल, गुरु बालमुकुन्द, गुरु कालूराम, शिवराम और सिद्धेश्वर सेन इसी श्रेणी के माच गुरु थे। श्री सेन ने 19 साल की उम्र में राजा रिसालू नामक माच की रचना कर दी थी। वह 80 वर्ष की उम्र तक लेखन में सक्रिय रहे। गुरु बालमुकुन्द ने तो अपमानित होकर माच लिखना शुरू किया था।

माच के छन्दों में मालवी भाषा का प्रभाव देखते ही बनता है। छन्द, गीत, ग़ज़ल में कहीं अलंकारों की छटा, कहीं भावों की सघनता तो कहीं मौलिक उपमाओं का सृजन देख कर दंग रह जाना पड़ता है। ऐसी बेजोड़ उपमाएँ माच काव्य में मिल सकती हैं जो हमें सृजित साहित्य में भी ढूँढ़ने पर नहीं मिलेंगी। श्रृंगारपरक, वीर और करुण गीतों में माच साहित्य का काव्य सौन्दर्य देखने लायक है। माच के श्रृंगारपरक गीत सुनकर दर्शक श्रेताओं के मुख से अनायास 'वाह-वाह' निकल पड़ती है, वहीं करुणामयी छन्दों में दर्शक-श्रोताओं की आँखों से आँसू भी झलक पड़ते हैं। एक समय में 'वाह, कई-की हे' दर्शक, श्रोताओं का तकिया कलाम बन गया था।

भरथरी माच की पिंगला की सुन्दरता का वर्णन देखिए–

भरथरी-पिंगला थारो सुन्दर रूप सरूप नेन भर निरखाँ वो।
थारो मुख सूरज सो तेज, रंग केसर काजी वो।
थारी रूप देख सरमाय चाँद अम्बर का वो।
थारी दाँत दाड़म का बीज नेन धनु सर का वो।
मणि सम चम चम चमके, मोती तो बेसर का वो।
मन से मन का अनमोल मोती तो हम परखाँ वो।
चुग चुग मोती खाय हंसा समन्दर का वो।
सज सोला सिंगार नगर मन हरकाँ वो।
घूँघट पट झट खोल मन समन्दर का वो।

–गुरु सिद्धेश्वर सेन

माच का नाट्य सौन्दर्य

माच का नाट्य सौन्दर्य लोकरंग की धरातल पर से उपजता है। अनुरंजन के गहरे लोक तत्त्वों को स्पष्ट करते हुए हर मन-मस्तिष्क की संवेदी ग्रन्थियों को खोलने में ही माच लोकनाट्य का सौन्दर्य निहित है। माच के सारे अभिप्राय लोक विधाओं की

परम्परा से ग्रहण किये गये हैं, इसीलिए उनके अर्थ और आशय भी लोक विधाओं के सामूहिक स्रष्टा और द्रष्टा लोकजनों के मानस में ही खुलते हैं। यह प्रक्रिया समूहगत होती है, जो कही लोक परम्पराओं से बहुत गहरे तक जुड़ी रहती है। जब मालवी दर्शक किसी माच के खेल को देखता है तो वह अपनी बहुत-सी परम्पराओं को भी अभिनीत होते हुए देखता है, तब वह नाट्य में जीवन का एक पारम्परिक सौन्दर्य भी देखता है। जहाँ वह इस सौन्दर्य में अपने वर्तमान को देखता है। वहीं वर्तमान के साथ भविष्य की कड़ियाँ भी वह देख लेता है जैसे पौधा खिले हुए पुष्प के साथ नयी कलियों का आभास भी अपनी जगह बनाता चलता है। यह त्रिआयामी काल का सौन्दर्य प्रत्येक लोकनाट्य विधा का गहना है। इस सौन्दर्य के बिना कोई नाट्य विधा का रूपगत अस्तित्व सम्भव नहीं है। स्मृति उसका अवलम्ब है। जब किसी नाट्य प्रस्तुति को देख रहे होते हैं, तब उसके नृत्य अभिनय, गीत-संगीत, पात्र, वेशभूषा, मंच आदि को अपने मानस में समग्र रूप से देखते हैं, जब हम नाट्य का कोई एक रूप नहीं देखते, बल्कि उसके उस अव्यक्त सौन्दर्य को देखने की कोशिश करते हैं, जो हमारे जीवन के सच्चे संवेदनशील बिन्दु को पकड़ता है, प्रभावित करता है।

माच की रंग शैली मालवा की सोंधी मिट्टी की उपज होने के कारण उसके नाट्य सौन्दर्य में खेतों में लहलहाती फ़सलों का हरापन सुख-समृद्धि की सहज प्राप्ति के उत्सवी मन का उल्लास समाहित है। माच लोकनाट्य में अन्तर्निहित ऊर्जा, शक्ति, ताज़गी, और ओजपूर्ण सांगीतिकता मालवा के पारम्परिक दर्शकों के मन-मस्तिष्क को उसी प्रकार प्रभावित करती है, जिस तरह अन्य राज्यों में प्रचलित लोकनाट्य अपने-अपने अंचल में लोकजनों को ये नाट्य आकृष्ट ही नहीं करते बल्कि उनमें रमने और आनन्दित होने के पूरे अवसर भी प्रदान करते हैं। एक समय में अकेले उज्जैन शहर में 8-10 माच मण्डलियों का होना और उनके नियमित प्रदर्शन होना मालवा के माच के नाट्य सौन्दर्य के आकर्षण की कहानी ही कहती है।

माच की पारम्परिक रूढ़ियों और पात्रों का प्रतीकात्मक स्वरूप माच को एक अलग प्रकार का सौन्दर्य प्रदान करता है। जैसे माच का ऊँचे लकड़ी के मंच पर खेला जाना। देर रात को माच का प्रारम्भ होना। माच गुरु खेल के रचयिता और संस्थापक की वन्दना करना।

पूर्व रंग के पश्चात् सरस्वती, गणेश, भैरू, चौंसठ जोगिनी आदि देवी-देवताओं को प्रथम मनाया जाना। सबसे पहले सभी कलाकारों का मंच पर आकर हाथ जोड़े वन्दना करना। यह सारी गतिविधि माच के खेल शुरू होने की औपचारिकता मात्र

होती है, लेकिन दर्शकों के लिए यह रूढ़ि बहुत महत्त्वपूर्ण होती है, यह गतिविधि प्रेक्षकों को माच की ओर तेज़ी से आने के लिए आमन्त्रण देती है। हर दर्शक अपना काम धाम छोड़कर माच की तरफ़ भागने लगता है। माच के आकर्षण का केन्द्र एक और चीज़ होती है, वह है माच की ढोलक की घनघनाती हुई तीव्र थाप। इसे सुनकर माच के दर्शकों के पैर थिरकने लगते हैं। कोसों दूर से माच की ढोलक की थाप सुनकर लोग माच के मंच की ओर चल पड़ते हैं। माच की ये रूढ़ियाँ माच के सौन्दर्य को देखने की ललक उत्पन्न करने में सक्षम होती हैं। माच का खेल पूरी तरह से सांगीतिक गतियों पर आधारित है। माच के गीत-ग़ज़ल, चौपाई, चबोला, संगीत का आधार हैं।

माच के रूढ़िगत पात्र भी अपना सौन्दर्य और आकर्षण क़ायम रखने में समर्थ होते हैं। माच के रूढ़िगत पात्र समाज के प्रतीक होते हैं। चोपदार मंच पर आकर खेल का शीर्षक अथवा कथावस्तु कहने जब विशिष्ट अन्दाज़ में आता है, तब दर्शक वर्ग पूरी तरह से संयत होकर चोपदार की तरफ़ मुख़ातिब हो जाता है। इसके पहले भिस्ती पानी छिटकने और फ़र्राशन जाजम बिछाने का अभिनय करते हैं। दोनों का यह सांकेतिक अभिनय संवाद गायन के सहारे एक घण्टे से भी अधिक देर तक चलता है। माच के दर्शक भिश्ती और फ़र्राशन के संवाद गायन और थोड़ी बहुत बातचीत के आनन्द से उत्फुल्ल हो जाते हैं। उनके मन में माच के खेल देखने की पृष्ठभूमि ये पात्र पूरी तरह से बना देते हैं। माच के इन रूढ़िगत पात्रों को बार-बार देखने-सुनने पर भी दर्शकगण ज़रा भी नहीं उकताते हैं। यही इन पात्रों की सौन्दर्य पूर्ण उपस्थिति है। माच का शेरमार ख़ाँ भी ऐसा ही पात्र है जिनके बिना माच का खेल सम्भव नहीं है।

माच का सौन्दर्य उसके संवाद गायन में है, जो ढोलक की ताल पर विशेष ओज और अन्दाज़ से प्रस्तुत किये जाते हैं। माच में संवाद समाप्ति सदैव टेक के बोल से होती है। माच में टेक का सांगीतिक सौन्दर्य और आकर्षक दोनों होते हैं। टेक झेलने वाले पूरी ताक़त से स्वर सन्धान कर टेक के बोल दोहराते हैं, जिसे 'टेक झेलना' कहते हैं। टेक माच की जान है। टेक के बार-बार झेलने से दर्शक श्रोताओं में एक प्रकार की जीवन्तता और जोश बना रहता है। टेक माच में दर्शकों को एकत्र करने का काम भी करती है।

माच में नृत्य और संगीत की गतिविधि सबसे केन्द्रीय होती है। माच में हर एक स्त्री पात्र को नृत्य करना और गाना अनिवार्य है। माच का गाना सदैव ऊँची-ऊँची

पिच यानी तारत्व पर गाया जाता है। माच का नृत्य भी अधिक झटकेदार होता है। नृत्य और गाना माच का अलंकार है। माच में नाच और गाने का सौन्दर्य ही अलग है। माच में आड़ा-खड़ा-रजवाड़ी नाच तीव्रगति से होता है। माच में ढोलक बजाने का अपना विशिष्ट ढंग है। माच संगीत का सौन्दर्य माच की ढोलक में होता है। अन्य वाद्य संवाद या काव्य पंक्ति को संगीत से सँवारते हैं और पात्र द्वारा किये जाने वाले नृत्य की संगत करते हैं। नृत्य की गति टेक पर पहुँचकर बड़े झटके के साथ सम पर समाप्त होती है। नृत्य में पात्र के ये झटके ही दर्शकों के मन को हिलोरें उत्पन्न करने में सक्षम होते हैं। माच के नृत्य झटकों को देखने के लिए लोग दूर-दूर से चलकर आते हैं और रात-रात भर माच के खेल को पूरे सचेतन होकर देखते हैं। नृत्य के झटके युवा-वृद्ध दोनों के मन में गुदगुदी पैदा करते हैं। माच का सौन्दर्य नृत्य नाट्य की परम परिणति है। माच की पारम्परिक लोकधुनों का भी कलात्मक महत्त्व है। माच के केन्द्रीय रस श्रृंगार और करुण हैं, अनुषंग में सभी रसों का परिपाक माच में देखा जा सकता है।

माच खेल की सौन्दर्य वृद्धि में माच की कथावस्तु का बड़ा योगदान है। माच का लोकधर्मी अभिनय ऐतिहासिक, पौराणिक और लोक की वाचिक परम्परा की कथाओं से सँवरता रहा है। प्रेम गाथाओं को भी माच में खेला जाता है। माच गुरुओं की कल्पना से लिखे गये अनेक माच के खेल मालवा में लोकप्रियता की सीमाओं को पार कर चुके हैं। जिनमें भरथरी, गोपीचंद, सुद-बुद सालंगा, गेंदापरी आदि प्रमुख हैं। कथाओं अथवा गाथाओं को कहने की शैली संगीतात्मक होने की वजह से कथावस्तु का सौन्दर्य दर्शक-श्रोताओं के मध्य और अधिक प्रभावशाली तरीक़े से खुलता है। मानवी कमज़ोरियों और तनावों को माच में संगीत से कहने की परिपाटी बहुत प्रभावशाली और सम्प्रेष्णीय होती है।

मालवा की पारम्परिक वेशभूषा भी माच को अपना निजी सौन्दर्य प्रदान करती है। मालवी आभूषण भी माच में आकर्षण का केन्द्र होते हैं। पात्रों की अभिनय करने की शैली, बोलने, चलने और संवाद उठाने का ढंग भी उनका अपना होता है। स्त्री पात्र का अभिनय पुरुष करता है। स्त्री वेशधारी पुरुष पात्र चेहरे पर घूँघट किये रहता है। उसका सौन्दर्य कुछ अलग है।

मालवी बोली का पूरे माच में व्यवहृत होना एक अलग आकर्षण और सौन्दर्य का विषय है। मालवी बोली माच में अपनी पूरी शक्ति और ऊर्जा के साथ उतरती है। माच लिखने वालों की कल्पनाशीलता मालवी बोली के माध्यम से निकलती है, तब मालवी बोली का समस्त आन्तरिक सौष्ठव और सौन्दर्य पूरे माच में बिखर जाता

है। मालवा के माच के नाट्य सौन्दर्य बोध को इस बात से भी आँका जा सकता है कि लोग माच की प्रस्तुतियों के हर पक्ष पर गली-चौराहे, रास्ते में दिन-रात चर्चा और बहस करते हैं। माच का सम्पूर्ण सौन्दर्य उसकी परम्परा और प्रस्तुति पर निर्भर है। माच का नाट्यसौन्दर्य लोकनाट्य के उन सभी शिखरों को छू लेने में निहित है, जो एक नाट्य को लोकनाट्य बनाते हैं।

माच का लोकनाट्य रूप पिछली सदी में जितना वैभवशाली दिखाई देता है, आज उसका भविष्य कुछ भी नहीं दिखाई देता है। धीरे-धीरे गाँव की माच मण्डलियाँ प्रदर्शन और अर्थ के अभाव में विलुप्त होती जा रही हैं। माच के प्रति लोगों का रुझान भी कम होता जा रहा है, ऐसी स्थिति में मालवा के माच को संरक्षण की दिशा में लोकजन और शासन को कुछ सार्थक पहल करनी चाहिए वर्ना कुछ वर्षों में मालवा से माच विलुप्त हो जाने का ख़तरा है।

माच की अभिनय शैली

भरत कहते हैं–जो नाटक के अर्थ यानी रस और भाव को दर्शकों के आगे ले जाये वह अभिनय है। लोकनाट्य जहाँ अपनी पारम्परिकता में नृत्य, गायन, अभिनय और संगीत की मिलीजुली प्रस्तुति है, वही सामाजिक जीवन के सुखों और दुख की अभिव्यक्ति का सबसे सशक्त माध्यम भी है, माच भी इसी श्रेणी का लोकनाट्य है। लोकनाट्यों की पहली शर्त मनोरंजन है वहीं जीवन की सारी विसंगतियों और विद्रूपताओं पर अभिनय के माध्यम से चोट करना भी है। माच मालवा के लोकजनों का भरपूर मनोरंजन करता है और मानवीय कमज़ोरियों पर चोट भी करता है। लोकनाट्यों में नृत्य, गायन, संगीत की जितनी लोक स्वायत्तता है, उतनी ही अभिनय की स्वतन्त्रता है। इस स्वतन्त्रता को आचार्य भरत ने चार प्रकार के अभिनय में बाँधा है–आंगिक, वाचिक, आहार्य और सात्विक। अभिनय भी तीन प्रकार का कहा है शारीर, मुखज तथा चेष्टाकृत।।8-3-4।। लोकनाट्यों में ऐसी लोकरंग की स्वतन्त्रता जहाँ लोक के प्रत्येक रस और भावना को साक्षात् मूर्त रूप दिया जा सकता है।

माच कोई बहुत पुरानी लोकनाट्य विधा नहीं है। इसका उद्भव और विकास मालवा और उसके आसपास की विभिन्न पारम्परिक विधाओं के समन्वय में से हुआ है, नक़ल, स्वांग, गम्मत, कलंगी-तुर्रा, ढाराढारी खेल और राजस्थान के ख्याल के रंजक तत्त्वों से मिलकर माच का स्वरूप बना है, इसीलिए इसमें अभिनय की सम्पूर्ण सम्भावनाओं को भी माच के आदि प्रणेताओं ने माच में रखने और समेटने की कोशिश की है, क्योंकि माच गुरु न केवल माच के खेल लिख रहे थे, बल्कि

जिसमें उनकी प्रतिभा और कल्पना की पूरी उड़ान भी थी। वे स्वयं भी माच के कुशल अभिनेता, गायक और निर्देशक भी थे। यही कारण है कि माच में जहाँ गायन शैली की सभी लोकप्रिय चरम रागमालाएँ मौजूद हैं, वहीं माच लोकनाट्य की एक सशक्त अभिनय शैली भी दिखाई देती है, जिसकी सर्वथा अलग पहचान भी है। माच के लगभग तीन सौ वर्षों की विकास यात्रा में अनेक माच गुरु या उस्तादों ने अपनी नैसर्गिक ऊर्जा से माच अभिनय शैली को समृद्ध ही नहीं किया, बल्कि उसे उसके शिखर तक भी पहुँचाया। गुरु गोपाल, गुरु बालमुकुन्द, उस्ताद कालूराम, गुरु रामकिशन, शिवराम, राधा किशन, फकीरचंद, सिद्धेश्वर सेन आदि ने माच के नये-नये खेल रचे और नये-नये माच अभिनेताओं, गायकों, नर्तकों और वादकों को पैदा किया। किसी समय माच मालवा में जुनून की तरह लोगों के दिल और दिमाग़ों में चढ़ा था। लोग माच में गायी जाने वाली ग़ज़लों और गीतों को सुनने आते थे, गायकों की फटकार और नर्तकों के लटके-झटके देखने आते थे। राजा, रानी, नायक-नायिकाओं और विदूषकों का अभिनय देखने आते थे। कई लोग माच में मालवी बोली की रंगत देखने, सुनने आते थे, कई लोग हँसी-मज़ाक़, चुहलबाज़ी का मज़ा लेने आते थे। एक समय ऐसा भी था जब माच में लोग अश्लील हरकतों के आनन्द के अतिरेक की प्रतीक्षा किया करते थे। यह सब माच के अभिनय की सीमा में आता है। भरत ने कहा भी है–

अभिपूर्वस्तु णीज् धातुराभिमुख्यार्थ निर्णये।
यस्मात् प्रयोगं नयति तस्माद्भिनयः स्मृतः ।।8-1।।

माच का मंच ऊँचा और खुला होता था, इसलिए किसी कोने से किये जाना नृत्य और अभिनय दर्शकों को स्पष्ट दिखाई देता है। अभिनेताओं को इससें अपनी बात के सम्प्रेषण में अत्यधिक सहायता मिलती थी। कभी-कभी नर्तकों के ज़ोरदार नृत्याभिनय के कारण माच के मंच तक टूटते देखे गये हैं, जिसे खेल में बुरा नहीं माना जाता था बल्कि इसे लोग किंवदन्तियाँ बनाकर माच की सफलता से जोड़ते दिखाई देते थे।

–सादर संक्षिप्त नाट्यशास्त्र, डॉ. राधावल्लभ त्रिपाठी

मंच के बायें कोने में माच का साज संगीत बैठता है जिसमें ढोलक, सारंगी और हारमोनियम वादक मुख्य होते हैं। ढोलक माच की प्राण है। ढोलक की थाप पर ही माच का नृत्य और अभिनय चलता है। माच की अभिनय शैली मूलतः ढोलक

की तालों पर निर्भर होती है। गायक कलाकारों के साथ बैठे टेक झेलने वालों का सामूहिक स्वर 'झेला' कहलाता और ढोलक की गत अभिनेताओं के अभिनय में बिजली की तड़क और चमक भरने का काम करती है। यह कहना उचित होगा कि ख्याल नौटंकी की परम्परा की तरह माच की अभिनय शैली वाद्य संगीत पर केन्द्रित है। माच की अभिनव शैली दो तरह की है। एक रूढ़िगत और दूसरी कथागत। रूढ़िगत अभिनय शैली में माच का पूर्व रंग और गायन करके नृत्य करने की विधि को रखा जा सकता है। माच का पूर्वरंग अभूतपूर्व होता है। माच पूर्व रंग खेल शुरू होने के कई-कई घण्टे तक चल सकता है। इसमें माच की रूढ़ियों को दोहराया जाता है।

माच का खेल प्रायः रात्रि नौ अथवा दस बजे के आसपास शुरू होने की परिपाटी रही है। पूर्वरंग में भिश्ती, फ़र्राशन और जाजम बिछाने वाले रूढ़िगत पात्र आते हैं, जिनका कार्य यानी अभिनय प्रायः बँधी-बँधायी परिपाटी निभाने के लिए होता है। ये पात्र पहले अपना नाच गाकर परिचय देते हैं, समाज में जिस प्रकार भिश्ती, फ़र्राशन, जाजम बिछाने वाला जिस संजीदगी से सामाजिक कार्यों में अपना कर्तव्य निभाते हैं, ठीक उसी तरह माच में आने वाले ये अनिवार्य पात्र अपने स्वाभाविक अभिनय से जनता को घण्टों बाँधे रखते हैं, कभी-कभी अपने पात्र के माध्यम से ये अभिनेता हास्य और व्यंग्य के शिखर छूने की कोशिश करते हैं, वहाँ तक जाने में इन रूढ़िगत कलाकारों की अभिनय प्रतिभा की चमक देखी जा सकती है, इन पात्रों में स्वांग और प्रहसन का अभिनय सहज होता है। माच की मण्डली में इन पात्रों की अभिनय करते-करते पूरी उम्र निकल जाती है, इसलिए रूढ़िगत पात्रों की पहचान नामजद हो जाती है। लोग उसी लोकप्रिय कलाकार के अभिनय को देखने की चाहत रखते हैं। ऐसे पात्र माच मण्डली के किंवदन्ती पुरुष बन जाते हैं। पारम्परिक लोकनाट्य प्रायः गीति प्रधान होते हैं। माच भी है। गायन करके नृत्य के साथ संवाद-अदायगी करना माच की प्रमुख विशेषताओं में से एक है। माच की नृत्य मुद्राओं में अभिनय की क्षीण सी रूपरेखा प्रकट कर देना स्त्री पात्रों की ख़ूबी कही जा सकती है या कमज़ोरी भी। क्योंकि लोकनाट्य की प्रतिबद्धता मूल रूप से नृत्य और गायन में है, उसे बचाये रखने की कोशिश हर माच कलाकार करता है। फिर भी अभिनय की स्पष्ट छवियाँ माच के खेलों में बहुत गहरे से देखी जा सकती हैं। पूर्वरंग में एक और महत्त्वपूर्ण प्रक्रिया अभिनय के बीच में की जाती है, जो दर्शकों की नज़र में नहीं आती, लेकिन उसका सम्बन्ध माच के खेल की सफलता और

माच कलाकारों की सुरक्षा की भावना से जुड़ा है, वह हजरात विद्या यानी तन्त्र-मन्त्र के बल पर माच के खेल की सफलता को उस्तादों द्वारा बाँधा जाना है। यह क्रिया किसी प्रत्यक्ष अभिनय से ताल्लुक नहीं रखती, लेकिन मंच को तन्त्र-मन्त्र से बाँधने से माच के कलाकारों में ज़ोरदार अभिनय के आत्मविश्वास का संचार होता है। इसे माच गुरु मंच की सिद्धि कहते हैं। माच के पूर्वरंग के नानक साई के पंडों का अभिनय गायक और स्वरूप एक अलग आकर्षण का केन्द्र होता है।

माच के मंगलाचरण में गणपति की वन्दना का स्वांग लाया जाता है, जिसमें किसी छोटे और मोटे बालक को लाल कपड़े में लपेटकर उसे कपड़े की ही सूँड लगा कर लाया जाता है और उसे मंच के बीचोबीच आसन दिया जाता है, यह एक तरह की गणपति की झाँकी होती है, जो स्थिर होती है। यह गम्मत से लिया गया है, इसमें अभिनय की गुंजाइश नहीं होती फिर भी गणपति का माच में अवतरित होना दर्शकों के बीच भक्ति और श्रद्धा की भावना का संचरित होना अवश्य देखा जा सकता है। गणेश स्थिर होते हैं पर दर्शक सचेत, सजग और गतिशील हो उठते हैं। यह माच के खेल का साधारिकरण कहा जा सकता है। मंगलाचार लोक देवताओं की आराधना का सबसे उपयुक्त अवसर होता है, इसीलिए माच खेल के सभी सजे-धजे कलाकार हाथ जोड़कर सरस्वती, भैरव, भवानी, हनुमान आदि देवी-देवताओं के लिए माच के अभिनय में प्रार्थना पूर्वक अनुरोध करते हैं, इन सब देवी-देवताओं के आह्वान से वाणी और अभिनय को एक तरह का आध्यात्मिक बल मिलता है।

कथागत अभिनय का आरम्भ गीति नाट्य संगीत से होता है, लेकिन धीरे-धीरे उसमें लयात्मक गद्य संवादों का समावेश भी कथा सूत्र को आगे बढ़ाने का कार्य करता है। जो पात्र के बोल और वार्त्ता के रूप में कहा जाता है। वार्तालाप माच के अभिनय की वास्तविक जगह होती है। माच की विभिन्न रंगतों और दूहा गायन से माच की अभिनय शैली का विकास होता है।

मालवी लोकसंगीत इन रंगतों और दूहा गायन को स्थानीय रंग का पुट प्रदान करने में सक्षम होता है।

माच अभिनय का सबसे बड़ा माध्यम उसके पात्र होते हैं। माच कलाकारों का दमदार अभिनय क्षमता का प्रमाण तब मिलता है जब दर्शक श्रोता अपनी जगह पर बैठे-बैठे पात्रों के आख़िरी बोलों को झटके के साथ दोहराते हैं अथवा करुणा से भर कर आँखें आँसू से अपने आप गीली होने लगती हैं, अथवा शेरमार ख़ाँ, चोपदार आदि विदूषकी पात्रों की वाणी विदग्धता और विद्रूप आंगिक चेष्टाओं से दर्शक-श्रोता खुलकर हँसने के लिए मजबूर होते हैं, यह सब पात्रों की माच अभिनय शैली

की पकड़ पर निर्भर करता है। माच की अभिनय शैली सांगीतिक है। माच के संगीत की अनुगूँज लोगों के मन में जीवन भर बनी रहती है। उसी के साथ पात्रों के उन्मुक्त अभिनय की यादें लोग कभी भूलते नहीं हैं, बल्कि मौक़ा मिलने पर उस अतीत के देखे अभिनय शैली की भूरि-भूरि प्रशंसा भी करते हैं।

माच का सबसे महत्त्वपूर्ण और चमत्कारिक स्त्री पात्र होता है, जिसे माच में पुरुष ही निभाते आये हैं, ऐसा नहीं हुआ कि माच में स्त्रियों का प्रवेश नहीं हुआ। साहसी माचकारों ने महिलाओं को माच में जगह ज़रूर दी, लेकिन माच में महिलाएँ चल नहीं पायीं। माच के मंच पर नृत्य और अभिनय में जिस दमदारी की ज़रूरत होती है उसके तनाव को पुरुष ही झेल सकता है, यही कारण है कि माच में आज तक महिलाओं की भूमिका पुरुषों द्वारा ही निभाई जाती है। लोग मालवी स्त्री को माच में उसी तरह देखने के आदी हो गये हैं। नृत्य, गायन और अभिनय तीनों का समन्वय ऐसे पात्रों में होना अनिवार्य है, वही पुरुष भी स्त्री पात्र में चल पाते हैं, अन्यथा वे माच के कोई दूसरे पात्रों में उतर जाते हैं। माच में अपनी स्त्री पात्र की मुख्य विशेषता 'स्त्री होना' है, क्योंकि माच में सारी स्त्री पात्रों के चेहरे घूँघट में ढके होते हैं। वेशभूषा स्त्री की होती है। पात्र का पूरा अभिज्ञान स्त्री का होता है। इसीलिए माच में पूरा अभिनय एक मालवी स्त्री देह का होता है। स्त्री पात्र की आवाज़ भी पुरुषोचित होती है, इसमें भी दर्शक-श्रोताओं को रसोद्रेक में कोई अड़चन नहीं होती। परम्परागत दर्शक माच में मुँह ढकी हुई स्त्री के नृत्य, गायन, संवाद और अभिनय का पूरा-पूरा आनन्द लेते हैं। स्त्री पात्र घूँघट में अपना चेहरा ढक लेता है अथवा यह कहना अधिक अच्छा होगा कि स्त्री पात्र चेहरे को तिरोहित कर देता है। माच में सभी स्त्री पात्र का चेहरा होता ही नहीं है, जब चेहरा ही ग़ायब हो जाता है तब ना चेहरे, नयन, भौंह, कपोल, मुख आदि के भाव दिखाने की स्त्री पात्र को कोई जगह नहीं होती, ऐसे में चेहरा जो अभिनय के लिए मुख्य साधन होता है, उसके ना रहने से माच का स्त्री पात्र पुरुष हाथ, कमर, पैर, और वाणी के सांकेतिक अभिनय से काम चलाता है और अपने अभिनय की चेहरे की कमियों की पूर्ति करता है। यह माच के पुरुष पात्र के लिए बहुत कठिन और कड़ी परीक्षा ही कही जायेगी। एक तो वह पुरुष है, उसमें स्त्रियोचित कोमलता सिरे से नदारद होती है। इस पर भी वह स्त्री पात्र को निभाता है, मैं सोचता हूँ यह दुष्कर और दुर्लभ कार्य है। जो पुरुष माच में स्त्री का पात्र करते हैं, वास्तव में वे बड़ी चुनौतियों का सामना करके विजयश्री का वरण करते हैं। माच की अभिनय शैली के केन्द्र में स्त्री पात्र की भूमिका का होना यह सच है।

माच के मंच पर एक लोकनाट्य की समग्र लीला चलती है। नज़दीक और दूरी, महल और जंगल, नदी और कुआँ, धरती और आकाश, आग और पानी, जीव और जन्तु, राजा और रानी, अमीर और ग़रीब, स्वर्ग और नर्क, सत्य और असत्य आदि सब के सब माच खेल के अभिनय की बड़ी कल्पनाशीलता और अद्भुत तरीक़े से घटित होते हैं, लोकनाट्यों की अभिनय शैली की एक विशेषता यह भी रही है। खेल का नायक अथवा पात्र ढोलक की गत यानी सांगीतिक दौड़ में मंच पर चार-पाँच चक्कर लगाकर मीलों लम्बा सफ़र तय कर सकता है। कोई भी पात्र माच के खेल के बीच से थोड़ी देर के लिए मंच से जा सकता है और आकर पुनः अपने पात्र को सँभाल सकता है, इस बीच में पात्र की कोई सांकेतिक एक निशानी कोई भी दूसरा व्यक्ति उठा सकता है, ज़रूरत पड़े तो उसका संवाद और अभिनय भी कर सकता है। इतनी स्वतन्त्रता केवल लोकनाट्यों की सहज अभिनय शैली में ही निहित हो सकती है। इसीलिए मेरी दृष्टि में लोकनाट्य नाटक और लीला का अद्भुत संगम कहा जा सकता है, जिसमें बिना अवगुण्ठन के अभिनय की निरभ्र नभ-सी अभिव्यक्ति होती है, माच की अभिनय शैली भी इसी कोटि की है, इसमें कोई शक नहीं है।

माच की अभिनय शैली पारस्परिक है। पीढ़ी-दर-पीढ़ी एक अभिनेता दूसरे अभिनेता को माच की अभिनय शैली को देता आया है। कोई अत्यन्त प्रतिभाशाली अभिनेता इस परम्परा में अपनी अभिनय प्रतिभा से कुछ जोड़ता है। माच के हर समय में पूरे मालवा में माच के श्रेष्ठ से श्रेष्ठतम माचगुरु और अभिनेता रहे हैं। एक विधा की प्रतिष्ठा में और उसको बचाने में जो कुछ भी प्रयास हो सकते हैं, आज के माच कलाकार पूरी निष्ठा से लगे हुए हैं। यह सुखद है। एक ओर जहाँ माच के अभिनेताओं में अपने अभिनय के प्रति संजीदगी और जागरूकता का संचार हुआ, वहीं दूसरी ओर माच के प्रसार के अवसर राष्ट्रीय स्तर तक पहुँचे हैं। लोक कलाओं के अध्येताओं का ध्यान माच विधा की तरफ़ जाने लगा है, माच के नृत्य, गायन, संवाद और अभिनय के क्षेत्र में नये नाट्य निर्देशकों ने नयी पहल की है, ग़ैर-पारम्परिक रंगकर्मियों में माच की लोकरंग चेतना की ओर आकर्षण बढ़ा है। सार रूप में माच की अभिनव शैली ग्रामीण रंग और रूप पर आधारित है। माच के अभिनय में पूरी लोकरंग चेतना समाहित है। लोक मनीषा के मनोरंजन और समस्त लोक संस्कृति के मूलाधार माच की अभिनय शैली में समाहित है। माच की अभिनव शैली सांगीतिक है। भाव और बोली का उत्स माच की अभिनय परम्परा में देखा जा सकता है। नाट्य की समस्त सम्भावनाओं का नाम भी माच की अभिनय शैली का अभिज्ञान है।

माच के मध्य में गम्मत

माच के विश्राम के मध्य हल्के-फुल्के मनोरंजन के लिए गम्मत के खेल किये जाते हैं। गम्मत लघु प्रहसन है। जिनका मूल उद्देश्य दर्शक-श्रोताओं को माच के मुख्य खेल शुरू होने तक बाँधे रखना है। गम्मत की अवधि अधिक से अधिक 15 से 20 मिनट तक की होती है। गम्मत एक स्वतन्त्र नाट्य है, जिसका सम्बन्ध मुख्य माच के खेल से बिल्कुल नहीं होता। लेकिन नायक और नायिका को छोड़कर कलाकार वादक माच के ही होते हैं। हाँ, यह हो सकता है कि गम्मत में कुछ कलाकार जुड़ जायँ, जो माच की अदायगी में नहीं होते। ऐसे कलाकार मुख्य माच मण्डली में भी नहीं होते। ये शौकिया होते हैं या आवश्यकतानुसार खड़े कर दिये जाते हैं। इनकी भूमिका भी बहुत छोटी होती है। ऐसी गम्मतों में फरियाद, नात, तापते-तापते, दजवाली, व्यई व्यई की गम्मत, घर की गम्मत, कथा में गम्मत, गरबे की गम्मत, टूटिया की गम्मत आदि अधिक प्रचलित और प्रसिद्ध हैं।

गम्मत माच लोकनाट्य का एक भाग है। कभी-कभी गाँवों में गम्मत स्वतन्त्र रूप से भी की जाती है, लेकिन अवधि 15 से 20 मिनट की ही होती है। कहीं-कहीं एक रात में दो-दो तीन-तीन गम्मत की जाती है। यह माच खेल के विश्राम पर निर्भर करता है। माच के दो विश्राम हुए तो दो गम्मतें हो जाती हैं। गम्मत का मतलब दर्शक-श्रोताओं के लिए मंच ख़ाली नहीं छोड़ना चाहिए। इसका अर्थ यह हुआ है कि गम्मत माच के ख़ाली समय को भरने (टाइम फिलर) का अनिवार्य अंग है।

गम्मत में चार से छह पात्रों से काम चल सकता है। न उसमें अधिक तामझाम की ज़रूरत होती है क्योंकि गम्मत नक़ल होती है। थोड़े से हेरफेर से पात्रों को सजीव कर लिया जाता है। खड़िया, काजल, लाली, सन-सूत, कपड़ों आदि से मेकप और अभिनय चल जाता है। लेकिन गम्मत में प्रस्तुत के हास्य, व्यंग्य के साथ किसी व्यक्ति पर चोट में तल्खी कभी-कभी नहीं रहती। लोक कलाकार इनमें बहुत दक्ष होते हैं। वे ऐसे ही बेदब, ऊलजलूल पात्रों को मंच पर लाते हैं, जिससे लोग हँस सकें। फिर से माच देखने के लिए तरोताज़ा हो सकें। गम्मत प्राय: देर रातों में ही की जाती है, जब लोगों को नींद आने का वक़्त होता है। इसी बीच मुख्य माच खेल के कलाकार चाय, पान, बीड़ी का सेवन कर लेते हैं।

संक्षेप में माच इतिवृत्त

माच का सम्पूर्ण इतिवृत्त जानने के लिए डॉ. शिवकुमार मधुर का शोध प्रकाशित ग्रन्थ 'भारतीय लोकनाट्यों की पृष्ठभूमि में मालवा लोकनाट्य माच, सन् 1980 में

आया है, उसका प्रकाशन, नयी दिल्ली से हुआ है। यह कृति अब उपलब्ध नहीं है। लेकिन इसी ग्रन्थ को मध्यप्रदेश आदिवासी लोककला अकादमी, भोपाल ने मध्यप्रदेश का लोकनाट्य माच' के नाम से सन् 2000 में दूसरे संस्करण के रूप में प्रकाशित किया है। यह कृति उपलब्ध है। इसे देखना चाहिए। तीसरा ग्रन्थ डॉ. भगवती लाल राजपुरोहित का 'मालवी संस्कृति और साहित्य' यह भी आदिवासी लोककला परिषद से 2004 में प्रकाशित है। इसके साथ ही सन् 2009 में रंगभूमि : सम्पादक डॉ. कपिल तिवारी भी देखना चाहिए। जिसमें मध्यप्रदेश के सभी लोकनाट्यों पर विमर्श और पाठ हिन्दी अनुवाद के साथ प्रकाशित है। जिसमें श्री चन्द्रशेखर दुबे, इन्दौर और डॉ. शिवकुमार ने माच पर ताज़ातरीन सामग्री दी है। इन किताबों में माच के इतिवृत्त की प्रामाणिक जानकारी मिलती है। सम्भावित चौथी पुस्तक 'मध्यप्रदेश के लोकनाट्य' लेखक की होगी। जिसमें निमाड़, मालवा, बुन्देलखण्ड, और बघेलखण्ड के पारम्परिक लोकनाट्यों पर एक साथ पहली बार महत्त्वपूर्ण सामग्री दी गयी है। माच लोकनाट्य का एक सिंहावलोकन गहरी जानकारी देने में सहायक हो सकता है। इसके पहले डॉ. श्याम परमार, डॉ. चिन्तामणि उपाध्याय, डॉ. बसन्तीलाल बम, डॉ. शिवकुमार मधुर, श्री सिद्धेश्वर सेन, डॉ. पवन कुमार मिश्र, डॉ. प्यारेलाल श्रीमाल, पंकज पाठक ने माच पर लिखा है। 'मध्यप्रदेश का रंगमंच' में माच और लोकनाट्य की डॉ. राधावल्लभ त्रिपाठी ने सार्थक व्याख्या की है।

संक्षेप में माच को इस तरह से समझा जा सकता है।

माच की विषयवस्तु सर्वथा लिखित रही है। मौखिक या वाचिक परम्परा का निर्वाह बहुत कम होता है। 300 से अधिक माच खेल की पोथियाँ उपलब्ध हैं। माच की रंगभाषा, मालवी है। जिसमें हिन्दी, उर्दू, अरबी, फ़ारसी, मारवाड़ी, गुजराती, निमाड़ी और भीली के शब्द मिलते हैं। अंग्रेज़ी का असर भी विदूषक, चोपदार आदि पात्रों पर देखा जा सकता है।

माच में स्त्री की भूमिका पुरुष पात्र ही निभाते हैं।

माच गुरु ही प्राय: माच का लेखक, निर्देशक होता है।

कोई-कोई माच गुरु मुख्य भूमिका निभाते हैं।

माच का खेल पूरी रात यानी रात नौ-दस बजे से लगाकर भोर तक चलता है।

माच में हाजरत विद्या यानी तन्त्र-मन्त्र का उपयोग किया जाता है।

माच के बीच में स्वांग गम्मत होती है।

माच खम्भ की स्थापना

माच खेल प्रारम्भ होने के पूर्व माच के खम्भ की स्थापना की परम्परा है। जिस जगह माच का मंच बनाया जाना होता है। ठीक उसी जगह माच का खम्भ गाड़ा जाता है। यह लम्बी बल्ली होती है। जिसे दो-ढाई फ़ीट के गड्ढे में गाड़ा जाता है। उसके शीर्ष पर एक ध्वज बाँधा जाता है। इसी खम्भ और ध्वज की पूजा की जाती है। इस सम्बन्ध में डॉ. भगवती लाल राजपुरोहित लिखते हैं–'माच के खेलों की तय की गयी तिथि से प्राय: पन्द्रह दिन पहले शुभ वेला में दल के सभी कलाकारों की उपस्थिति में खम्भ खड़ा किया जाता है। उस समय ढोलक बजती है। इस अवसर पर अमरबेल, आम्रपल्लव, गुड़, धनिया, लालचोल (वस्त्र) हार फूल आदि सामग्री से उसकी पूजा की जाती है। पूजा दल के गुरु, मुखिया अथवा उस्ताद के हाथों पूरी होती है। तब गुड़ धनिये का प्रसाद बाँटा जाता है।' नाट्यशास्त्र में जर्जर स्थापना का पूरा अनुष्ठान है। प्राय: ऐसे ही यह खम्ब स्थापना की विधि पूरी की जाती है। इसे लोक में प्राचीन काल में 'इन्द्र ध्वज' कहा जाता था और उसकी स्थापना की पूरी विधि अपनायी जाती थी। 18 मंच का मुख पूर्व दिशा में होता है। इस समय तन्त्र-मन्त्र के देवता भैरव की पूजा अवश्य की जाती है।[1]

माच का मंच

माच का मंच प्राय: दस-बारह फ़ीट ऊँचा होता है। इसके लिए चार कोनों में मज़बूत खम्भे गाड़े जाते हैं। जिनमें दमदार बल्लियाँ बाँधी जाती हैं। इनके बीच में 9, 11 या 15 खम्भे और गाड़े जाते हैं। जिन पर तीस-बत्तीस पटिये ठोंके जाते हैं। मंच की लम्बाई-चौड़ाई 15 से 20 फ़ीट की चौकोर हो सकती है। पिछले हिस्से में बारह घाट का पाट होता है। पटियों के ऊपर दरी बिछाई जाती है, जिसे चारों ओर से कीलों से ठोंक दिया जाता है ताकि नाचते समय दरी खिसके नहीं। मंच के पीछे एक बड़ी चादर तान दी जाती है। ऊपर की ओर सफ़ेद चँदोवा या चाँदनी बाँधी जाती थी। मंच पर चढ़ने के लिए पीछे के कोने पर सीढ़ी लगायी जाती है। रंगमंच के पीछे लकड़ी के दो पाटों पर और मंच के सामने 'बन्दी के चार खम्भे' लगे होते थे। जिन पर सोलह नवयुवक, एक जमादार और एक थानेदार बैठता है। ये लोग माच के मंच की सुरक्षा करने वाले होते थे। मंच के बीचोबीच एक सजी कुर्सी रखी जाती है, जिस पर खेल का नायक बैठता है। गायक और वाद्य वादक मंच पर पूर्व दिशा

1. डॉ. भगवतीलाल राजपुरोहित : मालवा संस्कृति और साहित्य, पृ. 582, 2005

की ओर मुँह करके बैठे हैं। माच का मंच तीन ओर से खुला होता है। मंच के एक ओर कुर्सी पर कपड़ा बिछाकर माच गुरु की फ़ोटो रखी जाती है। वह पूरे खेल तक नहीं हटाई जाती है।

प्रकाश व्यवस्था

माच का खेल प्राय: रात के दस-ग्यारह बजे तक शुरू होने की परम्परा रूपक समवकार रही है। खेल की समाप्ति देर रात को होती है। यह परम्परा संस्कृत रूपक समवकार (एक अंक 12 घड़ी) और मतल्लिका (एक अंक 3 घड़ी) आग्रहीत है। समवकार दशावतार का खेल रात के छह-सात घण्टे चलने वाला नाट्य है। मतल्लिका में भी यही व्यवस्था है। रात्रि में होने वाले सभी नृत्य नाट्य मंच पर पर्याप्त रोशनी की माँग करते हैं। हर समय में नाट्य दल उपलब्ध साधनों के आधार पर प्रकाश की व्यवस्था करता आया है। कभी मशाल तो कभी गैसबत्ती इसका स्थान लेती गयी। माच का खेल भी पहले मशाल, तेल भीगे बलबट्टे की पीली रोशनी से शुरू हुआ। गैसबत्ती की खेल रोशनी में नहाया और फिर मरकरी की चकाचौंध से लगाकर हेलोजन, फ्लैश स्पाटलाइट आदि में बैठा माच आधुनिक प्रकाश कोरियोग्राफ़ी तक की यात्रा में पहुँचा। राजा भोज ने भी नाट्य के बीच प्रकाश के कल्पनाशील प्रयोग की बात की है।

माच की वेशभूषा

माच की वेशभूषा प्राय: मालवी ही होती है। माच के सभी कलाकार मर्द होते हैं। पुरुष स्त्री की भूमिका निभाते हैं। इसलिए पुरुष नर्तक मालवी स्त्री के वेश धारण करने में विशेष सतर्क रहते हैं और स्त्री परिपाटियों का पूरा-पूरा ध्यान रखते हैं। भले ही मुँह पर सदैव घूँघट रहता हो। यहाँ तक कि अच्छे-अच्छे मूँछधारी इस घूँघट के पीछे स्त्री की सफलतम भूमिका करते मिल जाते हैं। लेकिन एक बात ज़रूर है ऐसे पात्र स्त्री की भूमिका निभाते-निभाते अपने शरीर में 'स्त्री लोच' यानी 'स्त्रैणभाव' पैदा कर लेते हैं। कुछ कलाकार तो स्त्री के पात्र के लिए इतने प्रसिद्ध हो जाते हैं कि लोग उनका नाच और पार्ट देखने खिंचे चले आते हैं। उनकी मालवी स्त्री अभिनय और वेशभूषा में कोई ज़रा-सा भी मीन-मेख नहीं निकाल सकता। 'भरत ने ऐसे पुरुष पात्र को नाट्यशास्त्र में 'भ्रुंकस' कहा है। माच के ऐसे अभिनेता 'भ्रुंकस' ही होते हैं। जो स्त्री पात्र निभाने में निपुण होते हैं।[1]

---

1. डॉ. राजपुरोहित : मालवी संस्कृति और साहित्य, पृ. 535

माच में स्त्री की वेशभूषा पात्र के अनुरूप होती है। रानी और दासी की वेशभूषा में फ़र्क़ होता है। फिर भी मालवी रंगत के स्त्री पेरवास की परम्परा का निर्वाह किया जाता है। नायिका और नर्तकी जरी की चुनरी, गोटा-किनारी की साड़ी-लुगड़ा, गोटा लगा छींटदार घेरदार रंगीन घाघरा, साटन की काँचली धारण करना कभी नहीं भूलते, क्योंकि मालवी स्त्री की वेशभूषा की शैली की यही पहचान है। काँचली में उरोजों के लिए कपड़े के चेंडुओं का उपयोग किया जाता है। माच में स्त्री पात्र का नखशिख श्रृंगार होता है। जिसमें मालवा में प्रचलित सारे गहने पहनने की परिपाटी रही है। कई वर्षों तक माच में आसपास से माँगे गये चाँदी-सोने के गहने पहने जाते रहे हैं। इनकी सुरक्षा में सोलह नवयुवक एक जमादार और एक थानेदार बैठता है। कभी-कभी नाचते-गाते कोई गहना मंच पर गिर जाता है तो ये ही नवयुवक दौड़कर उसे उठा लेते हैं। आज कल नक़ली गहनों का चलन हो गया है। पैर में मालवी कड़ी, आँवला, नेवरी सांकल, (पायल) तोड़ा, रमझोल, बिछिया, मच्छीजोड़, कमर में चाँदी का कंदोरा, हाथ में बाजरी, करमदी, चामचूड़ी, हथफूल, पोंची, लाख की चमकदार चूड़ी-चूड़ो, अँगुली में अँगूठियाँ या बाँह में बाँहुटा लूम, हाथीदाँत का चूड़ा, गले में बजट्टी, ठुस्सी, लसनी, मंगलसूत्र, पुतली का हार, खंगाली आदि पहनते हैं। कानों मैं टोडी, झुमके, बाली एरिंग, ललाट पर बिंदी, झेला, भम्मर, टीका, राखड़ी पहनी जाती है। ये सब मालवी आभूषण हैं। जितने भी खेल के समय उपलब्ध हो जायें, उतने का उपयोग माच में कर लिया जाता है।

मालवी पुरुष धोती, कमीज़, शेरवानी, बंडी, सिर पर पगड़ी, साफ़ा, कमर में दुपट्टा, चूड़ीदार पायजामा, पैरों में घुंघरू पहनते हैं। पुरुष के गहने अलग होते हैं। वे हाथ में चाँदी का कड़ा-कान में बाली-मुरकी पहनते हैं। राजा की वेशभूषा अलग होती है। राजा के सिर पर क़ीमती सलमा सितारे वाली पगड़ी, पगड़ी पर कलगी या तुर्रा, ज़री का कोट या शेरवानी, कमर में बँधी म्यान सहित तलवार, धोती या चूड़ीदार पायजामा, पैर में चमकीली जूतियाँ होती हैं। मन्त्री, दीवान, शेरवानी पर कमर में तलवार बाँधते हैं। महतर, भिश्ती, चोपदार की वेशभूषा सुनिश्चित रहती है। भरतमुनि ने भी स्वीकारा है कि देश, काल, परिस्थिति के अनुरूप पात्र को नाट्य में वेशभूषा धारण करना चाहिए। लोकनाट्यों में प्राय: वेशभूषा अभिनय करने वाला पात्र स्वयं जुटाने की तज़बीज करता है। मण्डलियों में यह व्यवस्था मण्डली के मुखिया पर होती है। साधु-संन्यासी, जोगी-योगी, फ़क़ीर, तान्त्रिक, पागल, भिखमंगे, मज़दूर आदि की वेशभूषा उनके अनुरूप स्थानिक होती है।

माच में (मेकअप) रंग सज्जा

मालवी बोली में मेकअप को 'सिंगरना' कहते हैं। माच का मेकअप खेल शुरू होने के दो-तीन घण्टे पूर्व प्रारम्भ होता है। ख़ासकर स्त्री, राजा, रानी के पात्र सबसे पहले 'सिंगरना' शुरू करते हैं। पुरुष नर्तक को स्त्री का शृंगार करने में सबसे अधिक समय लगता है। नर्तक अपनी रूप सज्जा पर स्वयं ध्यान देता है। मेकअप की सामग्री स्वयं रखता है। जिनमें नक़ली उरोज भी शामिल होते हैं। चूड़ा-चूड़ी, गले के हार, कमर की करधनी, काजल टीकी, बिन्दी, झुमके, एरिंग स्वयं के होते हैं। प्रारम्भ में चेहरे के प्रसाधन के लिए खड़िया गेरू कोयला, मुर्दारसिंघी, या सिंग दराज को घिसकर लगाया जाता रहा है। आँखों के लिए काजल स्त्री-पुरुष दोनों पात्र लगाते हैं। होंठ पर हिंगुल या लाल स्याही का प्रयोग किया जाता है। आजकल पावडर, फेस बेस, लाली, लिपस्टिक आदि आधुनिक आच्छादनों का उपयोग किया जाता है। यद्यपि माच में स्त्रीपात्र का चेहरा ढका रहता है, लेकिन आज के युवा नर्तक पूरे मेकअप करने में विश्वास करते हैं। सिर पर उतना घूँघट भी नहीं रखते। इसलिए चेहरे का मेकअप माच के दर्शक-श्रोताओं को दिखाई दे जाता है। आँखों में सुरमा और मुँह में पान की लाली भी कभी माच के मेकअप में ख़ूब जगह रखता था। प्रायः रंग सज्जा अर्थात् मेकअप भी अपने पात्र का स्वयं कलाकार कर लेता है।

माच के पात्र

माच के पूर्व रंग और मूल रंग के कुछ स्थायी पात्र होते हैं। जिनके बिना माच का खेल सम्भव नहीं होता। मेहतर, भिश्ती, फ़र्राश, हलकारा, चोपदार, सिपाही, शेरमार ख़ाँ अनिवार्य पात्र होते हैं। इनके पश्चात् कथा के अनुसार पात्र होते हैं। इनमें एक 'कुडगर्या' (विषटूक) हर कथानक के साथ होता है। जो हँसी मज़ाक़ तो करता ही है। नायक का सहायक होकर सूत्रधार का भी कार्य करता है। एक सिद्ध कलाकार कई पात्रों का अभिनय कर सकता है।

माच का खेल 15 या 20 कलाकारों के बीच सम्पन्न हो जाता है। माच की स्थानिक व्यवस्था में लगे लोगों की संख्या की गिनती नहीं होती, फिर भी तीस-चालीस लोग माच की व्यवस्थाओं में मन से जुट जाते हैं। जिनको किसी मानदेय की दरकार नहीं होती। कभी-कभी मण्डली माच के खास कलाकार को बाहर गाँव से या दूसरी मण्डली से आमन्त्रित करती है, तब उस कलाकार को मुँह माँगे दाम दिये जाते हैं। माच मण्डली मुखिया के नाम से जानी जाती है। मुखिया गुरु, उस्ताद,

माचकार (माच लेखक), अभिनेता, व्यवस्थापक, कोरियोग्राफ़र आदि सब कुछ होता है। सारे पात्र माच मुखिया के कहे अनुसार पात्र निभाते हैं।

माच में कुछ ऐसे प्रमुख पात्र होते हैं जिनके बिना माच खेल सम्भव नहीं होता। गुरुगादी मुजरा, गणेश-भैरव आदि की वन्दना के पश्चात् माच की ग़ज़ल होती है।

चोपदार

चोपदार ढोलक की थाप पर मंच पर आता है। जो सिर पर साफ़ा, कमीज़, चूड़ीदार पजामा पहनता है। कमर में दुपट्टा बाँधता है। आँखों में काजल आँजे होता है। जब माच में कोई पात्र मंच प्रवेश करता है, तब चोपदार और भालदार ऊँची आवाज़ में उसके हाज़िर होने की सूचना देते हैं। भालदार मंच पर हाथ में भाला लेकर एक तरफ़ सदैव सजधज कर खड़ा रहता है।

भिश्ती

भिश्ती माच के मंच पर पानी छिड़कने वाला पात्र है। उसकी वेशभूषा सामान्य मालवी और वह गले में पानी से भरा मशक टाँगे रहता है। चोपदार और भिश्ती ढोलक की थाप पर नाचते-गाते प्रवेश करते हैं। पहले आपस में संवाद करते हैं। फिर भिश्ती गाकर अपना परिचय देता है–पानी छिड़काव करता है। चोपदार आज के माच के खेल होने की घोषणा करता है।

यह संवाद आधा-पौन घण्टा चल सकता है। जिसमें कई तरह की मौखिक बातें होती हैं।

आया हूँ भूपाली भिश्ती।
भूपाल सेर से चलकर आये उज्जैन सेर देखूँगा बस्ती।
अरे भरवा लो पानी छानी कर लायो के समन्दर तीर से,
सोना की म्हारी मशक बनी हे, कंचन खेल मढ़ाया।
म्हारी मशक को पानी जो पी ले, वा घर कर दूँ माया।।

फ़र्राश/फसन

भिश्ती के बाद फ़र्राशन मंच पर आती है। गुरु की स्तुति गाती है। मंच पर जाजम बिछाने का अभिनय करती है। साथ में हल्का-हल्का नाचती गाती है। चोपदार और फ़र्राशन की जुगलबन्दी होती है। नोक-झोक होती है। चुहलबाज़ी होती है। जिसमें फ़र्राशन अपने काम के साथ सुख-दुख की बातें करती हैं। अपना परिचय देती है।

अजी म्हारा पियुजी गया परदेश, जाजम कां बिछावां जी
म्हारा बालक चंदा सरीका पिताजी म्हारा सूरज सरको तेज़।
ननंद हमारी कड़ाक बीजली, चमके चारी देस।
हाथ लगे हिवड़ो कुमलावे, म्हारा बालक भेस जी

–गुरु बालमुकुन्द खेल-नागजी दूदजी

काम होने पर चोपदार फ़र्राशन को मंच से विदा करता है। उधर 'नानकसाई के पंडे' प्रवेश करते हैं। वे चोपदार के साथ गणेश भगवान और देवी की वन्दना करते हैं और चले जाते हैं। गुरुजी की जय के माच के मुख्य खेल के पात्र प्रवेश करते हैं और माच शुरू हो जाता है। यहाँ तक माच के पूर्वरंग का भाग होता है।

माच में नायक सहायक पात्र शेरमार ख़ाँ मुखिया अथवा प्रधान की छाया होता है। वह नायक का साथ देता है, साथ रहता है और नायिका के लिए सन्देशवाहक भी होता है। अत: पीठमर्द भी होता है। वह वीर, साहसी, व्यवहार निपुण के साथ ही हास्य, व्यंग्य में भी दक्ष होता है। इससे माच में जीवन्तता आ जाती है। नायक के विश्राम के अवसर पर माच खेल को अनवरत बनाये रखने के लिए स्वयं ही नायक की भूमिका भी करने लगता है और नायक के आने पर पुन: अपने मूल पात्र का अभिनय करने लगता है। (राजपुरोहित)

शेरमार ख़ाँ

शेरमार ख़ाँ राजा मन्त्री का ख़बरिया पात्र होता है। वह राजा से अधिक मुँह लगा और वाचाल होता है। समय आने पर झूठ-सच, आसमानी-सुल्तानी बातें भी करता है। पर राजा का सदैव वफ़ादार और आज्ञाकारी होता है। किसी-किसी माच में शेरमार ख़ाँ की भूमिका नहीं भी होती है। ज़रूरत के अनुसार तंबोलन, मालन आदि पात्र भी होते हैं। अन्य शेष माच के खेल के अनुसार होते हैं।

माच खेल का प्रारम्भ

माच खेल के प्रारम्भ में मंच पर कुर्सी पर कपड़ा डालकर हस्तलिखित माच की पोथी या पुस्तक, तलवार, घुगर रख दी जाती है। फिर माच मण्डली के सभी कलाकार मंच पर गणपति, सरस्वती और भैरवनाथ की जय बोलते हैं। माच के कुलदेवता भैरव माने जाते हैं। (माच के ये अदृश्य पात्र हैं, जिन्हें आह्वान कर माच में उपस्थित होने के लिए बुलाया जाता है। माचमण्डली और जनता दोनों का अटूट विश्वास है कि जब तक माच ख़तम नहीं होता तब तक ये देवी-देवता माच के खेल

में उपस्थित रहते हैं।) उस दिन के माच के खेल में भाग लेने वाले सभी कलाकार उस कुर्सी को नमन करते हैं। यह अनुशासन है। वह कुर्सी गुरुगादी मानी जाती है। इसे 'मुजरा' कहते हैं। इसके पश्चात् एक प्रमुख कलाकार (चोपदार) गणेश, सरस्वती, भैरव, हनुमान आदि की वन्दना में 'ग़ज़ल' पेश करता है। माच की ग़ज़ल उर्दू ग़ज़ल से सर्वथा भिन्न है।[1]

चोपदार (वन्दना) रंगत राजा

मनवा गिरजापुत्र गणेश, नारद सारद सेस महेस।। टेक
हंस बायनी माता सरसती, बुद्धि करो प्रवेश।
सिद्धेश्वर हे सरण चरण में, काटो फंद कलेस।।
काला गोरा भेरू सुमरा, सिर पे भूरा केस।
सातपुरी में पुरी अवंती, मध्य माळवो देस।।
पूजा देव महाकाल के सो कई, मालव पति नरेस।।
लाज राखो हनुमान हठिला, दो दुस्मन को ठेस।
अइने माच पे हाजर रीजो, तोड़े घोड़े लेस।।

—सिद्धेश्वर सेन माच-राजयोगी भरथरी

माच के खेल में तन्त्र-मन्त्र

माच के खेल में तान्त्रिक क्रिया को 'हाजरत विद्या' कहते हैं। माच के खेल की निर्विघ्नता के लिए इस विद्या का प्रयोग किया जाता है। कई जानकार माच के अखाड़े को अपनी तान्त्रिक क्रिया से 'बाँधने' का दुराचरण करते हैं। ऐसा आपसी वैमनस्य के कारण किया जाता है। माच के उस्तादों ने अपने माच अखाड़े को तन्त्र-मन्त्र से सुरक्षा कवच देने का कार्य किया है।

उज्जैन बहुत पहले से नाथ सम्प्रदाय, साधू-सन्तों, सिद्धों, फकीरों, जोगियों, कनफटे जोगियों के प्रभाव में रहा। चौंसठ योगिनियों हरसिद्धि गढ़कालिका आदि शक्तियों का केन्द्र रहा। लोकमानस पर इनका प्रभूत-प्रभाव है। राजस्थान में ख्यालों पर योगियों का प्रभाव था। भरथरी, गुरु गोरखनाथ की मान्यता उज्जैन के साथ समूचे मालवा में रही। इसका असर माच के खेल पर भी पड़ा और हाज़रत विद्या के बहुत से गुणीजन माच के खेल से जुड़े। ये लोग प्रेत बाधाओं को भी दूर कर देते थे। माच आरम्भ करने से पूर्व मन्त्र शक्ति से मंच को बाँधने की तान्त्रिक विधि भी माच

1. डॉ. भगवती राजपुरोहित : मालवी संस्कृति और साहित्य, पृ. 542

मण्डलियों द्वारा पूरी की जाती है। यहाँ तक कि आशंका होने पर 'मारण-तारण' तक की क्रिया की जाती है। जिसमें नीबू को मारने का काम यानी अभिमन्त्रित किया जाता है। जैसे-जैसे नीबू सूखता जाता है वैसे-वैसे जिसके नाम से नीबू फेंका है, वह आदमी भी सूखता जाता है और नीबू में लगायी सूइयाँ या पिनें उसके हृदय में धँसती जाती हैं। इसे 'मूठ' मारना कहा जाता है।

कुछ अवधि में ऐसे व्यक्ति की मृत्यु हो जाती है। हाजरत विद्या अच्छी और बुरी दोनों तरह की होती है। यह करने वाले के उद्देश्य पर निर्भर होता है। माच में पूर्वरंग इसी हाजरत विद्या का अनिवार्य अंग होता है। इसका अधिक प्रयोग गुरु बालमुकुन्दजी ने किया था। कहते हैं उनकी मृत्यु माच खेल के बीच में ही हुई। उनके सहयोगी मित्र यतिजी सिद्ध योगी थे। उन्होंने बालमुकुन्द को अपने मन्त्रबल से ही स्वस्थ किया था। जयसिंहपुरा की माच धारा के प्रवर्तन का श्रेय गुरु बालमुकुन्द यतिजी को ही देते हैं। उनके सम्बन्ध में डॉ. राजपुरोहित लिखते हैं–

गुरु बालमुकुन्द जब गेंदापरी का अभिनय कर रहे थे। तभी वे मंच पर गिर पड़े और संवत् 1932 में उनकी मौत हो गयी। उनका शव मंच से सीधे श्मशान घाट ले जाया गया। इस महायात्रा में माच प्रेमी और शिष्य उनके रचे माच के गीत पूरे पथ में गाते रहे और उसी माच के वातावरण में अग्नि संस्कार हुआ। तब से माच के किसी कलाकार की शवयात्रा माच गीतों के साथ ही होने लगी।

माना जाता है कि गुरु बालमुकुन्द की मृत्यु मारी गयी किसी मूठ के कारण ही अचानक हुई। कारण कुछ भी हो, गुरु बालमुकुन्द जैसे माच गुरु के समर्पण के कारण ही उस समय मालवा में माच अपने शीर्ष तक पहुँचा था। उन्होंने सबसे अधिक और अच्छे माच लिखे और खेले। उनकी परम्परा अभी तक चल रही है। हाजरत विद्या के अनुसार एक बालक को माच के मंच पर भगवा या लाल चोला लपेटकर कुर्सी पर बैठाते हैं। कपड़े की ही सूँड़ लगायी होती है। जिसे गणपति मानकर वन्दना की जाती है। फिर सरस्वती, भैरव-भवानी की वन्दना होती है।

माच का संगीत और सोहबत

माच के वाद्य

माच के संगीत के केन्द्र में 'माच की ढोलक' होती है। ढोलक पर ही पूरा माच चलता है। माच की ढोलक सामान्य ढोलक से कुछ बड़ी और खुली आवाज़ वाली होती है। लेकिन ढोल से छोटी होती है। इसके बनाने और बजाने वाले भी अलग

और ख़ास होते हैं। माच में सारंगी का साथ प्रारम्भ से ही रहा। सारंगी का आगमन राजस्थानी ख्याल से हुआ है। गुरु गोपाल ने ख्याल से सारंगी को तो आग्रहित किया लेकिन ख्याल के नक्काड़े या नगाड़े को स्वीकार नहीं किया। माच में उन्होंने नगाड़ा और नगड़िया की तोड़ में 'माच की ढोलक' विकसित की। जिसमें नक्काड़े की कड़कड़ाहट और नगड़िया की चोट दोनों शामिल कर दीं। ताकि माच की ढोलक में तीव्र आवाज़ और मोड़ झटके दूर तलक सुनाई दें और खेल में तल्खी हमेशा बनी रहे। ढोलक और सारंगी की युति माच में कमाल का चुम्बकीय संगीत उत्पन्न करने में सक्षम होती है। मालवा में आज कल मटकी नाच की प्रसिद्ध ताल के लिए जो ढोलक (ढोल ढोलकी के बीच का वाद्य) बजाई जाती है। मटकी रंगत माच में वहीं से आयी है। माच की ढोलक दोनों तरफ़ 'डण्डे' से बजाई जाती है। माच पहला शोध कार्य करने वाले डॉ. शिवकुमार 'मधुर' ने लिखा है–'ढोलक और सारंगी ही माच के मुख्य वाद्य हैं। दोनों में किसी एक का भी अभाव माच को कमज़ोर बना देता है। हारमोनियम का उपयोग काफ़ी बाद में होने लगा। परन्तु मूल रूप से माच 'ढोलक और सारंगी का खेल' ही रहा है और आज भी दोनों ही वाद्य माच के नाट्य प्रस्तुति में प्राणाधार हैं। ढोलक के संगीत बारे में डॉ. मधुर लिखते हैं–

गम्मत के वाद्य, ढोलक और मिरदिंग, शोभाराम बाँसुरे, मण्डलेश्वर

'ढोलक की थाप' और 'गत' एक अजीब समा बाँध देती है। माच की ढोलक का आकार लम्बाई में सामान्य ढोलक के बराबर होता है परन्तु गोलाई में वह 21

---

1. डा. राजपुरोहित : मालवी संस्कृति और साहित्य, पृ. 549

अंगुल 'मवाल' (गोलाई) की होती है और कहीं-कहीं 19 अंगुल का मोवाल होता है। सेवन और बींया की लकड़ी से बनायी जाने वाली ढोलक मज़बूत होती है। वह ही अनिवार्य रूप से काम में लायी जाती है। ढोलक के भीतर 'बल' (ढोलक के गोलाकार ढाँचे के भीतर कुरैदी गयी लकीरें) होते हैं। जिनकी संख्या क़रीब 30-40 तक होती है। बलों से ध्वनि का गुंजन विस्तार पाता है। ढोलक के दोनों ओर बकरे की खाल की पूड़ी (गोलाकार चमड़े का टुकड़ा) लगायी जाती है।[1]

बायीं ओर की पूड़ी को 'नर' कहते हैं और दायीं ओर की पुड़ी को 'मादा'। इन्हें क्रमशः 'दारा' और 'तास' भी कहा जाता है। राल काजली और अरण्डी के तेल से मसाला तैयार किया जाता है। तास में साधारण खाल की ही मड़ाई होती है। ढोलक के ऊपर पीतल की गोलकड़ी, बाँस की 'कोयली' और चमड़े के सिकन्दर में से बाँस की कोयली ही अधिकतर उपयोग में लायी जाती है, ताकि ढोलक की कसावट अधिक देर तक कायम रह सके। ढोलक बजाने की अनेक विधियाँ हैं, परन्तु माच की ढोलक का बजाना 'साधारण खेल' नहीं है। रात्रि के प्रथम प्रहर से अन्तिम प्रहर तक अनवरत ढोलक की स्वर धारा अक्षुण्ण बनी रहती है। यह बड़ी मेहनत और साधना का काम है, इसलिए माच की ढोलक हर कोई नहीं बजा सकता।[2] गुरु बालमुकुन्द के माच अखाड़े के श्री बापू उस्ताद बहुत प्रसिद्ध ढोलक वादक थे। इसका प्रमाण माच की एक ग़ज़ल है–

अव्वल ग़ज़ल तो कही भिश्ती, शुरू माच पे चढ़के।
भोपाल शहर से चलकर आया, रुनझुन पानी छिड़के।।
सारंगी तोरे शेर फेर हे, डाबी ढोलक फड़के।
गुरु हमारे बालमुकुन्द जी, खेल होयगा बड़के।।

ठण्डी रातों में माच की ढोलक की आवाज़ आठ-दस कोस तक सुनाई देती है। टेक झेलने वालों का सामूहिक और गायक के 'बोल' ढोलक की गत पर चलते हैं। माच की ढोलक पर ठेका, थाप, कहरवा, चाँचर, दून और अद्दा अधिकतर चलते हैं।[3] माच की ढोलक सच्ची बाजे के बोल दर्शक-श्रोताओं के बीच से उठते हैं।

---

1. डॉ. शिवकुमार मधुर : मालवा का लोकनाट्य : माच और गम्मत पाठ 'रंगभूमि', पृ. 503, आदिवासी लोककला अकादमी भोपाल
2. वही, पृ. 504
3. वही, पृ. 504

ढोलक और सारंगी के अतिरिक्त माच में हारमोनियम, लकड़ी के डण्डे, चिमटा और घुँघरूओं की माला का उपयोग किया जाता है।

माच का लोकसंगीत

माच में लोकसंगीत मालवा की पहचान है। माच में प्राय: पुरुषपरक स्वर-सन्धान होता है। स्त्रीपरक गायिका और महिला पात्र माच में कभी स्थान नहीं बना पायीं। छुट-पुट प्रयोग हुए भी तो वे सफल नहीं हो पाये। एक समय में तो महिलाओं और बच्चों को माच देखना वर्जित था। इससे माच में महिला प्रवृत्ति का प्रवेश निषेध सहज समझा जा सकता है। गायकी से लेकर अदायगी तक माच में पुरुष ही भूमिका निभाते आये हैं। माच दमखम का खेल है। कभी-कभी नाचते-नाचते माच के मंच तक टूटे हैं और लोगों की ज़बान पर उस नाचने वाले नर्तक और उस खेल माच के चर्चे कई दिनों तक चढ़े होते थे।

मालवा के लोकसंगीत में पुरुष गायिका लम्बी टेर के साथ गायी जाने वाली हीड़, फाग गायन और कथा-गाथा गायन, डेरु गायन, इकतारे पर गाये जाने वाले मालवी कबीर और मीरा के भजन, घोड़े के बालों से बनी सारंगी या रूँ रूँ बाजे पर भरथरी की गाथा गाने वाले नाथ-जोगियों के लोक स्वर और संगीत का प्रभाव माच के संगीत पर पड़ा। यह माच के मंच पर स्पष्ट रूप से देखा जा सकता है। माच में चूकि बहुत-सी प्रवृत्तियाँ राजस्थान से आग्रहीत की गयीं इसलिए उसमें ख्याल की सांगीतिक सन्निधि को नकारा नहीं जा सकता। 'टेर' ख्याल से आयी है। दोहा, ग़ज़ल, चौबोला गायन पर भी कुछ-कुछ राजस्थानी ख्याल और उत्तर प्रदेश की नौटंकी का प्रभाव देखा जा सकता है।

माच में पुरुषपरक गायन होने का यह मतलब नहीं कि माच के खेल से स्त्री तत्त्व या भाव पूरी तरह से ग़ायब है। ऐसा नहीं है माच में एक स्त्री पूरी तरह से उपस्थित है और दमदारी से उपस्थित है। यद्यपि माच में स्त्री का पात्र कोई पुरुष ही निभाता है। लेकिन वह पुरुष माच में मालवी स्त्री को, स्त्री संगीत को, स्त्रीवेश को पूरी तरह से जीता है। सुख में गाता-नाचता है, दुख में रोता-गाता है। यहाँ तक कि स्त्री की कोमल कमनीयता और पत्नी धर्म की बारीकियों तक को माच के मंच पर उतारने की भरसक कोशिश करता है। तब उसका लचीलापन और शरमाना देखते बनता है। स्त्रीवेशधारी पुरुष का यह अभिनय देखकर तो दुनिया की कोई स्त्री भी लजा सकती है। इसे देखने के लिए माच को देखने और सुनने लोग ठठ-के-ठठ आते हैं। माच में पुरुष के माध्यम से स्त्रीदेह संगीत की अद्भुत सर्जना होती है।

मालवी लोकसंगीत की जितनी स्त्रीपरक प्रवृत्तियाँ हैं, उसके दर्शन हमें माच की अदायगी में दिखाई दे जाते हैं। डॉ. शिवकुमार मधुर ने इस सम्बन्ध में एक जगह बहुत अच्छा लिखा है–'माच लोक जीवन की अभिव्यक्ति है। लोकसंगीत के साथ माच के संगीत का घनिष्ठ सम्बन्ध है। लोकगीतों की धुनों पर माच का छन्द विधान आधारित है। ऋतु पर्वों जैसे होली, रसिया, फाग, कजरी, गणगौर और तीज प्रभृति त्योहारों पर गाये जाने वाले लोकगीतों की धुनों पर माचकारों ने अनेक बोलों की रचना की है। परम्परा में विवाह-शादी के अवसर पर गणपति, 'बधावे' हल्दी मामेरा बधावा, घोड़ी चढ़ने के गीत, बेटी की विदाई के गीत आदि गाये जाते हैं। इन गीतों की धुनों का समावेश 'माच' की रचनाओं में करके माचकारों ने अपनी कृतियों को मालवी लोक जीवन की वस्तु बना दिया है। 'गाली गीत' गाने और 'पारसी बूझने' की जो रस्म-रिवाज इस प्रदेश में प्रचलित है, उसकी झलक भी माच के खेलों में दिखाई देती है।[1] मूलतः मालवा के लोकसंगीत की तासीर उत्सव प्रिय है, जिसमें जीवन का उल्लास देखा जा सकता है।

शास्त्रीय संगीत का माच पर प्रभाव

माच की स्वतन्त्र धुनें भी हैं। शास्त्रीय और लोकसंगीत के सम्बन्ध में माचकारों ने अपनी विशिष्ट धुनों का निर्माण किया है। इससे माच के संगीत का मौलिक रूप उभरकर सामने आया है। इन नयी धुनों को 'रंगतों' की संज्ञा दी गयी है। ये रंगतें छन्द और गायिकी–दोनों ही दृष्टियों से अपनी अनूठी विशेषताएँ रखती हैं, यथा–रंगत छोटी, रंगत बड़ी, रंगत दोहरी, रंगत इकहरी, रंगत झेला की, रंगत मारवाड़ी, रंगत राँझे की रंगत हलूर आदि।[2]

माचकार शास्त्रीय संगीत के विज्ञ थे। वे शास्त्रीय संगीत को समझते थे, इसलिए उन्होंने माच में कई राग-रागनियों का सार्थक प्रयोग किया। उन्होंने शास्त्रीय संगीत की उन सरल राग-रागनियों का उपयोग किया जो मालवी लोकसंगीत के नज़दीक पड़ती थीं। ऐसी राग-रागिनी में आसावरी, कलिंगड़ा, सोरठ, माँड, भैरवी, पीलू, सिंधू आदि प्रमुख हैं। महत्त्वपूर्ण यह है कि माच में आयी सब राग-रागिनियाँ समय और प्रसंग के अनुरूप रात के पहरों में गायी जाने वाली रागें हैं। दिन की रागों में एक भी माच की बंदिश नहीं मिलती। माच की रंगतें अत्यन्त सरल और गेय हैं। इसके

1. डॉ. शिवकुमार मधुर : मालवा का लोकनाट्य : माच और गम्मत पाठ रंगभूमि, पृ. 501
2. वही, 501

कारण नया से नया माच कलाकार इन रंगतों को एक-दो बार सुनकर याद कर लेता है। राग और रंगतों के रंग माच में देखने को मिलते हैं।

माच का मुख्य स्वर चौथा माना जाता है। जो पूरे माच के खेल में बँधा रहता है। ज़रा-सा भी स्वर गड़बड़ाया तो उसका असर पूरे माच खेल पर पड़ता है। माच का ऊँचा स्वर नृत्य प्रधान होने की वजह से है। माच मूलत: संगीत और गीतिनाट्य है। माच कथा भी गीतों (छन्दों) से आगे बढ़ती है। माच की ग़ज़लें मूलत: मालवी धुनों पर लिखी गयी हैं। गरबी की धुन का उपयोग भी माच में हुआ है। रामदंगल, कलंगी-तुर्रा की धुनें भी माच में हैं।

सोहबत और टेक झेलना

माच के मंच की दायीं तरफ़ ढोलक, सारंगी, चिमटा वादक बैठते हैं। इनके पीछे टेक खेलने वाले नये-पुराने गायक कलाकार बैठते हैं। मंच पर टेक का पाट होता है। इसमें मंच के नये उत्साही कलाकार व कार्यकर्ता तथा पुराने अनुभवी गायक बैठते हैं और अभिनेता के बोल को दोहराते हैं। यह दोहराना 'टेक झेलना' कहलाता है। इससे जहाँ प्रस्तुति का प्रभाव पड़ता है वहीं नये कलाकारों की सीखने की भी व्यवस्था हो जाती है।[1]

टेक झेलने वाले हमेशा सतर्क रहते हैं। माच के स्वर में झोल नहीं आने देते। नये गायक चूक करते हैं तो पुराने उसे सँभाल लेते हैं। इससे माच का संगीत बँधा रहता है। डॉ. शिवकुमार मधुर माच के संगीत और स्वर के बारे में लिखते हैं–वैसे माच में अधिकांश खेल चौथे स्वर से नीचे कभी नहीं जमता। उससे न गाने वाले को आनन्द आता है और न सुनने वाले को। पुरुष प्रधान गायन शैली में यह प्रवृत्ति होना स्वाभाविक है। यदि किसी मण्डली में गायकों का स्वर कमज़ोर हुआ तो तीसरे स्वर में भी माच बाँध लिया जाता है। पाँचवें स्वर में भी कुछ गाने वाले होते हैं, परन्तु सभी कलाकार पाँचवें स्वर में नहीं गा सकते। यदि कहीं प्रयास किया जाता है तो टेक झेलने वाले तन जाते हैं। वे बराबर साथ नहीं दे पाते और परिणामस्वरूप माच का खेल उखड़ जाता है। बँधे हुए स्वर को और निश्चित रंगत में भी कालान्तर में अपनी गायिकी का कौशल बता कर श्रोताओं को मन्त्रमुग्ध कर देता है। अपनी शक्ति के अनुसार गायक 'पलटेदार गायकी' (अर्थात् आवाज़ को तानकर और झटके के साथ गाकर) से अथवा आवाज़ को कोमल और झटका रहित बनाकर बोल प्रस्तुत कर सकता है। माच के बोल अधिकांश 'देहा' (दोहा) छन्द में निबद्ध हैं।[2]

1. डॉ. भगवतीलाल राजपुरोहित : मालवी संस्कृति और साहित्य, पृ. 533
2. डॉ. शिवकुमार मधुर : रंगभूमि, पृ. 502

माच लोकगीतों की धुनों को 'प्रसंगानुकूलता' माच के संगीत पक्ष की अपनी भी ख़ास विशेषता है। नायक-नायिका के संयोग का प्रसंग है या वियोग की घड़ियाँ, बेटी की विदाई का मार्मिक प्रसंग हो या वैराग्य धारण करने की वीतरागी मन:स्थितियाँ, इन सभी के लिए माच का संगीत प्रसंगानुरूप होता है। जिसमें हृदय को स्पर्श करने की अद्भुत क्षमता निहित रहती है। यही नहीं जादू-मन्तर, टोने-टोटके आदि प्रसंगों पर परम्परागत ढंग से मन्त्र पढ़ने को लोकधुनों पर आधारित जो गीत माच के खेलो में पाये जाते हैं, उनके प्रभाव का क्या कहना। झरना जैसे करुणा रस प्रधान गीतों के लिए माच का श्रोता लालायित रहता है।[1]

माच की धुनें और रंगतें

माच में लोकधुनों का जितना सटीक उपयोग हुआ है उतने ही व्यापक स्तर पर रंगतों का कल्पनाशील प्रयोग माच में देखने को मिलता है। सचाई तो यह है कि माच रंगतों का ही खेल है। धुन, राग और रंगत की विविधता का माच में प्रयोग गुरु बालमुकुन्द द्वारा रचित ढोलामारू माच में सबसे अधिक 42 रंगतें और सिद्धेश्वर सेन कृत राजयोगी भरथरी माच में सर्वाधिक 85 रंगतों का इस्तेमाल किया गया। माच भौतिकरूप से गीति नाट्य है। इसका मतलब माच में गीतों की संख्या अधिक होती है। ग़ज़ल भी इसी का भाग है। माच के गीतों के रंग रंगतों में खिलते हैं। गीत स्वयं नर्तक गाते हैं और नर्तक ही अभिनय करते हैं। गीत की एक या दो कड़ी गाकर नर्तक नाचते हैं। इसे 'कड़ावा' कहते हैं। यह गायन विभिन्न रंगतों में होता है। रंगतें कई हैं। इसमें सिन्धुराग परम्परागत है। इसमें बड़ा सिन्धु, मँझला सिन्धु, छोटा सिन्धु, बड़े सिन्धु झुमर आदि सिन्धु के कई रूप हैं। इन विभिन्न रागों और रंगतों में तो जितना दक्ष होता है, वह रचनाकार उतनी ही विविधता लाता है। समस्त माचकारों में ऐसी दक्षता, सिद्धेश्वर सेन के माच के खेल में विशेष है। माच परम्परा में रचना, प्रस्तुति और विभिन्न शाखाएँ स्थापित करने में पुरातन माचकारों में गुरु बालमुकुन्द जी बेजोड़ थे। उसी प्रकार आधुनिक माचकारों में स्व. सिद्धेश्वर सेन तुलना में और भी अग्रणी ही बैठते हैं।[2]

माच के बोल का प्रारम्भिक अंश 'गेर' और अन्तरे की 'उड़ापा' तथा तानों का प्रवाह 'चलन' कहलाता है। संगीत का विशेष टेकनिक को व्यक्त करने के लिए

---

1. डॉ. शिवकुमार मधुर : रंगभूमि, पृ. 502
2. डॉ. भगवतीलाल राजपुरोहित : मालवी संस्कृति एवं साहित्य, पृ. 565

माच में छोटी रंगत, रंगत इकहरी, रंगत दोहरी, रंगत झेला की, रंग सिन्दूरी, रंगत बड़ी या रंगत दादरा की आदि शब्दों का प्रयोग किया जाता है। इसी प्रकार संवाद के लिए 'बोल', उत्तर के लिए 'जुवाब' का प्रयोग माच की अनेक पोथियों में हुआ है।[1]

माच का सम्पूर्ण संगीत विविध विपुल और विलक्षण होता है। माच का संगीत एक पल के लिए विश्राम नहीं लेता है। एक घड़ी माच में ढोलक की थाप रुक भी जाय तो ढोलक की तीव्रतम अनुगूँजें दर्शक-श्रोताओं के हृदय में जीवन्त रहती हैं। एक प्रकार से माच का संगीत श्रोताओं के दिलों से उतर जाता है। उसका जादू सिर पर चढ़कर बोलता है। यही कारण है कि लोग माच के खेल में रात-रात भर बैठे रहते हैं, और बीच-बीच में 'ढोलक सच्ची वाजे' आवाज़ निकालते हैं।[2]

माच के विषय

कला मात्र की उत्पत्ति जीवन से होती है और उसी में उसकी 'लय' होती है। इसलिए कहा जाता है कि कलाएँ जीवन को सँवारने का काम करती हैं। कलाएँ जीवन का सौन्दर्य हैं। कलाएँ किसी भी विषय को सौन्दर्यपूर्ण प्रस्तुत करने में सक्षम होती है। कलाएँ जीवन की अभिव्यक्ति है। माच का एक ऐसे समय में प्रादुर्भूत होना यह बताता है। माच में मालवा के जनजीवन को मनोरंजन विधा के साथ कला की ऐसी सौगात दी, जिसमें मालवा की समस्त लोक कलाओं के दर्शन एक जगह एक ही रंगमंच पर हो सकते हैं। जिसमें जीवन के समस्त विषय समा सकते हैं। लोक मनीषा का समस्त ज्ञान, विज्ञान और संज्ञान प्रकट हो सकता है। कलाओं का आत्म सौन्दर्य रखा जा सकता है। जीवन के उतार-चढ़ाव और तनावों की अभिव्यक्ति देखी जा सकती है।

देवी-देवताओं की वन्दना हो सकती है। परम्पराओं का पुन:पाठ हो सकता है। माच ने उस समय में यह रंग चेतना का अवसर प्रदान कर दिया। जैसे भरतमुनि के नाट्यवेद का माच में पुनर्लोकावतरण हो गया हो। इसका श्रेय निश्चित रूप से माच के आद्यपुरुष उज्जैन के भागसी पुरे के प्रथम गुरु गोपाल को है। जिन्होंने योगी गोपीचंद का पहला माच लिखा। माच का पहला विषय ही पौराणिकता से आया, जो भारतीय समाज की ऐतिहासिकता की परत को भी स्पर्श करता है। डॉ. शिवकुमार मधुर ने माच के विषयों को चार प्रकारों में विभाजित किया–

---

1. डॉ. शिवकुमार मधुर : रंगभूमि, पृ. 502
2. डॉ. श्याम परमार : मालवी और उसका साहित्य, राजकमल प्रकाशन, नयी दिल्ली, पृ. 39

1. धार्मिक और पौराणिक कथानक
2. शौर्य कथाएँ
3. प्रेमाख्यान
4. सामाजिक कथानक

इनमें समसामयिक विषयों और कथाओं अथवा लोकाख्यानों को भी शामिल किया जाना चाहिए, क्योंकि लोककथा-लोकाख्यानों के आधार पर भी कई माच रचे गये। समसामयिक विषयों पर सिद्धेश्वर सेन ने कम अवधि के कई माच लिखे और खेले। कुछ निर्देशकों ने माच शैली के नये नाटक करने का भी प्रयास किया है।

माच के खेलों में जीवन के विभिन्न पहलुओं की अभिव्यक्ति के साथ कही मानव मन की सुकोमल भावनाओं के रागात्मक सन्दर्भों को व्यक्त किया गया है, तो कहीं साहसी और वीर चरित्रों को, कहीं आध्यात्मिकता की अभिव्यंजना है, तो कहीं सामयिक समस्याओं से टकराने की कोशिश। विविध आयामी जीवन सन्दर्भों की अभिव्यक्ति के साथ ही उच्चतम मूल्यों की सिद्धि 'माच' की केन्द्रीय प्रवृत्ति रही है। जो कहीं पौराणिक तो कहीं ऐतिहासिक, कहीं लोकप्रसिद्ध तो कहीं काल्पनिक चरित्रों के माध्यम से मूर्त होती है।[1]

माच की पोथियाँ

ख्याल, नौटंकी, तमाशा की तरह माच खेल का लिखित पाठ उसके उद्‌भव काल से ही उपलब्ध रहा है। माच के आदि पुरुष राजस्थानी ख्याल गायक उज्जैन के भागसीपुरा के गुरु गोपाल ने उर्दू, मारवाड़ी और मालवी मिश्रित भाषा का पहला माच 'गोपीचंद' लिखा और मंचित किया। प्रारम्भ में माच का कुछ मौखिक और लिखित पाठ भी रहा। जिस तरह से परम्परागत नाट्यों में लोक में चलता है। माच के लिखित पाठ होने से माच का स्वरूप एक सुनिश्चित कथानक की सुव्यवस्थित परिणति और प्रस्तुति की व्यवस्था करता है। बस निदेशक या माचकार को योग्य पात्र ढूँढ़ने की ज़रूरत होती थी और पात्रों को केवल पाठ याद करना होता था। माच के एक-एक खेल की कई-कई प्रस्तुतियाँ होने के कारण पात्रों को पार्ट (संवाद अभिनयगीत) कण्ठस्थ याद हो जाता था। प्रारम्भ में ज़रूर रिहर्सल जैसी विधि को अपनाया जाता होगा। लेकिन माच में महीनों-महीनों अभ्यास या रिहर्सल करने की अलग से ज़रूरत नहीं होती है। शुरू में तो माच में रस की तुलसी मंच की रामलीला

1. डॉ. शैलेन्द्र शर्मा (सम्पादक) मालवी भाषा और साहित्य, पृ. 83, मध्यप्रदेश हिन्दी ग्रन्थ अकादमी भोपाल, 2010

जैसी पोथी लेकर पात्र के पीछे-पीछे वाचक चलता था और संवाद पढ़कर नायक व नायिका को याद दिलाता था। ऐसा करते-करते पात्र को अपना पार्ट याद हो जाता था। अब तो माच में दक्ष कलाकार होते हैं, जिन्हें हर तरह की भूमिका निभाने और गीत संवाद अभिनय में महारत हासिल होती है। माच मण्डली को केवल खेल का नाम बताने की ज़रूरत होती है और सारे दृश्य, गीत, संवाद, पात्र, अभिनय, वेशभूषा अन्य सम्बन्धित सामग्री (प्रॉपर्टी) याद आ जाती है।

खेल की प्रस्तुति होने के पूर्व माच के लिखित पाठ को माच गुरु एक बार अवश्य देख लेता है। जो रद्दोबदल करना हो वह कलाकारों को बता देता है। पात्र भी बदले जा सकते हैं। कभी-कभी एक ही पात्र माच में दो-तीन रोल कर देता है। इसमें चोपदार और शेरमार ख़ाँ की भूमिका निभाने वाले पात्र बहुत दक्ष होते हैं। ज़रूरत पड़ने पर वे चाहे जिस रोल में उतर जाते हैं और खेल को आगे बढ़ा देते हैं। ऐसे पात्र अत्यधिक प्रत्युत्पन्नमति होते हैं। जिन्हें हरफनमौला की उपाधि दी जाती है।

माच, राजा भरथरी, सिद्धेश्वर सेन, उज्जैन

पहले माच की हस्तलिखित पोथियाँ होती थीं। बाद में माच की पोथियाँ छपने लगी थीं। इसमें गुरु गोपाल जी के समय (सन् 1773-1842 ई.) तक छापाखाना नहीं उपलब्ध रहा। इसलिए उनकी कोई माच के खेल की पोथी नहीं छपी। उस समय हस्तलिखित कापियाँ की जाती थीं। इसलिए उनके एक सौ पचास माच के खेलों

में से कुछ हस्तलिखित पोथियाँ प्राप्त हुई हैं, जिसमें गोपीचंद (सन् 1793), प्रहलाद चरित्र, हीर-राँझा आदि प्रसिद्ध हैं।

माच की पोथियों के प्रकाशन कार्य गुरु बालमुकुन्द (सन् 1808-1875 ई.) के समय से शुरू हुआ। उन्होंने कुल 16 माचों की रचना की। स्वयं गुरु बालमुकुन्द माच के कुशल गायक और अभिनेता थे। उनकी सभी पोथियाँ और खेल बहुत प्रसिद्ध हुए। (1) राजा हरिश्चन्द्र प्रथम आवृत्ति संवत् 1982, (2) नागजी दूदजी तृतीय आवृत्ति संवत् 1982, (3) सेठ-सेठानी (छठी आवृत्ति संवत् 2007), (4) ढोला मारूणी (छठी आवृत्ति संवत् 1985), (5) देवर-भौजाई (दसवीं आवृत्ति संवत् 2009), (6) सुद-बुद सालंगा (दसवी आवृत्ति संवत् 2009), (7) राजा भरथरी (प्रथम आवृत्ति संवत् 2009), (8) नक़ल गेंदापरी (प्रथम आवृत्ति संवत् 1990, (9) कुँवर खेम सिंह (प्रथम आवृत्ति संवत् 1982), (10) रामलीला (प्रथम आवृत्ति 1982), (11) कृष्ण लीला (अप्रकाशित), (12) खेल रावत (अप्रकाशित), (13) चारण बंजारा (अप्रकाशित), (14) हीर-राँझा (अप्रकाशित), (15) शिवलीला (अप्रकाशित), (16) बेताल पच्चीसी (अप्रकाशित), ये सारे खेल गुरु बालमुकुन्द ने जैसिंहपुरा, उज्जैन के भैरव मन्दिर के सामने प्रस्तुत किये थे। भैरू मन्दिर की स्थापना स्वयं गुरु बालमुकुन्द ने की थी।[1]

माच, राजा भरथरी, रामप्रसाद भाटिया, सिद्धेश्वर सेन

1. डॉ. श्याम परमार : मालवी और उसका साहित्य, पृ. 42, राजकमल प्रकाशन, नयी दिल्ली

बाद में गुरु बालमुकुन्द की परम्परा में अन्य उस्तादों की रचनाओं के प्रकाशन का रास्ता खुल गया। गुरु कालूराम ने दौलतगंज में रहकर 18 माच के प्रसिद्ध खेल रचे। स्वयं का माच अखाड़ा क़ायम किया। माच के खेल खेले। बहुत से माच प्रकाशित भी हुए। उनके लिखे माच हैं–प्रहलाद लीला, हरिश्चन्द्र, रामलीला, चित्र मुकुट, मधुमालती, चन्द्रकला, हीर-राँझा, निहालदे सुल्तान, जान आलमक, नागवती, राजा छोग रतन, सूरज करण, चन्द्रकला, ढोल सुल्तानी, राजा रिसालू, इन्द्रसभा, छबीली भटियारिन, त्रिया चरित्र और हीरा-मोती। कालूरामजी के माचों का केन्द्रीय विषय शृंगारपरक है। कालूरामजी और बालमुकुन्दजी में लेखन, प्रस्तुति और माच को शीर्ष पर ले जाने की एक प्रतिस्पर्धा ही थी। गुरु कालूराम ने प्रथम बार बाबाजान नामक एक सुन्दर गायिका को माच के मंच पर उतारा था।

राजा रिसालू, निर्देशक ओमप्रकाश शर्मा, उज्जैन

गुरु राधाकिशन ने पाँच खेलों की रचना की। गुरु राधाकिशन के शिष्य गुरु सिद्धेश्वर सेन ने कई खेल रचे और उनका प्रदर्शन भी पूरे देश में किया। सिद्धेश्वर के कई माच प्रकाशित हैं और कई अप्रकाशित पाण्डुलिपियाँ उनकी पुत्री कृष्णा वर्मा और पुत्र प्रेम कुमार सेन के पास मौजूद हैं। इनकी माच की ग़ज़ल नाम की एक पुस्तक भी प्रकाशित है। नीमच के माचकारों के लिखित माच छपे हैं। उनके नाम है रामजीलाल, बंधु, लालजी नंदराम, मुडपेवाले, रामरतन दरक आदि प्रमुख हैं।

रंगीला हे भेरव ध्यान, सारदा दो हिरदा में गयान।। टेक।
विसाल रूप छोटी सी मूरत, करो दुस्मन की हान।
जेसंगपुरा में राज तुमारा ओर चारों खूँट में मान।।
कालो गोरी मालक मेरो, खेल रच्या चोगान।
साँचे को सम्मान देवे, मार दुष्ट को बान।। टेक।।

–गुरुबालमुकुन्द

उज्जैन के उर्दूपुरा मोहल्ले के ओंकार गुरु के समय भागीरथ पटेल ने उर्दूपुरा में माच परम्परा का सूत्रपात किया। इसी परम्परा में पूनमचंद साँकला, पोखर जी उस्ताद और आनन्द बाबू साँकला के नाम लिये जाते हैं। भागीरथ पटेल के लिखे माचों का कोई उल्लेख नहीं मिलता। लेकिन बेगमपुरा के गुरु रामकिशन (सन् 1835-1889 ई.) ने माच मण्डली का गठन किया और उन्होंने कई माच के खेल लिखे और मंचित किये। बाद में उनके माच की पोथियाँ प्रकाशित भी हुईं। उनके माच मधु-मालती बादशाहज़ादी, ठाकुर-ठकुरानी कुँवर रिसालू, सीताहरण, पुष्पसेन, गोपीचंद, विक्रमादित्य, भक्त पूरनमल, सिंहासन बत्तीसी आदि हैं। जो उनके समय में ख़ूब खेले गये। उनकी परम्परा में उनके पुत्र गुरु विष्णुराम और कन्हैयालाल सालवी के नाम लिये जाते हैं।

माच, सीता स्वयंवर में उत्तेजित लक्ष्मण,
मालवा लोकनाट्य माच मण्डल, उज्जैन

गुरु भैरवलाल नयापुरा की माच परम्परा के प्रवर्तक थे। जिनका समय सन् 1842-1903 ई. तक रहा। जिन्होंने ग्यारह माच खेलों की रचना की। जिनमें बगड़ावत खेल, गोविन्द, विक्रमादित्य, सीता हरण, हीर-राँझा, कुँवर केशरी, लाल सेठ छेल बटमोइना, चन्दना कुँवर, गोपीचंद आदि प्रमुख हैं। इनके बाद गुरु बिहारी लाल और हरि पहलवान ने नयापुरे की मण्डली को आगे बढ़ाया।

माच, राजा रिसालू, निर्देशक ओमप्रकाश शर्मा, उज्जैन

गुरु राधाकिशन बिलोटीपुरा की माच परम्परा की नींव डालने वाले एक प्रतिभाशाली माचकार थे। उनका समय सन् 1850-1903 ई. तक रहा। इन्होंने भी कई माच लिखे और प्रस्तुत किये। कुछ माच प्रकाशित भी हुए। जिनमें हीर-राँझा, गोपीचंद, दरयाव सिंह, फूलकुँवर लीलावती, लाल दे और आमल दे, मल दे ख़ास हैं। गुरु राधाकिशन का कार्यक्षेत्र बिलोटीपुरा से मालीपुरा और बहादुरगंज तक फैल गया था। इनके कई अनुयायी थे। मालीपुरा के सारे माली तो राधाकिशन जी की गुरु की तरह पूजा ही करते थे। मालीपुरा में भी उन्होंने माच मण्डली का गठन कर लिया था। जिसमें गंगाराम सालवी, रामचन्द्र माली और खलीफ़ा गोवर्धन माली प्रमुख थे। इनमें सबसे अधिक प्रतिभाशाली सिद्धेश्वर सेन (1921-2002 ई.) थे। जो लेखक, गीतकार, कलाकार और बहुत अच्छे संयोजक थे। उन्होंने पचास और साठ के (सन् 1956) दशक में अपनी अलग माच मण्डली बनायी। उन्होंने 19 वर्ष की उम्र में

राजा रिसालू नामक माच की रचना की थी। उन्होंने कई माच के खेल लिखे और मंचित किये। उनके माच प्रदर्शनों ने कुछ ही समय में राष्ट्रीय ख्याति प्राप्त की। सिद्धेश्वर सेन गुरु राधाकिशन के शिष्य थे। इन्होंने 30 से अधिक माच लिखे। इनमें उनका लिखा राजयोगी भरथरी राष्ट्रीय ख्यातिप्राप्त करने में सफल रहा। इनके कई माच के खेल प्रकाशित हैं और कई अप्रकाशित हैं।

उज्जैन से बाहर और बड़नगर में गुरु बालमुकुन्द से प्रभावित गुरु शिवराम (सन् 1834-1904 ई.) ने माच की ज्योति जलाई। उन्होंने सन् 1859 में माच का पहला खेल गोपीचंद रचा। इसी कड़ी में उन्होंने सिंगलदीप, मौज दीन मेहता परी, शहज़ादी चित्र मुकुट, चन्द्रकुँवर, पन्ना वीरम देव खेल रचे। इनकी परम्परा में गुरु श्यामदास चक्रधारी ने माच को आगे बढ़ाया। इन्होंने ज़्यादातर धार्मिक विषयों के माच रचे। जिनमें सती अनसूया, श्रवणकुमार, शिव विवाह, रुक्मिणी मंगल, नलदमयन्ती रामायण (चारभाग), उषा-अनिरुद्ध, मैना सुन्दरी (चार भाग), श्रीपाल मैना सुन्दरी, आदि प्रमुख हैं। अब्दालपुरा उज्जैन के फकीरचंद गुरु ने 14 माच लिखे। जिनमें कामेंदला, सम्मतसिंह, चंचलसिंह, गोपीचंद अधिक प्रसिद्ध हैं।

माच, राजा भरथरी, सिद्धेश्वर सेन, उज्जैन

मंगरोला ग्राम के गुरु चुन्नीलाल ने अपनी प्रतिभा के बल पर माच की परम्परा का सूत्रपात्र किया। इनका समय सन् 1817-1867 था, जब गुरु बालमुकुन्द उज्जैन

में पूरी तरह से माच को स्थापित कर चुके थे। गुरु चुन्नीलाल ने माच की स्वस्थ रचनात्मक परम्परा का निर्वाह करते हुए माच के खेल लिखने की प्रतिज्ञा निभाई। उन्होंने माच के सात खेलों का प्रणयन किया। लेकिन इनके तीन खेल ही मिले। गोपीचंद, वीर विक्रमादित्य और रुकमाचंद। इन्होंने सबसे पहले मालवी बोली की मिठास को पहचानकर अपने माचों में उसे और मनमोहक और मनोहर बनाने की कोशिश की। गुरु चुन्नीलाल स्वयं माच के अभिनेता थे। वह माच में नायक की भूमिका निभाते थे। बाद में उनके पुत्र और पौत्र जालमसिंह और नाथूसिंह ने माच को आगे बढ़ाया। वर्तमान में नारायण सिंह सोलंकी, भगवान सिंह बोस माचकार हैं। इनके साथी माचकार मोहनसिंह ने चार नये खेल रचे–सत्यवान सावित्री, राजा भोज ध्वज, नया प्रभात और बढ़ता क़दम।

रतलाम ज़िले के जावरा में गुरु बालमुकुन्द की परम्परा में गुरु चम्पालाल ने माच मण्डली संगठित की। इन्होंने नलदमयन्ती नामक माच का खेल रचा। इस क्षेत्र में माच और कलंगी-तुर्रा को मिलाकर माच के खेल करने की मिश्रित परम्परा की शुरुआत हुई। सेठ कन्हैयालाल के नेतृत्व में माच के खेल दूर-दूर तक पहुँचे थे। डूंगाजी तुर्रा कलंगी के उस्ताद थे, जिन्होंने शैलीगत नवीन माचों की रचना की।

उज्जैन में कालूराम उस्ताद के पुत्र पं. सालिगराम लोक और शास्त्रीय संगीत के परम्परागत कलाकार थे। उन्होंने दौलतगंज की माच परम्परा को आगे बढ़ाया। उनकी गायिकी में रागों की शुद्धता और स्वरों की प्राथमिकता बनी रहती थी। मास्टर सालिगरामजी संगीत के इतने उस्ताद थे कि वे हारमोनियम के स्वर मण्डल को बाँधा करते थे। दूर-दूर से लोग उनके पास हारमोनियम सुधरवाने आते थे। उन्होंने अपने पिता कालूरामजी के कई माच के खेल खेले। वर्तमान में इन्हीं के योग्य पुत्र पं. ओमप्रकाश शर्मा ने माच की गायिकी में शास्त्रीय संगीत के नये आयाम जोड़े और माच में कई मंचीय प्रयोग किये। उन्होंने राजा विक्रम, राजा भरथरी, गोपीचंद और जीव खोताई ग्यो (हरिशंकर परसाई की कहानी पर आधारित) माच शैली के खेलों के प्रणयन के साथ समकालीन रंगमंच में अभिनव प्रयोग तथा रंग संगीत की दिशा में महत्त्वपूर्ण कार्य किया है। देश के ख्यातिलब्ध निर्देशकों के साथ भी पं. शर्मा संगीत निर्देशन कर चुके हैं। जिनमें वत्सराजकृत हास्य चूड़ामणि, उस्ताद कालूराम प्रणीत राजा चित्रामुकुट आदि उल्लेखनीय हैं। इसी प्रकार हफ़ीज़ख़ान के निर्देशन में डॉ. भगवतीलाल राजपुरोहित द्वारा रूपान्तरित 'बेटी को बोझ' एवं 'सेज को सरोज' (पदमप्रामृतक) में माच संगीत का सार्थक प्रयोग किया।[1]

1. डॉ. शैलेन्द्र कुमार शर्मा : मालवी भाषा और साहित्य, पृ. 85, 2010

माच में महिलाओं के प्रवेश के प्रयास ज़रूरी हुए, लेकिन सफल कोई भी माचकार नहीं हुआ। सबसे पहले गुरु कालूराम ने अपने माच में बाबाजान नाम की महिला को मौक़ा दिया था। जो एक अच्छी गायिका थी। शास्त्रीय संगीत जानती थी। उसकी बुलन्द आवाज़ में कुछ रिकार्ड बने थे। बाबाजान मर्दाने वस्त्र धारण करती थी और सिर पर साफा बाँधती थे। उनका 84 वर्ष की उम्र में 15 जनवरी 1948 को उज्जैन में देहावसान हुआ। इसके बाद मालवी कवयित्री पुखराज पाण्डे ने माच गुरु सिद्धेश्वर सेन के निर्देशन में पिंगला की भूमिका निभाई।

माच, राजा भरथरी, संन्यासी वेश में, सिद्धेश्वर सेन

इसी प्रकार डॉ. शिवकुमार मधुर ने आकाशवाणी गायिका श्रीमती सुमन धर्माधिकारी से माच में नायिका की भूमिका करवायी। लेकिन महिलाओं को सफलता नहीं मिली। इसका कारण रात-रात भर होने वाले इस खेल में जिस दम-खम की आवश्यकता होती है, वैसा दमखम किसी महिला में मिलना मुश्किल है। माच में अश्लीलता भी महिलाओं के प्रवेश में बाधा रही है।

उज्जैन के रंगकर्मी डॉ. प्रभातकुमार भट्टाचार्य ने राष्ट्रीय नाट्य विद्यालय, नयी दिल्ली के सहयोग से सन् 1980 में दस दिवसीय 'माच मेले' का आयोजन किया था। संस्कृत के सुप्रसिद्ध नाटक 'मृच्छकटिकम्' का मालवी अनुवाद श्री हरीश निगम ने किया, जिसे रंगकर्मी श्री बंशी कौल ने 'गारा की गड़ी' नाम से माच शैली में प्रस्तुत किया। सन् 1989 में श्री धीरेन्द्र परमार के निर्देशन में माच शैली में 'निरामन राम' नामक मंच प्रस्तुति की गयी। जिसने मालवा की इस लोकरंग शैली की अनूठी शक्ति और अपरिमित सम्भावनाओं को एक बार फिर उजागर कर दिखाया। माच की सांगीतिक शैली की विशिष्टता विभिन्न 'रंगतों' में निहित होती है। जिसकी स्वरलिपि बनाने का श्रीगणेश सुप्रसिद्ध संगीतज्ञ कुमार गन्धर्व ने काफ़ी वर्षों पूर्व किया था। उस क्रम को आगे बढ़ाने का उल्लेखनीय कार्य मास्टर सालिगरामजी और

डॉ. प्यारेलाल श्रीमाल, उज्जैन तथा डॉ. रामदास मुँगरे और कुमारी रंजना मण्डलोई, इन्दौर ने किया है।[1]

गम्मत : ओंकारेसर को मेलो निमाड़, शोभाराम बाँसुरे दल, मण्डलेश्वर

जीवणजी नाथूलाल उज्जैन से बाहर के माचकार हुए। इनकी पुस्तकें सन् 1894 से छपने लगी थीं जिनमें ख्यालकटा को प्रसंग, ख्याल भागण पंचांग, ख्याल केसर कस्तूरी, ख्याल मामी भाण जे का, ख्याल कलयुग का (1-8 भाग) हैं। जीवणजी गुरु गोपाल के समकालीन थे और वे भी राजस्थान से उज्जैन आकर बसे होंगे। इनके समय 'माच' लोकनाट्य का नाम प्रचलन में नहीं रहा होगा। इसीलिए उन्होंने अपने सभी खेलों के नाम 'ख्याल' शीर्षक से ही सम्बोधित किये हैं।

चिमनमंडी उज्जैन के डूंगाजी ने दयाराम गुर्जर, सतवान सावित्री, उग्रसेन, सुदामा, गोवर्धन पूजा, रामदेवजी, दान की शिक्षा माच लिखे और गाये। वे स्वयं डफ पर माच के खेल गाते थे। उज्जैन के युवा अनिल पांचाल माच रचना में उत्सुक हुए हैं, उन्होंने कृष्ण सुदामा और कौरव पाण्डव माच लिखे हैं।

स्व. पीरू पहलवान और रमेश मूलत: तेजाजी कथा (लोकनाट्य) के कलाकार हैं, लेकिन कभी-कभी माच की मुख्य भूमिकाएँ भी निभाते हैं। रमेशजी अभी भी

1. डॉ. शिवकुमार मधुर : रंगभूमि सम्पादक, डॉ. कपिल तिवारी, पृ. 507, आदिवासी लोककला अकादमी भोपाल, 2005

सक्रिय हैं। उनका तेजाजी का प्रसिद्ध दल है। आनन्द बाबू साँकला माच मण्डली में सक्रिय हैं। बड़नगर के हिन्दू विश्राम का माचदल अभी भी सक्रिय है। उज्जैन के कृष्णा वर्मा और प्रेमकुमार सेन के माच दलों की प्रस्तुतियाँ वर्तमान में पूरे देश में होती है।

गुरु सिद्धेश्वर सेन और पं. ओमप्रकाश शर्मा को माच की निरन्तरता और उत्थान के प्रयासों के लिए प्रदेश के सर्वोच्च शिखर सम्मान से मध्यप्रदेश संस्कृति विभाग ने नवाज़ा है। श्रीमती कृष्णा वर्मा को मालवी लोक चित्रकला के व्यापक विस्तार के लिए शिखर सम्मान प्रदान किया है। श्री सेन ने सन् 1956 में मालव लोकनाट्य माच संस्था की स्थापना की थी।

माच, राजा रिसालू, निर्देशक ओमप्रकाश शर्मा, उज्जैन

माच परम्परा का विस्तार नीमच, जावरा, रतलाम, मन्दसौर के साथ ग्वालियर तक हुआ है। माच मालवा के छोटे-छोटे गाँवों तक फैला था। सिंधिया सरकार ने गुरु बालमुकुन्द को माच खेल के लिए आमन्त्रित किया था। इन्दौर की होलकर शाही में श्री बालमुकुन्द का दल राजबाड़े में माच की कला दिखा चुके थे। इनसे प्रभावित होकर ग्वालियर के रामगोपाल, मगनीराम उस्ताद, भैराराम उस्ताद ने माच के अखाड़े क़ायम किये थे। मगनीराम और मैरोराम दोनों भाई थे। दोनों ने माँ के कहने पर अलग-अलग अखाड़े चलाये थे। डॉ. कमल वशिष्ठ ने अपने नाट्य कर्म

में माच और नौटंकी परम्परा का सुन्दर समन्वय और कल्पनाशील प्रयोग किया था। उन्होंने संस्कृत नाटक भी किये थे। जिसमें नाट्यशास्त्र और लोकनाट्यों की रंगभूमि का आश्रय देखने लायक था। भैराराम के शिष्य भट्टगुरु ने ढोला मारू, राजा रिसालू, निहालदे सुल्तान और हरिश्चन्द्र माच लिखे।

माच, राजा रिसालू, निर्देशक ओमप्रकाश शर्मा, उज्जैन

द्वारका प्रसाद सेठ ने भी सुलोचना, हरिराजा माच की रचना की थी। बदरूल ड्राइवर और मुन्ना मास्टर ग्वालियर के मँजे हुए माच कलाकारों में से थे। नवाब ख़ाँ कुशल नगाड़ची थे। मगनीराम अखाड़े के छप्पान माल, रामराव बुआ, भगवानदास दर्जी, शिवकृष्ण नाई आदि बड़े कलाकार थे। दफेदार और गुज़रमल का जयपुरी अखाड़ा था। गुरु भगवान गुरु मदनमोहन अखाड़े के मुख्य उस्ताद थे।

महत्त्वपूर्ण बात यह देखी गयी कि गोपीचंद, हीर-राँझा, राजा भरथरी, राजा हरिश्चन्द्र की गाथा पर हर दौर के माचकारों ने अपनी क़लम चलाई। जिसमें गोपीचंद का खेल तो हर माचकार ने लिखा। ऐसा क्या है गोपीचंद के चरित्र में? मुझे लगता है राजयोगी भरथरी और उनके भानजे गोपीचंद की कर्मभूमि उज्जैन रही। योगी जातियों की संन्यास लेने की घटनाएँ भी यहीं हुईं। उनके चरित्रों की लोकप्रियता के कारण ऐसा हुआ होगा। जनमानस में उनके त्याग की छवियाँ आज तक किंवदन्तियों में कही और सुनी जा रही हैं। हीर-राँझा पंजाब की प्रेम कहानी है। इसी प्रकार राजस्थान की ढोला मारू कथा की लोकप्रियता भी इसी प्रकार की

है। इस कथानक पर भी कई गुरुओं ने माच लिखे। कथा एक है, लेकिन उसकी अभिव्यक्ति की विविधता के कारण उसके कथन और प्रस्तुति में कला आयाम देखे जा सकते हैं। इसमें रचनाकार की प्रतिभा और कल्पनाशीलता को आँका जा सकता है। सबने अपनी-अपनी तरह से उस कथा को कहने की चेष्टा की है। यह मालवी कथाभाषा और कलाकर्म का रंगमंचीय विस्तार कहा जाना चाहिए।

माच, राजा भरथरी, सिद्धेश्वर सेन, उज्जैन

माच की तीन सौ से अधिक पोथियाँ प्राप्त हैं। ये सब पोथियाँ एक जगह संग्रहित संकलित हो जाये तो माच की रचनाधर्मिता को हम सैकड़ों वर्षों तक संरक्षित रख सकेंगे। वरना आज तो माच का खेल विलुप्ति की कगार पर पहुँच गया है। एक लोकप्रिय लोकनाट्य की विदाई बहुत नज़दीक है। सिद्धेश्वर सेन अन्तिम माचगुरु थे। अब उस स्तर का माच गुरु दिखायी नहीं देता। इस समय नये रंगकर्मी माच की प्रवृत्तियों का रंगमंच पर प्रयोग कर ही उसे ज़िन्दा रख सकते हैं।

माच की भाषा

माच की भाषा मूलतः मालवी है। दूसरी बोलियों के शब्द और संस्कृति का प्रभाव माच पर चाहे जितना भी हो, लेकिन माच की भाषा की पहचान मालवी बोली ही रही है। माच पर मालवी बोली के रंग सर्वोपरि हैं। अन्त में यही कहा जाता है कि यह मालवा का माच है। मालवा का माच का मतलब 'मालवी का माच' है।

माच के रचनाकार गुरुओं ने मालवी बोली का जो काव्यात्मक प्रयोग किया वह आश्चर्यचकित करने वाला है।

इसमें गुरु बालमुकुन्द, गुरु कालूराम और गुरु सिद्धेश्वर सेन का बहुत बड़ा योगदान है। महत्त्वपूर्ण बात यह है कि इन्होंने ही मालवी बोली को काव्य भाषा में ढालने की पुरज़ोर कोशिश की। इन्हीं के समय में सबसे अधिक माच के खेल लिखे गये और सर्वत्र मंचित भी हुए। यह समय माच का स्वर्ण युग था, जब माच का खेल अपने सामाजिक, साहित्यिक और सांस्कृतिक वैभव के शिखर पर नाट्य के हर क्षेत्र में पहुँच चुका था। लोकप्रियता के झण्डे गाड़ चुका था। पूरे मालवा में माच के नये-नये खेल लिखे जा रहे थे। जनसामान्य और राजघरानों पर माच की चर्चा पहुँची थी। माच गुरुओं और कलाकारों को जगह-जगह नवाज़ा जा रहा था। सिन्धिया और होल्कर साही ने माच के आयोजन की पहल की थी और कलाकारों को नगद इनाम-इकरार दिये थे। इससे न केवल मालवी बोली का मान बढ़ा, बल्कि मालवी में रचनात्मकता भी बढ़ी है। उन्नीसवीं सदी के प्रारम्भ में माच अपने शीर्ष पर पहुँच गया था, तब की माच की एक मालवी रचना की तरलता को महसूसा जा सकता है। यह रचना गुरु राधाकिशन की है–

नगर अवंती भारी तीरथ जाने सकल जहान।
सिपराजी पर जा के प्यारे खूब करो असनान।
नहा धोकर तिलक लगावो प्रेम से कर लो दान।
महाकाल के दर्शन कर लो विकट बने अस्तान।
हरसिद्धि के मन्दिर जाके माँगो तुम वरदान।
दरवाजे की चौबीस खम्भा खूब चढ़े बलिदान।
नयेपुरे में चौसट माता खूब करो सनमान।
गुफा भरथरी गोरखनाथ की हिलमिल सीख्यो ज्ञान।
गड़ के ऊपर काली माता मूरत आलीशान।
कब तक की इनकी करूँ बड़ाई काल भैरव बलवान।
भैरवगड़ में सीधनाथ को जाकर कर लो मान।
मंगलनाथ के दर्शन कर लो देव को अस्थान।
कुण्ड गोमती अंकपात में खूब करो असनान।
कुवार सुदी ग्यारस को, फिर लो रावन की जान।
लालबाई फ़ूलबाई उरद पुरे दरम्यान।

नगरकोट की महाजुवाला विकट बने अस्तान।
नानाखेड़े है चामुण्डा, लोग कर हे मान।
नोई गिरे के दरसन कर लो तिरबेनी असनान।
चिन्तामण के गणपति बाबा बड़े विकट बलवान।
नदी किनारे भूखी माता, खूब चढ़े बलिदान।
मनसा माता दूर बसे जंगल के मैदान।
रणजीत के बजरंग बाबा, ध्वज उड़े आसमान।
गोपाल मन्दिर चौक देख लो प्रेम से कर लो ध्यान।
कहते राधाकिशन बनकर हिलमिल सीखो ग्यान।।

–गुरु राधाकिशन

शाजापुर में आयोजित माच उत्सव में प्रस्तुत माच की एक ग़ज़ल की मालवी ध्यान देने लायक है। जिसमें माच का स्वरूप भी स्पष्ट किया गया है।

न्यारा माच मालवा का, ढोल बजे जब न्यारा।
कानों में रस घोले राते लागे प्यारा-प्यारा।
बोल मालवी ढोल मालवी नट गायक भी सारा।
देखे दरसक रात रात भर, अनगिन नभ का तारा।
कहाँ आज हम शाजापुर में खेल माच का प्यारा।
रस के घोलो हिरदा में ने भरां समंदर सारा।
मेल मिटावां सब मनड़ा का रे नी खेटा खारा।
बोल गीत ने माच माच का रस नदिया की धारा।

साभार : मालवी संस्कृति और साहित्य से, पृ. 591

दोनों गीतों की भाषा बहुत कुछ खड़ी बोली या हिन्दुस्तानी के बहुत नज़दीक बैठती है। यह मालवी उन्नीसवीं सदी के प्रारम्भ की बोलचाल की भाषा है। इसके पूर्व गुरु गोपाल और बालमुकुन्दजी की रचनाओं में शुद्ध मालवी के साथ अरबी-फ़ारसी, उर्दू, हिन्दी, संस्कृत, मारवाड़ी, गुजराती, निमाड़ी, मराठी के साथ आदिवासी बोली भीली का भी असर दिखाई देता है। सिद्धेश्वर सेन के समय तक मालवी में हिन्दी और अंग्रेज़ी का प्रभाव सबसे अधिक बढ़ गया। मालवी को किसी भी भाषा को ग्रहण करने में कोई एतराज़ नहीं रहा।

बुन्देली स्वांग, सन्तोष पाण्डे-कनेशदेव, सागर

डॉ. राजपुरोहित माच की भाषा के बारे में लिखते हैं–'माच मालवी की नाट्य विधा है। अत: उसकी भाषा भी मालवी ही मान्य है। हीर-राँझा जैसे खेलों में खड़ी बोली में उर्दू, अरबी-फ़ारसी के प्रचलित शब्दों का भी उपयोग किया जाता रहा है। माच की मालवा की सीमावर्ती मारवाड़ी, मेवाड़ी, बुन्देली, ब्रज, गुजराती आदि बोलियों के शब्द भी माच की भाषा में जहाँ-तहाँ पाये जाते हैं। हम माच की भाषा आम जनता की बोल-चाल की भाषा होने से उसमें लोक प्रचलित किसी भी शब्द के उपयोग से कोई परहेज नहीं है। यहाँ तक कि यूरोपीय शब्दों के यथावत तद्भव रंग रूप जैसे शब्दों का भी माच में उपयोग करने में संकोच नहीं किया है। इस प्रकार माच की मालवी में तत्सम, तद्भव, विदेशी और विभिन्न देशी शब्दों के उपयोग कर उसे निरन्तर समृद्ध किया गया है। बोलचाल की भाषा का उपयोग होने से माच में लोक प्रचलित मालवी का ही उपयोग होता है।[1]

गुरु सिद्धेश्वर सेन की मालवी की सरलता और सहजता के दर्शन इस रचना में मिल सकते हैं।

यो है म्हारो देस मालवो, मइमाँ याँ की मोटी।
जंगल जंगल में मंगल, पग पग पर पाणी रोटी।

---

1. डॉ. राजपुरोहित : मालवी संस्कृति और साहित्य, पृ. 560

मन का भोला लोग बसे याँ बात करे नी खोटी।
भील भिलाला बन का वासी पेरे एक लँगोटी।
मक्का का टापू खइ खइ ने, छाच पीवे दो लोटी।
कंचन जैसी धरती देख फड़के बोटी-बोटी।
यो है म्हारो देस मालवो, मइमाँ याँ की मोटी।।

माच, सीता स्वयंवर में राम

सिद्धेश्वर सेन ने धार्मिक, ऐतिहासिक, सामाजिक, लोकवार्ता और राष्ट्रीय नवजागरण सम्बन्धी माच रचे ही नहीं, पूरे प्रदेश और देश के सांस्कृतिक मंचों पर उन्हें खेला भी। सेनजी ने माच की भाषा, वस्तु और प्रस्तुति में समयानुसार पर्याप्त सुधार किया। उनकी भाषा टकसाली मालवी है। उनकी वस्तु आधुनिक नये-नये सामयिक विषयों से सम्बन्धित भी है और पारम्परिक भी। माच वस्तु में कहीं भी अश्लील हो जाते थे। पुराने अन्य माच में न नारी अभिनय करती थी और न नारियाँ उसे देखने जाती थीं। सेनजी ने उस दोष से और कलंक से माच को मुक्त कर दिया।[1] इस अर्थ में सिद्धेश्वर सेन को भाषा के और अभिनय की अतियों के रूप में माच का परिष्कार करने का ज़बरदस्त श्रेय है। उन्होंने माच को महिलाओं, बच्चों (लड़के-लड़कियों) और शिष्टजनों को देखने लायक बनाया। समीक्षा, आलोचना और विधा के शिल्प सम्बन्धी बारीकियों की ओर कलामर्मज्ञों, लेखकों, पत्रकारों का ध्यान आकर्षित करने का कार्य सिद्धेश्वर सेन के माच खेलों ने किया। संगीत नाटक अकादमी के अध्यक्ष निदेशक श्री सुरेश अवस्थी ने पहली बार माच की ऊर्जा की पहचान कर अंग्रेज़ी में लिखा। भारत रत्न भार्गव और शर्वरी मुखर्जी ने 'राजयोगी भरथरी माच' का सम्पूर्ण दस्तावेज़ीकरण किया। कई

1. डॉ. राजपुरोहित : मालवी संस्कृति एवं साहित्य, पृ. 578

बार सेनजी के दल को दिल्ली में माच प्रदर्शन के अवसर मिले। जिससे माच की ख्याति देश-विदेश में फैली। यह माच के संक्षिप्तिकरण का भी दौर था। श्री सेन ने अपने माचों की चार-पाँच घण्टों की प्रस्तुतियों को पहली बार एक या सवा घण्टे में समेटने का भी काम किया। इससे राष्ट्रीय मंचों पर माच के प्रदर्शनों के द्वार खुले और पर्याप्त मान-सम्मान भी मिलने लगा। माच पर शोध कार्य होने लगे। बंगला के प्रसिद्ध नाटककार शंभुमित्रा की पुत्री साँवली मित्रा घोष ने सेन साहब की माच शैली पर शोध कार्य किया। मुझे उन्हें सहयोग करने का सौभाग्य मिला। डॉ. शिवकुमार मधुर माच पर शोध करने वाले पहले व्यक्ति थे। उन्होंने माच के हर पक्ष पर अच्छा कार्य किया है। उनके माच का विषय भारतीय लोकनाट्यों की पृष्ठभूमि मालवा लोकनाट्य माच (एक विशेष अध्ययन–आगरा वि.वि. सन् 1964) है। रंगकर्मी डॉ. प्रभातकुमार भट्टाचार्य के मार्गदर्शन में माचशैली में नाटक प्रस्तुत करने की पद्धति प्रचलित हुई है उसका डॉ. शिवकुमार मधुर, पं. सूर्यनारायण व्यास, हरीश निगम, डॉ. पवन कुमार मिश्र, डॉ. त्रिभुवन नाथ दवे, डॉ. भगवतीलाल राजपुरोहित, भावसार बा, ओमप्रकाश शर्मा, शरद शर्मा, सतीश दवे, धीरेन्द्र परमार आदि के नाट्य लेखों में माच शैली का यथोचित अनुसरण किया गया है। कालिदास अकादमी ने माच पर एक किताब प्रकाशित की है जिसमें माच के संगीत पक्ष को गहराई से प्रस्तुत किया गया है। श्री सिद्धेश्वर सेन की प्रेरणा से अनेक माच मण्डलियों ने उनके माच खेलना शुरू किया। इनमें इन्दौर के साँवेर में रामचन्द्र, शिवलाल चावड़ा, दरजी कराड़िया के शिवजी राम चौधरी, श्री राम, माँगीलाल, उज्जैन के खेमासा ग्राम के दयाराम परमार, नन्दकिशोर, शक्करवासा के जगन्नाथ, सिद्धनाथ, बग्गीराम, उज्जैन सोमवारिया के शंकरलाल, गोवर्धनलाल मालवीय, बनागिया के निर्भय सिंह, गेंदालाल, भेरूलाल रामचन्द्र आदि कलाकार इस माच धारा को जाग्रत और सक्रिय बनाये रखने के लिए निरन्तर जागरूक रहते हैं।[1]

भारत के पारम्परिक लोकनाट्यों में माच की गिनती होती है। एक तरह से माच में सम्पूर्ण रंगकर्म के दर्शन होते हैं। माच गुरुओं ने उसके हर पक्ष को मज़बूत करने में अपनी काव्य, भाषा, प्रस्तुति, संगीत, अभिनय, संवाद, शृंगार, कथानक और मंचीय प्रतिभा का माच की स्थापना में भरपूर परिचय और प्रयोग किया है, इसकी वजह से माच एक समग्र लोकनाट्य की श्रेणी में प्रतिष्ठित हो गया है।

---

1. डॉ. राजपुरोहित : मालवी संस्कृति एवं साहित्य, पृ. 558-559

बुन्देलखण्ड के लोकनाट्य

बुन्देलखण्ड का स्वांग

बुन्देलखण्ड में 'स्वांग' सर्वत्र देखा जाता है। स्वांग की मूलप्रवृत्ति नाट्य की है, लेकिन वह राईनृत्य के साथ प्रस्तुत किया जाता है। स्वांग का स्वतन्त्र अस्तित्व नहीं है। उसकी अलग से मण्डलियाँ भी नहीं हैं। राईनृत्य मण्डली के पारम्परिक कलाकार ही स्वांग करते हैं। राई और स्वांग का चोली-दामन का साथ है। राई नृत्य है और स्वांग नाट्य है। दोनों की प्रवृत्ति की दृष्टि से कोई सम्बन्ध भी नहीं है। सम्बन्ध केवल इतना है कि राई के विश्राम में स्वांग होते हैं और स्वांग का अन्त राई का पुन: प्रारम्भ है। जब राई रोकी जाती है, तब-तब स्वांग अवतरित होता है। दोनों की तासीर (प्रवृत्ति) अलग है। फिर भी परम्पराओं में सदियों-सदियों से एक साथ हैं। नृत्य के आरम्भ में ही स्वांग नाट्य की मूल प्रवृत्तियों का आभास मिलना कोई आश्चर्य नहीं। नृत्य का मूल स्रोत आदि नृत्य है। आदि नृत्य से लोकनृत्य और लोकनृत्य से 'शास्त्रीय नृत्य' की उत्पत्ति हुई है।[1] स्वांग की मूल जड़ों को देखें तो पता लगता है कि आदिम नृत्य ही स्वांग नाट्य का जनक है। आदिम जातियों के शिकार नृत्य स्वांग की आदि रंगभूमि है। शिकार नृत्य में लक्ष्य और शिकारी की नाट्य मुद्राएँ स्वांग की प्रारम्भिक आंगिक प्रवृत्तियाँ हैं।

स्वांग बुन्देलखण्ड

1. वसन्त निरगुणे : लोकसंस्कृति, पृ. 20, मध्यप्रदेश ग्रन्थ अकादमी, भोपाल, 1998

जानवर का मुखौटा लगाये हुए पात्र की चपल पशु-मुद्राएँ शिकार नृत्याभिनय स्वांग नाट्य का प्रथम अवतरण कहा जा सकता है। इसके प्रमाण में बहुत से गुहाचित्र अपनी गवाही देते नज़र आ सकते हैं। जिनका समय प्रागैतिहासिक काल कहा जाता है। जो सभ्य मानव के काल से बहुत पहले का समय है। आदिम है। नृत्य की उत्पत्ति हम पौराणिक काल के शिव और पार्वती के ताण्डव तथा लास्य से मानते हैं। लेकिन आदिम नृत्य और नाट्य इससे भी पुराने 'आखेट युग' की देन है। इसमें दो मत नहीं होना चाहिए। बस्तर के मुरिया आदिवासियों के शिकार नृत्य 'माओपाटा' में इसकी झलक आज भी देखी जा सकती है, जिसमें जंगली भैंसे के शिकार का स्वांग रचते हैं। शिकार होने पर देवता मनुष्यों से वार्तालाप करते हैं। इसमें पूरा तान्त्रिक अनुष्ठान होता है। फिर सामूहिक नृत्य होता है। इसमें स्वांग के बीज देखे जा सकते हैं। लोकनृत्य-नाट्य आदिम और शास्त्रीय नृत्य के बीच की कड़ी है। वह दोनों का 'सेतु' है। इसका निष्कर्ष यह निकाला जा सकता है कि बुन्देलखण्ड के स्वांग नाट्य की उपस्थिति बहुत पुरानी है और उसका अन्तरण जनजातियों के स्वांग नृत्यों से हुआ है।[1] शास्त्र भी लोक तक ही जाता है। आदिम लोक की तरफ़ देखता तक नहीं, क्योंकि आदिमजन प्रारम्भ से ही आरण्यक रहे। वनवासी रहे। उनका जीवन और संस्कृति सर्वथा अलग रही। वह प्रकृति और अरण्य पर निर्भर रही। वे प्रकृति के सान्निध्य में हज़ारों सालों से रह रहे हैं। इसीलिए वे जंगल, पहाड़ों और रेगिस्तान में आसानी से रह सकते हैं। जंगल उनके भीतर बसा है। हम सभ्य कहे जाने वाले लोग जंगल की सुनसान बियाबान कही जाने वाली जगहों पर एक दिन भी नहीं रह सकते। हम वहाँ जीवन की सारी नागर सुविधाओं को पाने की कल्पना में ही दुखी होते रहेंगे और वहाँ से भाग खड़े होंगे। ऐसी जगहों में रहकर जनजातियों ने आनन्द के वे क्षण नृत्य, नाट्य, संगीत और अनुष्ठानों में खोजे हैं। नृत्य और नाट्य में जिस धर्म और अर्थ (रस और भाव) की बात नाट्यशास्त्र में भरतमुनि ने की है। सम्भवतया उसका उद्गम भी आदिमता में ही कहीं न कहीं छिपा हुआ है। नाट्यशास्त्र 8-1-211 में भरत मानते हैं कि नाट्य का अन्त किसी तरह से पाना सम्भव नहीं है, क्योंकि उसमें अनन्त प्रकार के ज्ञान और शिल्पों का उपयोग होता है। इसमें रस, भाव, अभिनय, धर्मीवृत्ति, प्रवृत्ति, सिद्धि, स्वर, आतोदय, गान तथा रंगनाट्य के अन्तर्गत आने वाले तत्त्वों का संग्रह है।[2]

---

1. वसन्त निरगुणे : लोकसंस्कृति, पृ. 28, मध्यप्रदेश ग्रन्थ अकादमी, भोपाल, 1998
2. भरत : नाट्यशास्त्र, पृ. 80

न शक्यमस्य नाट्यशास्त्र गन्तुमन्त् कथंचन।
कस्माद् बहुस्वाज्ज्ञानानां शिल्पानां काप्यनन्तमः।।
रसा भावा ह्यभिनया धर्मी वृत्ति प्रवृत्तयः।
सिद्धि स्वरास्तथातोद्यं गानं रंगश्च संग्रह।।6-2।। पृ. 80

–संक्षिप्त नाट्यशास्त्रम् से उद्धृत : डॉ. राधावल्लभ त्रिपाठी

स्वांग बहुत प्राचीन नाट्य है। इसकी उपस्थिति वेदों से पूर्व की है। जिसमें नाट्य की सभी प्रवृत्तियाँ दिखाई देती हैं। इसीलिए आचार्य भरतमुनि ने स्वांग से नाट्य की प्राथमिक सामग्री को समेटा हो, लिया हो। इसकी सम्भावना अधिक लगती है। डॉ. बलभद्र तिवारी ने अपनी पुस्तक 'राई और स्वांग' में इस सम्बन्ध में कहा है– "स्वांग, गीत और नाट्य दोनों रूप में अत्यन्त प्राचीन हैं, यद्यपि स्वांग के उद्गम और विकास के सन्दर्भ में विद्वान एकमत नहीं हैं, फिर भी अनुमान के आधार पर यह कहा जा सकता है कि स्वांग वैदिक काल से ही कला प्रदर्शन का एक माध्यम रहा है, क्योंकि जब से मनुष्य ने सांस्कृतिक स्तर पर जीना शुरू किया, तभी से विभिन्न कलाएँ जन्म लेती गयीं। अभिव्यक्ति के प्रारम्भिक साधनों में रूपक का विशेष महत्त्व है। यह भरतमुनि से पहले ही प्रदर्शित होने लगा था।

छाहुर बघेलखण्ड,
आनन्द मिश्रा दल, भोपाल

समूचे उत्तर भारत में स्वांग की उपस्थिति किसी न किसी रूप में मिलती है। स्वांग उपरूपक है। जो सांग, भगत, सांगीत, नौटंकी, रामलीला आदि की तरह अपनी अलग पहचान और प्रतिष्ठा रखता आया है। बुन्देली संस्कृति और साहित्य के प्रखर अध्येता डॉ. नर्मदाप्रसाद गुप्त मानते हैं कि मेरी समझ में स्वांग ही ऐसा लोकनाट्य है, जो अपने अंगों या अपनी वस्तु शैली में विकास की अनेक सम्भावनाएँ सहेजे है। प्राचीनतम

होते हुए भी उनमें आधुनिकता से जुड़ने की अजीब क्षमता है और अभिनय के पुराने मूलतत्त्व अनुकृति को आज तक पकड़े हुए भी वह व्यंजना और अनेकार्थकता या 'ऐंबीग्युइटि' की अपार शक्ति छिपाये हुए है। मतलब यह है कि स्वांग को केवल ग्रामीण मनोरंजन कह कर टाला नहीं जा सकता और ख़ासतौर से आज की सामाजिक चेतना एवं बदलते रंगकर्म की हर दृष्टि से जुड़े नये सन्दर्भों में। वस्तुतः स्वांग सभी लोकनाट्यों में अपने कुछ ख़ास स्वभाव और गुणों के कारण अधिक महत्त्वपूर्ण माना जाना चाहिए।[1]

स्वांग का अर्थ रूप धरना, नक़ल करना, ढोंग रचना, तमाशा करना आदि। लेकिन यह अर्थ बाद में विकसित हुए हैं। स्वांग शब्द बहुत प्राचीन है और आंगिक में 'सु उपसर्ग' लगाकर स्वांगिक बना है, जिसका बिगड़ा रूप स्वांग, लोकमुख में बच रहा। उसी से 'स्वांगना' और स्वांगी बने तथा स्वांग बनाना, स्वांग भरना, स्वांग रचना आदि क्रियाएँ लाक्षणिक अर्थ प्रदान करने लगीं।[2]

छाहुर बघेलखण्ड

बुन्देली स्वांग राई लोकनृत्य से घनिष्ठ रूप से जुड़ा रहा है। राई की प्रस्तुति में स्वांग के गीत गाये जाते हैं। राई के कलाकार स्वांग की प्रस्तुति भी करते हैं। विभिन्न अवसरों या त्योहारों पर विभिन्न प्रकार के स्वांग प्रस्तुत भी किये जाते हैं।[3]

---

1. डॉ. नर्मदाप्रसाद गुप्त : बुन्देली संस्कृति और साहित्य, पृ. 359, मध्यप्रदेश आदिवासी लोककला अकादमी, भोपाल, 2001
2. वही
3. डॉ. राधावल्लभ त्रिपाठी : मध्यप्रदेश का रंगमंच, पृ. 27-28, जनसम्पर्क संचालनालय, भोपाल, 2005

राजस्थानी लोककलाओं और लोकनाट्यों के वरिष्ठ अध्येता डॉ. महेन्द्र भानावत ने स्वांग को रूप धारण करने की क्रिया अर्थात् प्रतिरूप प्रस्तुत करने या नक़ल करने से सम्बद्ध किया है। ब्रज क्षेत्र में स्वांग को 'सांग' या 'सांगीत' भी कहा जाता है। जिससे प्रतीत होता है कि वहाँ वह अभिनय से अधिक संगीत की प्रधानता रखता है। डॉ. सत्येन्द्र ने तो बेहिचक कहा है कि ख्याल और भगत या स्वांग ब्रजभाषा में नहीं, खड़ी बोली में होते हैं। हरियाणा अंचल में स्वांग का अर्थ पद्यमय संवादों के माध्यम से एक लम्बे कथानक की अभिमूलक अभिव्यक्ति है, जिससे स्वांग एक लम्बे नाटक का वाचक बन गया है। डॉ. श्याम परमार का निर्णय है कि नौटंकी, स्वांग या भगत एक ही वस्तु है। वस्तुतः बुन्देली स्वांग, स्वांग के सही रूप का प्रतिनिधित्व करता है, क्योंकि न वह केवल नक़ल है और न लम्बा नाटक। संगीत, नौटंकी और भगत से भी भिन्न है। इस कारण बुन्देली स्वांग के स्वरूप का विश्लेषण आवश्यक है।[1]

स्वांग सु+अंग से बना है। जिसका अर्थ सुन्दर अंग यानी सुन्दर शरीर होना है। जिसका 'भाव' शरीर को सजाने-सँवारने से होता है। इससे रस के बहाव में 'रूप धारण, रूप भरने' का अर्थ स्पष्ट होता है। रूप धारण में देवी-देवता और मनुष्येतर पशु-पक्षी, राक्षस आदि होते हैं। रूप धारण करने में चाहे जितनी सावधानी बरती जाये, फिर भी रूप का प्रतिरूप तो 'प्रतिरूप' होता है, क्योंकि हुबहू नक़ल किसी भी रूप की नहीं की जा सकती। फिर भी स्वांग और अभिनय में रूप को लगभग-लगभग उतारने की अभिनेता द्वारा यथासम्भव कोशिश की जाती है। स्वांग में मनुष्य अंग उपस्थित होता है। इसीलिए उसके हिस्से स्व (स्वयं का) + अंग = स्वांग किया जा सकता है। यह नक़ल हुई। जहाँ अंग होगा वहाँ अभिनय ज़रूर होगा। नक़ल में अंग आवश्यक है। नक़ल क्षणिक होती है। लेकिन उसका भाव 'स्वांग' बन जाता है। यही कारण है कि नक़ल कोई 'विधा' नहीं बन पायी। नक़ल एक व्यापक स्थायी भाव बनकर रह गया, परन्तु 'स्वांग' ने एक विधा के रूप में लोक में जगह बना ली है। वह वेदों के पूर्व से प्रचलित हैं। स्वांग में भाव के साथ उपकरण भी मौजूद होते हैं। इसीलिए भौतिकता में स्वांग विद्रूप, कुरूप और वीभत्स तथा अटपटे तक की सीमा तक चले जाते हैं। भाषा में स्वांग अश्लीलता की हद तक तोड़ देते हैं। फिर भी स्वांग की हँसने-हँसाने, व्यवस्थाओं पर चोट करने की शक्ति का ह्रास कभी नहीं

1. डॉ. नर्मदाप्रसाद गुप्त : बुन्देली लोकसाहित्य, परम्परा और इतिहास, पृ. 452, मध्यप्रदेश आदिवासी लोककला अकादमी, भोपाल, 2001

हुआ, न होगा क्योंकि जब तक प्रकृति (प्रकृति + जीव) की प्रवृत्ति रहेगी, तब तक हास्य-व्यंग-स्वांग-गम्मत की जगह बनी रहेगी। अपने (स्व) शरीर (अंग) पर किसी दूसरे के शरीर और स्वभाव को धारण करना ही स्वांग है। बहुरूपिया नक़ल की ही देन है। स्वांग भी उसी से उपजा है। जिसे शास्त्र में 'उपरूपक' कहा गया। बहुरूपिया भी एक विधा के रूप में लोक में प्रतिष्ठित हुई। यहाँ तक कि बहुरूपिया ने एक जाति का ही रूप धारण कर लिया। बहुरूपिया एकल विधा है। जिसमें एक व्यक्ति ही तरह-तरह के रूप धारण कर मनोरंजन करता है। अपने स्वांग और अभिनय (रूप) से वह सभी रसों को उत्पन्न करने में सक्षम होता है। उदाहरण के रूप में यदि उसने मजनूँ का रूप धारण किया है तो उसका अभिनय इतना यथार्थपूर्ण होता है कि लोग उसे पत्थर तक मारने लगते हैं।

थोड़ी देर बाद वही बहुरूपिया दुकान-दुकान से पैसा वसूल करता नज़र भी आ जाता है। यदि उसने काली अथवा अर्धनारीश्वर का स्वांग लिया तो लोग उसी के आगे श्रद्धा से झुक जाते हैं और अपने आप पैसा चढ़ाते नज़र आते हैं। यह बहुरूपिया विधा की ताक़त है। बहुरूपिया ऐसे कई प्रभावी रूप धारण करता है। इसीलिए उसे 'बहुरूपिया' कहा जाता है।

आनन्द मिश्र, भोपाल

स्वांग सामूहिक नक़ल है। इसमें एक से अधिक कलाकार हिस्सा लेते हैं। सामूहिक अभिनय से स्वांग को मंच पर उतारा जाता है, इसीलिए इसे नाट्य के

नज़दीक माना गया है और उसे उपरूपकों में गिना गया है। भरत की निगाह में भी स्वांग छूटा नहीं है। उसकी बहुत-सी प्रवृत्तियों को नाट्यशास्त्र में भरत ने जगह दी है। एक तो लाकनाट्यों को देखकर भरत ने उन्हें विभाजित किया होगा। दूसरे उसके गीत, संगीत, नृत्य, अभिनय, मंच आदि को देखकर भरत के मन में उन्हें व्याकरण या शास्त्रीयता में बाँधने की परिकल्पना आयी होगी। तभी तो वे लोक की महिमा गाने में थकते नहीं हैं। वे स्वयं स्वीकार करते हैं कि जो लोक में है, वही पाँचवें वेद में है। अभिनवगुप्त आदि बाद के आचार्य उनका समर्थन भी करते हैं। वही वेदों की भी स्थिति है। लोक सब जगह भारी हैं। सच भी है, बिना लोक के यह संसार चलना मुश्किल है। लोक ही सर्वोपरि है। ऐसा कहा जाता है कि 'जब शास्त्र थक जाता है तो लोक को ही प्रमाण माना जाता है।'

स्वांग, गम्मत, तमाशा, ढोंग, नाटक, आदि शब्द समाज में व्यंगार्थ में प्रयुक्त होते हैं। सामान्य जीवन से लगाकर साहित्य सृजन तक में इन शब्दों की गहरी पैठ है। अतिरेकपूर्ण कोई भी कार्य अभिनय, स्वांग, गम्मत, तमाशा, नाटक में बदल जाता है, तब एक व्यक्ति दूसरे के लिए इन शब्दों का प्रयोग करता है और एक नाटकीय स्थिति पैदा हो जाती है। 'स्वांग कर रहा है', 'तमाशा कर रहा है', 'गम्मत कर रहा है', 'नाटक कर रहा है' जैसे वाक्यांश मुँह से स्वाभाविक रूप से निकलने लगते हैं। तब सारी बात फ़िजूल या व्यर्थ हो जाती है। सामान्य जीवन में ये दृश्य आम होते हैं। बस समझिये यहीं से 'स्वांग' की पृष्ठभूमि बनने लगती है। साहित्य और रंगभूमि में इसका सृजनात्मक रूप देखा जा सकता है।

स्वांग के आगे गम्मत का स्थान है। स्वांग-गम्मत एक दूसरे पर अन्तर्निर्भर हैं। स्वांग जहाँ ख़त्म होता है, वहीं से गम्मत शुरू होती है। स्वांग प्रहसन का समय थोड़ा होता है, गम्मत का समय स्वांग से थोड़ा अधिक होता है। स्वांग और गम्मत दोनों की प्रवृत्ति कैशिकी (गीत नृत्य) और वाचिक है। हज़ारों वर्षों से स्वांग गम्मत का स्वरूप मौखिक रहा है, इसलिए उसमें स्मृतियों, किंवदन्तियों और लोक कथाओं की प्रस्तुतियाँ सहज रूप से देखी जा सकती हैं।

स्वांग की उत्पत्ति

डॉ. बलभद्र तिवारी स्वांग को आर्य-अनार्य संस्कृति की देन मानते हैं। उनका कहना है—वेदों में दो जातियों की विशेष चर्चा की जाती है—आर्य और अनार्य। आर्य वे थे, जिनका रंग कृष्ण वर्ण न होकर शुभ्रवर्ण था। आर्यों की तुलना में अनार्य राक्षसी दस्यु जैसी जातियाँ यज्ञों और व्रतों को महत्त्व नहीं देती थीं। इन्हें प्रागैतिहासिक माना जाता

है। इस काल में जाति बोध नहीं था। आर्य वे माने जाते थे, जो इन्द्र और अग्नि के उपासक थे। दस्यु, अनासा या अब्राह्मन एक ही वर्ग के थे और उन्हें किसी धर्म से कोई सरोकार नहीं था। पणि भी इसी प्रकार के अनार्य थे, इनका मुख्य कार्य व्यापार से सम्बन्धित था। आर्य-अनार्य में सर्वथा संघर्ष चलता रहा। आर्य सभ्य माने जाते थे और शेष असभ्यों की श्रेणी में रखे गये हैं। आर्यों के धार्मिक विधानों में सामूहिक नृत्य भी होते थे, इनको मनोरंजक बनाने के लिए गन्धर्व नृत्य के साथ व्यंग और हास्यपरक स्वांग खेलते थे, जिनको अनेक बार ग्राम जनपद और नगर में प्रस्तुत किया जाता था।[1]

डॉ. बलभद्र तिवारी ने स्वांग की उत्पत्ति में एक कथा कही है–"पौराणिक कथाओं में राई और स्वांग की दोनों की उत्पत्ति का एक प्रसंग आया है। कहते हैं कि एक बार शिव पार्वती के विरह में अत्यन्त अन्यमनस्क हो गये, उनके गणों को चिन्ता हुई। उन्होंने नाना वेश बनाकर स्वांग किये और शिवजी का मन बहलाया। उत्साह में आकर शिवजी ने भी स्वांग में भाग ले लिया। इसके बाद जब कभी नृत्य किये गये तो शिवजी ने अनेक प्रकार से भाग लिया। नृत्योल्लास में कभी-कभी उन्होंने अपने चेहरे पर मुखौटा लगाया। कभी उनके गणों में से एक ने पार्वती का रूप धारण किया और शिवजी के साथ नृत्य करके वह भाव दिया कि पार्वती भी उनके साथ हैं। इस काल में अन्य प्रसिद्ध युगलों के नृत्य में भी इस प्रकार स्वांगों की नियोजना की जाती रही है। वास्तव में अभिनय के साथ संवाद का होना ही स्वांग की प्रमुख विशेषता है। जहाँ तक संवादों की बात है, उनके सन्दर्भ में यह कहा जाता है कि भरतमुनि के नाट्यशास्त्र में भी संवादों के लिए यम-यमी, इन्द्र-सर्मा, संवादों की प्रमुखता के साथ लिया गया है। वैसे संवादों की यदि परम्परा खोजी जाये तो अप्सराओं और ऋषियों के बीच अनेक संवाद ऐसे मिल जायेंगे जो प्रेम प्रधान व्यंगात्मक और हास्यात्मक हैं। स्वांग पौराणिक काल के बाद भी लोक में गाये गये हैं और विभिन्न धार्मिक अवसरों पर खेले भी गये।[2]

डॉ. नर्मदाप्रसाद गुप्त बुन्देलखण्ड में स्वांग की उत्पत्ति 9वीं शताब्दी से मानते हैं। उनका कहना है अभी तक राजाओं का इतिहास खोजा गया है, लोक और लोक चेतना का नहीं। वे इस लोक चेतना के आन्दोलन का समय 8वीं और 9वीं शती के मध्य मानते हैं। जब समूचे बुन्देलखण्ड में गोंड, कोल और भीलों आदि जनजातियों

---

1. डॉ. बलभद्र तिवारी : राई और स्वांग, पृ. 116, जनसम्पर्क संचालनालय बाणगंगा, भोपाल, 2010
2. डॉ. बलभद्र तिवारी : राई और स्वांग, पृ. 117

का वर्चस्व था। उनके मनोरंजन के साधनों में नृत्यगीत स्वांग आदि प्रमुख थे। इसका प्रमाण प्रबोध चन्द्रोदय की रंगस्थली महोबा के मदन सागर की अवशिष्ट रंगशाला को मानते हैं। जहाँ नृत्य और स्वांगादि के खेल आयोजित होते थे। पर मुझे यह निष्कर्ष कुछ भ्रामक और अयथार्थपूर्ण लगता है। यह तो सुनिश्चित है कि बुन्देली समाज नौवीं शती के पूर्व भी रहता होगा। उसमें जनजातियाँ भी रही होंगी। उनके अपने पारम्परिक मनोरंजन के साधन रहे होंगे। इन्हीं में नृत्य और स्वांग जैसे नाट्य भी रहे होंगे। यह तो सिद्ध है कि स्वांग (नक़ल) वैदिक काल से भी पुरातन है।[1]

स्वांग का इतिवृत्त

आचार्य भरत ने इतिवृत्त (कथा) को नाट्य शरीर कहा है। उसमें अधिकाधिक मुख्य कथा और प्रासंगिक (उपकथा) कथा का संकेत किया है। प्रासंगिक कथा की प्रस्तुति ही स्वांग होती है। जिसका फलागम हँसा-हँसा कर लोट-पोट कर देता है। इसीलिए स्वांग को उपरूपक कहा गया है। बुन्देलखण्ड में स्वांग की चर्चा संस्कृत, और लोकसाहित्य में होती रही है। रामलीला, रासलीला और शिवलीला हमारे देश में प्राचीन लीला रूप में प्रचलित रही हैं। इनमें शिवलीला पहले प्रमुख है। यह कहना अधिक उपयुक्त होगा कि रामलीला और रासलीला आगे शिवलीला का ही विस्तार है। रामलीला के और रासलीला के कृष्ण नायक हैं, जो शिव के अंश हैं। इसीलिए दोनों शिव भक्त हैं।

माच, सीता स्वयंवर, उज्जैन

1. डॉ. नर्मदाप्रसाद गुप्त : बुन्देली लोकसाहित्य परम्परा और इतिहास, पृ. 454

वैसे पुराणों में राम और कृष्ण नारायण यानी विष्णु के अवतार कहे गये हैं, लेकिन अभ्यान्तर से वे शिव के अंग हैं। ब्रह्मा, विष्णु और शिव एक-दूसरे के लिए एक ही हैं। यह त्रित्व सम्पूर्ण सृष्टि की लीला का आधार है। जिसमें शिव देवादिदेव हैं। जनजातियों के देवता भी महादेव ही हैं। इनके चरित्रों में लीला का भाव है। नाटकीय भाव नहीं है। इसीलिए हमारे यहाँ लीला और नाटक में बुनियादी फ़र्क़ रखा गया है। नाट्य लीला नहीं हो सकती, क्योंकि नाटक में यथार्थ का पुट अधिक होता है। जबकि लीला श्रद्धा, विश्वास से भरी भावांजलि होती है। लीला में भक्तिभाव का निवेश होता है। लीला में असम्भव भी सम्भव होता है। जबकि नाटक में प्रकृति से परे ज़्यादा कुछ नहीं दिखा सकते। लीला का फलित कुछ और है और नाटक का फलित कुछ और है। लीला में प्राप्त भाव संघनित होते हैं और नाटक में प्राप्यभाव तिरोहित हो सकता है। लीला निरन्तर चलती है और नाटक की इति हो सकती है। शिवलीला से स्वांग की उत्पत्ति हो सकती है, लेकिन रामलीला, रासलीला से स्वांग की उत्पत्ति सम्भव नहीं। हाँ, दोनों लीलाओं में स्वांग हो सकता है। क्योंकि लीला दैवी स्वांग ही है। उसमें दिव्यता रहती है। स्वांग की परम्परा आदिकाल से है। लीला पौराणिक काल की देन है।

स्वांग-बुन्देलखण्ड, सन्तोष पाण्डे दल-कनेरादेव, सागर

बुन्देलखण्ड में स्वांग का उल्लेख हमें आठवीं, नौवीं शताब्दी के आसपास मिलता है। नौवीं विक्रम शताब्दी के सिद्ध कवि कण्हपा के साहित्य में 'स्वांग' का सबसे पहले उल्लेख डोमिनी के आह्वान गीत में मिलता है।

नगर बाहिरे डोंबी तोहारी कुड़िया छोई सो ब्रह्मा नाड़िया।
आलो डोबि।
लोए सम करिब य 'सांग' निधिण कण्ह कफली जोई लाग।
एक सो परमा चोसद्धि पाखुई चढ़ि नायअ डोंबि वीण्डी।।

उस समय वज्रयानी योगियों की तन्त्र साधना में डोमिनियों के स्वांग के लिए आह्वानित किया जाता रहा है। जिसका ज़िक्र कण्हपा ने यहाँ किया है। तन्त्र साधना में डोमिनियों के साथ संभोग क्रिया के प्रयोग का भी ज़िक्र आता है। हो सकता हो पहले डोमिनी को किसी का स्वांग धारण करना होता होगा। तभी वह क्रिया विधि पूरी होती होगी। औघड़ तन्त्र साधना में यह सम्भव है। कुछ भी हो बुन्देलखण्ड में स्वांग एक पुरातन विधा रही है, इससे यह तो सिद्ध होता है। सन्त कवि कबीरदास ने भी अपने एक दोहे में स्वांग का ज़िक्र किया है।

कथा होए तहे श्रोता सोवे, वक्ता मुंड पचारा पचरा रे।
होय जहाँ कहीं स्वांग-तमाशा, तनिक न नींद सताया रे।।

स्वांग-तमाशा में एक तरह की फूहड़ता यानी अश्लीलता का पुट प्रारम्भ से ही रहा और यह तान्त्रिकों की ओर से आया लगता है।

मध्य काल के कवि मलिक मोहम्मद जायसी ने अपनी 'पद्मावत' की रचना में स्वांग के साथ 'पातुरी' (नाचने वाली) का ज़िक्र किया है।

पातुरी एक हुति जोगी स्वांगी। साह अखोर हुत ओहि मांगी।
जोगनि भेस बियोगिनी कीन्हा। सींगी सबद गत तत लीन्हा।।

राई में बेड़नी नर्तकी होती है और स्वांग राई का अंग है। उस समय की पातुरी वेश्या होती थी। आज उसकी जगह बेड़नी ने ले ली है। बेड़नी के नृत्य की वजह से राई प्रमुख हो गयी और स्वांग नाट्य रूप गौण हो गया। दोनों को मिलाकर आज वह 'राई-स्वांग' हो गया। प्राचीन समय में कभी स्वांग ही प्रमुख रहा है।

औरंगज़ेब के समय में स्वांग की अदायगी होती थी। इसका प्रमाण औरंगज़ेब के समकालीन शायर मौलाना गनीमत की मसनवी 'नौरंगे इश्क़' में स्वांग का व्यापक ज़िक्र मिलता है।

मुफस्ला पेराए वा तर्जी अंदाज।
मुशाविद सीस्ता वा नम्मो साज।।

यह नक़्ल करने वाले लोग जिनकी आवाज़ मीठी है, नाच और नक़्ल में ये उस्ताद हैं। हमारी भाषा में इन्हें 'भगत बाज 'कहते हैं। यह कभी मर्द, कभी औरत और कभी बच्चे की नक़्ल करते, कभी परेशान हाल सन्यासी बन जाते हैं, कभी मुसलमान, कभी कश्मीरी का भेष बना लेते हैं और कभी फिरंगी बन जाते हैं।[1]

कुछ विद्वानों ने लोकनाट्य की प्रेरणा धार्मिक आन्दोलन से मानी है और रासलीला, रामलीला को पुराने लोकनाट्यों में रखा है, लेकिन इसे प्रामाणिक नहीं कहा जा सकता। मेरी समझ में रासलीला और रामलीला से भी प्राचीन स्वांग है। इसकी पुष्टि केवल इसी आधार पर हो जाती है कि स्वांग की मूल प्रवृत्ति नक़्ल या अनुकृति है और वह आदि लोकनाट्य का मूल तत्त्व है।

विद्वानों ने कई उदाहरण देकर सिद्ध कण्हपा (9वीं शती) कबीर (13-14वीं शती) जायसी (16वीं शती) आदि के काव्य में स्वांग का अस्तित्व सिद्ध किया है, उनमें कई तथ्य उजागर होते हैं। उदाहरण के लिए सिद्ध कण्हपा की पंक्तियों से प्रकट है कि डोम जैसी और अस्पर्श्य जाति भी स्वांग करती थी। सन्त कबीर के अनुसार तत्कालीन समाज स्वांग का बहुत प्रेमी था। संत तुकाराम के समय महाराष्ट्र के स्वांगों में नट स्त्री वेश धारण करते थे। स्वांगों में शृंगारिता और फूहड़पन का विरोध उन्होंने किया था। छिताई में चरित्र में नट नाटक 'आवइ सब कोई' से भी आभास मिलता है कि लोक जीवन में प्रचलित नाटक स्वांग ही अभिनीत हुए थे। जायसी ने पातुर (वेश्या) के स्वांगी ही बनने या स्वांग में हिस्सा लेने का उल्लेख किया है। श्रीधर (17 वीं शती) में सन्त तुकाराम की तरह नारी वेश नट के दर्शन तक का निवेश किया है। मतलब यह है कि नौवीं शती से लेकर पूरे मध्य युग में सांग लोकप्रियता के साथ मिलते हैं। आधुनिक काल में भी राजा लक्ष्मण सिंह और फिर कुछ समीक्षकों ने स्वांग की चर्चा की है। इस तरह सांग की यात्रा निरन्तर जारी रही है और उसकी जनप्रियता में कभी कमी नहीं आयी।[2]

स्वांग, संगीत, भगत और नौटंकी से भिन्न लोकनाट्य है। बुन्देली स्वांग का उल्लेख छिताइ कथा (15-26 ई.) में 'नट नाटक' के रूप में आता है और तुलसी

---

1. डॉ. बलभद्र तिवारी : राई और स्वांग, पृ. 117-118, जनसम्पर्क, भोपाल, 2010
2. डॉ. नर्मदाप्रसाद गुप्त : बुन्देली लोकसाहित्य परम्परा और इतिहास, पृ. 338, बुन्देली संस्कृति और साहित्य

के रामचरितमानस, गीतावली, रामलला नहछू में बिल्कुल स्पष्ट है। वत्सराज राज्य के 'रूपकष्टकम' में भी स्वांगों के अस्तित्व का पता लगता है। भाण, प्रहसन आदि नाट्य रूप स्वांग के ही विकसित रूप हैं। आदिकाल से स्वांग किस रूप में था, इसकी प्रामाणिक जानकारी नहीं प्राप्त हो सकी, किन्तु तुलसी के साक्ष्य उनके दो रूप स्पष्ट हैं। एक चढ़े खरनि विदूषक स्वांग साजि (गीतावली) से तात्पर्य है रूप धारण करना। दो हिल मिल करत स्वांग सभा रस केलि हो (रामलला नहछू) सोहर लोकछन्द की इन पंक्ति का अर्थ है–एकत्रित होकर सब स्वांग लोकनाट्य के अभिनय द्वारा सभी को रसमग्न करते हैं।[1]

डॉ. दशरथ ओझा ने हिन्दी नाटक के सन्दर्भ में नौवीं शताब्दी से स्वांग परम्परा की चर्चा की है। डॉ. ओझा ने आधुनिक स्वांगियों का परिचय दिया है, परन्तु इसमें यही आभास मिलता है कि बुन्देलखण्ड तक आते-आते स्वांग जनप्रिय लोकनाट्य बन गया और बुन्देली में उसने अपनी अलग पहचान बनायी।[2]

बाबा का स्वांग, स्वांग बुन्देलखण्ड

वर्तमान में कनेरादेव, सागर के राई नर्तक रामसहाय पाण्डे के दल के सन्तोष पाण्डे श्रेष्ठ स्वांगिये हैं। पिछले 30 वर्षों से नृत्य के साथ वे राई स्वांग करते आ रहे हैं। ऐसा लगता है सन्तोष पाण्डे की पूरी देह बुन्देली स्वांग के लिए बनी है।

1. डॉ. नर्मदाप्रसाद गुप्त : बुन्देली लोकसाहित्य परम्परा और इतिहास, पृ. 338
2. डॉ. बलदेव तिवारी : राई और स्वांग, पृ. 119, जनसम्पर्क, भोपाल, 2010

उनके देह की बिजली की सी चपलता, सहजता और रबर-सी लोच स्वांग की रंग गतिविधियों को न केवल रोचक बनाती है, बल्कि स्वांग के विदूषक की नयी परिभाषा भी गढ़ती है। आज उनके बराबर नैसर्गिक स्वांग का कलाकार कोई नहीं हैं। वे राम सहाय पाण्डे के पुत्र और योग्य शिष्य हैं। उन्होंने वाचिक स्वांगों को लिखित रूप भी दिया है और 15 मिनट के स्वांगों को अपनी प्रतिभा से एक घण्टे से अधिक बनाकर सफल मंचन भी किया है। उन्होंने रंगकर्म का प्रशिक्षण भी लिया है और स्वांगों का निर्देशन भी किया है। सागर के कुछ नये रंगकर्मियों ने स्वांग को स्वतन्त्र मंच देने की कोशिश की है। जिसमें राजकुमार रायकवार प्रमुख हैं। प्रसिद्ध रंग निर्देशक स्व. अलखनन्दन ने भोपाल में 'चंदा बेड़नी' में बुन्देली स्वांग की प्रवृत्तियों और तत्त्वों का बख़ूबी उपयोग किया है। इसके साथ ही 'राजा का स्वांग' नामक एक लम्बा लिखित स्वांग नाट्य अलखनन्दन ने कलकत्ता के रवीन्द्र भवन में किया था। उसके सहनिर्देशक और कलाकार श्री सन्तोष पाण्डे थे। भारत भवन भोपाल के बहिरंग में रामसहाय पाण्डे के दल ने सन्तोष पाण्डे के निर्देशन में सन् 1984 में पूरे एक घण्टे का 'धतूरे खान स्वांग' प्रस्तुत किया था। सन् 1984 में राई की जापान यात्रा में सन्तोष पाण्डे ने ही नर्तकी चन्द्रवती, अनिता और रामसहाय पाण्डे की राई के बीच कई प्रदर्शनों में स्वांग खेलों की प्रस्तुति दी है। राई के साथ स्वांग को देश के प्रमुख सांस्कृतिक केन्द्रों में ले जाने का श्रेय रामसहाय पाण्डे की 'राई' और सन्तोष पाण्डे के 'स्वांग' को जाता है। श्री सन्तोष पाण्डे इस समय कई विद्यालयों में बच्चों को स्वांग का प्रशिक्षण दे रहे हैं।

ग्वालियर के डॉ. हिमांशु द्विवेदी ने बुन्देलखण्ड की स्वांग परम्परा पर चण्डीगढ़ विश्वविद्यालय से पहला शोध कार्य कर पीएच.डी. की उपाधि प्राप्त की है। डॉ. हिमांशु इस समय राजा मानसिंह कला संगीत विश्वविद्यालय में नाटक विभाग में प्रोफ़ेसर हैं। दूसरा शोध कार्य सागर के डॉ. पंकज तिवारी ने किया है, मध्यप्रदेश आदिवासी लोककला परिषद, भोपाल से सन् 1984 में बखतगढ़ सागर में बुन्देली राई-स्वांग पर दो दिवसीय पहला शिविर आयोजित किया था। जिसमें डॉ. नर्मदाप्रसाद गुप्त, श्री माधव शुक्ल मनोज, डॉ. कपिल तिवारी, डॉ. धनंजय वर्मा, डॉ. मनोहर वर्मा और अलखनन्दन आदि ने राई-स्वांग पर महत्त्वपूर्ण आलेख वाचन किये थे। इसके पश्चात् माधव शुक्ल मनोज ने राई पर शोध कार्य कर एक मोनोग्राफ का लेखन किया, जिसमें स्वांग पर विशेष सामग्री भी प्रकाशित की गयी थी। जिसके केन्द्र में राई नर्तक श्री रामसहाय पाण्डे, नर्तकी चन्द्रवती, अनिता

और स्वांग कलाकार श्री सन्तोष पाण्डे भी थे। श्री सन्तोष पाण्डे ने संगीत नाटक अकादमी, दिल्ली के लिए एक शोध कार्य भी किया है। श्री सन्तोष स्वांग के अकेले ऐसे कलाकार हैं, जो पिछले पच्चीस-तीस वर्षों से राई में स्वांग को जीवन्त करते आ रहे हैं। इस रूप में रामसहाय पाण्डे का दल और सन्तोष पाण्डे सदैव याद किये जायेंगे कि उन्होंने राई परम्परा और स्वांग की नाट्य परिपाटी को आज तक जीवित और जीवन्त रखा।

अन्यथा राई और स्वांग न जाने कब के काल कवलित हो जाते। पिता-पुत्र दोनों आज भी राई और स्वांग को बचाने में लगे हुए हैं। सन् 1984 में ही मध्यप्रदेश संस्कृति विभाग ने रामसहाय पाण्डे को प्रदेश का सर्वोच्च शिखर सम्मान प्रदान किया। जिसमें राई के साथ बुन्देली स्वांग भी सम्मानित हुआ।

स्वांग की प्राचीनता

डॉ. बलभद्र तिवारी स्वांग की उत्पत्ति आर्य-अनार्य संस्कृति के मेल से मानते हैं। भारतीय अनुश्रुति के अनुसार वेद काल में गन्धर्व कला का विकास हो चुका था। यह सामवेद में माना गया है। ऋग्वेद में नृत्यकला में प्रवीण स्त्रियों का विशेष स्थान हो चुका था। इस नृत्यकला का ज़िक्र बार-बार आया है। पुरुष वर्ग स्वर्ण आदि के आभूषणों से सुसज्जित होकर युद्ध सम्बन्धी नृत्य का प्रदर्शन करता था। एक अन्य जाति इस कला को प्रस्तुत करने वाली बाँस पर नृत्य करती थी। इसी को आयुर्वेद में 'वंशनर्तिन' के रूप में उल्लेखित किया गया है। सामूहिक नृत्यों के साथ एकलनृत्य और लघु समूह के नृत्य भी होते थे, जिनमें गीतों के साथ किसी असंगतिपूर्ण क्रिया के व्यवहार की नक़ल की जाती थी। मनुष्य प्राकृतिक रूप में अनुकरण करने वाला प्राणी है। ये अनुकरण जहाँ किया जाता है, जो सामाजिक, सांस्कृतिक नहीं होते थे।[1] यह अनुकरण स्वांग होते थे।

स्वांग का मुख्य उद्देश्य

स्वांग का मुख्य उद्देश्य प्रत्येक चेहरे पर मुस्कुराहट लाना, हँसी लाना है। इसकी ज़िम्मेदारी बुन्देली स्वांग के विदूषक की है। विदूषक जो स्वांग की जान होता है। वही हर तरह की भूमिका तय करता है, कौन-सा स्वांग प्रस्तुत किया जाना है। इसका निर्णय भी विदूषक करता है। किसे स्त्री पात्र निभाना है? संवाद कितने और कैसे

1. डॉ. बलभद्र तिवारी : राई और स्वांग, पृ. 116, जनसम्पर्क, भोपाल, 2010

बोलना है? कहाँ रुकना है और कहाँ पार्श्व में आना-जाना है? इस सबकी व्यवस्था विदूषक करता है। सबसे महत्त्वपूर्ण यह है कि ज़रूरत पड़ने पर वह हर तरह की भूमिका निभाने में सक्षम होता है। वह सब में सबसे आगे रहता है। अपने ऊलजलूल आंगिक चेष्टाओं से दर्शक-श्रोताओं को हँसने-हँसाने के लिए मजबूर करना ही विदूषक (स्वांगिये) का काम है।

डॉ. नर्मदाप्रसाद गुप्त इस सम्बन्ध में लिखते हैं–"स्वांगों में पात्रों की संख्या बहुत कम होती है। एक पात्र ही अनेक पात्रों का अभिनय करता है। इसमें इतना कौशल होता है कि वह भूमिका का निर्वाह आसानी से कर लेता है। स्त्री तक का पाठ करने में कोई संकोच नहीं। पुरुष नारी बनकर निराला अभिनय प्रस्तुत करता है। कभी-कभी स्त्री-पुरुष के दो पात्र ही पूरा स्वांग खेल लेते हैं। बनावटी कलह, पीटना, फ़ब्तियाँ कसना आदि कल्पित प्रसंगों के बीच-बीच में उद्‌भावना कर लेना उनके लिये कठिन नहीं। चरित्र-त्त्रिण पर विशेष ज़ोर नहीं दिया जाता, केवल व्यक्ति का कैरीकेचर लघु चित्र छोड़ता है। संवादों से ही चरित्र पर रंग चढ़ता या उतरता है। समाज के वर्गगत या टाइप चरित्र ही यथातथ्य रूप में चित्रित होते हैं; चरित्र की कल्पना के लिए कोई अवकाश नहीं मिलता। इतना अवश्य है कि विदूषक अपने तमाम रंगों और छबियों के साथ स्वांगों की पट भूमि में अंकित हो जाता है।[1]

बुन्देली स्वांग के इस अभिप्रेत उद्‌देश्य के केन्द्र में विदूषक होता है। जिसका मुख्य उद्‌देश्य दर्शक-श्रेताओं के पेट में हँसी के द्वारा बल पटकना है। विदूषक अपने इस उद्‌देश्य की प्राप्ति में कोई कसर नहीं छोड़ता है। अपने अभिनय से येन केन प्रकारेण हास्य उत्पन्न करना विदूषक की विशेषता है। वह भी बुन्देली भाषा में 'विट' पैदा करना आसान तो नहीं है। फिर भी बुन्देली स्वांग का विदूषक इसका निर्वहन सहजता से करता है, क्योंकि वह बुन्देली बोली-भाषा संस्कृति की परम्परा का अनिवार्य हिस्सा होता है। उसका चलना-फिरना, उठना-बैठना, सोना-जागना सबका सब बुन्देली लोक से आता है, इसीलिए बुन्देली दर्शक-श्रोताओं को विदूषक की हर गतिविधि उन्हें गुदगुदाने में समर्थ होती है। वर्तमान में स्वांग के पारम्परिक विदूषक कनेरादेव के सन्तोष पाण्डे इसके सबसे बड़े उदाहरण हैं। उनके स्वाभाविक अभिनय में बुन्देली जनजीवन के छोटे से छोटे आक्षेप देखे जा सकते हैं। जिनका मज़ा न केवल बुन्देलीजन बल्कि नागर समाज के लोग भी उतने ही उत्साह से उठाते हैं।

1. डॉ. नर्मदाप्रसाद गुप्त : बुन्देली लोकसाहित्य परम्परा और इतिहास, पृ. 457, मध्यप्रदेश आदिवासी लोककला परिषद, भोपाल, 2001

इसमें सन्तोष पाण्डे को परम्परा से महारत हासिल है। वह स्वांग के मुख्य उद्देश्य को कभी भूलते नहीं, मंच कोई सा भी हो। भले ही कभी-कभी वे अपने चरित्र चित्रण में यानी अदायगी में अतिरंजना की हद पार कर जाते हैं, लेकिन अतिरेक का भी अभिनय या नाट्य में अपना मज़ा होता है। लोग इसका भी आनन्द उठाते हैं।

विदूषक के साथ दूसरे स्त्री पात्र आदि भी स्वांग के हास्य व्यंग को बढ़ाने में मदद करते हैं। विदूषक बहुरूपिया होता है। जिसके आसपास दूसरे पात्र स्वांग के कथा सूत्र और नाट्य प्रस्तुति की सूई घूमती है। विदूषक की प्रत्युत्पन्नमति से नाट्य में कसावट बनी रहती है।

स्वांग के पात्र और प्रतीक

स्वांग के पात्र दो से लगाकर दस-बारह तक हो सकते हैं। इनकी संख्या कथा के अनुसार होती है। कभी-कभी दो पात्रों में स्वांग का खेल हो सकता है। एक पुरुष एक स्त्री किसी स्वांग को मंच पर उतार सकते हैं। इसमें अन्य कल्पित पात्र संवादों में प्रकट हो सकते हैं और कथावृत को आगे बढ़ा सकते हैं। कभी-कभी एक पात्र ही अपनी वाणी और अभिनय से दर्शक-श्रोताओं को बाँधे रखता है। उसके आत्मकथ्य अथवा बड़बड़ में कई काल्पनिक पात्र आ सकते हैं और प्रसंग को मज़ेदार और रहस्यात्मक अथवा हास्यात्मक बना सकते हैं।

1. **विदूषक :** स्वांग का मुख्य पात्र विदूषक ही होता है। आचार्य भरत ने आंगिक, वाचिक, आहार्य तथा सात्विक अभिनय के चार प्रकार कहे हैं। आंगिक अभिनय को तीन प्रकार शारीर, मुखज और चेष्टाकृत के रूप में विभाजित किया है। उन सबमें स्वांग का विदूषक पारंगत होता है। मुझे लगता है आचार्य भरत ने स्वांग के विदूषक, भांड स्वांगिये, बहुरूपिया और कुडगर्यो को देखकर ही ये विभाजन सुनिश्चित किये हों। भरत के मन में यह कल्पना आयी कहाँ से? इसका जवाब सम्भवतया स्वांग के विदूषक के पास ही मिलेगा। संस्कृत नाटकों के विदूषक की सर्जना भी यहीं से ली गयी होगी। देशी भाषा में विदूषक के चार गुण माने जाते हैं–

   (1) चपल (आंगिकचेष्टाओं में कुशल)
   (2) चालाक (हर परिस्थिति को भाँपने वाला)
   (3) चतुर (बुद्धिमान, हाज़िर जवाब)
   (4) होशियार (अभिनय की कला में दक्ष)

2. स्वांग का दूसरा स्त्री पात्र होता है। जिसे प्रायः पुरुष वर्ग ही निभाता है। स्वांग में बऊ, अम्मा, मोड़ी, सास, देवरानी, डाकन, चुड़ैल, ग्वालन आदि ग्रामीण महिलाओं के पात्र पुरुष ही निभाते हैं। पुरुष को स्त्री बनने में बहुत आड़ (मेकअप) की ज़रूरत नहीं होती। अच्छा मूँछ धारी पुरुष भी स्त्री के पार्ट में उतर सकता है।

बस थोड़े से पंचे के झीने घूँघट से या बेतरतीब एक साड़ी लपेटकर स्त्री की भूमिका स्वांग का कोई कलाकार भी निभा सकता है। पुरुष अपनी स्त्रियोचित बारीक आवाज़ निकाल कर भी स्त्री का पात्र निभा सकता है। स्वांग में स्त्री पात्र मात्र प्रतीकात्मक ही होता है। सैकड़ों सालों से बुन्देली स्वांग में यही परिपाटी चली आ रही है। लोग इसका भी ख़ूब आनन्द उठाते हैं। पेट पर कपड़े को बाँधकर गर्भवती या सेठ का स्वांग कोई भी पुरुष रच लेता है। ऐसे पात्र की चाल ढाल आदि देखकर बच्चे-बूढ़े सब ख़ूब हँसते हैं। इस विद्रूपता पर ख़ूब ठहाका लगता है। यह विदूषकाई का ही अंग होता है। कभी-कभी पात्र की बड़ी-बड़ी मूँछें भी दिखाई दे जाती हैं। इसे देखने का मज़ा ही कुछ और होता है। कभी-कभी विदूषक के पृष्ठभाग की गतिविधि हँसी-ठट्ठे का ज्वार खड़ा करने में सक्षम होती है, तब स्वांग में दर्शक-श्रोताओं के बीच हँसी की ऊँची-ऊँची लहरें उठ खड़ी होती हैं।

कभी-कभी स्त्री पात्र की निर्लज्जता हँसाती है तो कभी-कभी कोड़े की निर्दयी मार हँसने को और तिलमिला देने को मजबूर करती है। कभी निर्दोष पात्र की करुणा स्वांग में रुलाती भी है। आँखों में आँसू भर देती है। यह सब पुरुष और स्त्री पात्र के इर्द-गिर्द घूमता है।

इतिवृत्त यानी कथा के अनुसार स्वांग में पात्र घटते-बढ़ते हैं। इसकी पूर्ति बेड़नी, नर्तक और संगतकारों के बीच से कर ली जाती है। जिनकी भूमिका बहुत थोड़ी होती है, लेकिन प्रसंग को आगे बढ़ाने में बहुत महत्त्वपूर्ण होती है। छोटी-मोटी भूमिका बेड़नी (नर्तकी) भी स्वांग में करती है। उनको अपनी वेशभूषा बदलने की ज़रूरत नहीं होती। पहले तो बेड़नी मुख पर घूँघट रखकर ही नाचती थी। आजकल समय के बदलाव के साथ बेड़नियों ने मुख पर घूँघट डालना छोड़ दिया है। लेकिन राई नृत्य की असली ख़ूबसूरती नर्तकी के घूँघट में ही प्रकट होती है। राई एक तरह से बिना चेहरे का नृत्य है। बेड़नी की पूरी देह एक नृत्य में बदल जाती है, जिसका चेहरा भी नहीं रहता।

स्वांग की कथा लिखित में नहीं होती, लेकिन कथा प्रसंग सभी पात्रों को मालूम होते हैं। उनको बस किये जाने वाले स्वांग का नाम या शीर्षक बता दिया जाना होता है। कथा के निकष तक हर पात्र अपने मन से संवाद बोलते हैं और अभिनय करते हैं। कभी-कभी कथा का अन्त किसी फलागम को बताये बग़ैर हो जाता है और सारे पात्र राई नृत्य में उतर जाते हैं। पर छोटी-छोटी नाट्य गतिविधियाँ बड़े-बड़े सन्देश देती हैं। स्वांग में जिसे स्पष्ट रूप से कहा नहीं जाता, स्वांग में लक्षणा शक्ति ग़ज़ब की होती है। स्वांग का कोई निश्चित सन्देश अन्त में जानबूझकर भी नहीं दिखाया जाता। बस हँसी हो गयी। स्वांग हो गया। पूरा स्वांग एक प्रतीक में बदल जाता है।

बाबाजी का स्वांग, बुन्देलखण्ड

प्रतीक स्वांग की रीढ़ है, जितने अच्छे प्रतीक स्वांगिया चुनेंगे, उतने ही अधिक प्रभावशाली सिद्ध होंगे। प्रसिद्ध स्वांग लोहटिया या सुनार दाउ जू को अभिनीत करते समय धम्मन और भट्ठी को जिन प्रतीकों के माध्यम से पेश किया जाता है, वे दस-बारह साल के लड़के को औंधा लिटा देंगे। उनके मुँह के पास अधजला कंडा रख देंगे। सुनार या लोहटिया को जब अपना कार्य करना हो तो धोकने वाले से कहेगा भट्ठी जलाओ। वह लड़के के दोनों पैरों को आगे-पीछे इस प्रकार करेगा कि धम्मन की नाल चलाने का बोध हो। लड़का लेटे-लेटे कंडे को फूँकता जाये। आग तेज़ होगी और भट्ठी तैयार हो गयी। इसी प्रकार यदि पंडा बाबा को हुक़्का पीने की आदत है तो मूसल के ऊपर जला हुआ कंडा रखकर एक लकड़ी के सहारे बीड़ी

पीने से वह कार्य निकल जाता है। ऐसे अनेक प्रतीकों का सहारा स्वांगिये लेते हैं।[1]

यहाँ तक कि कठिन से कठिन दृश्य को स्वांगिये अपनी आंगिक चेष्टाओं से बड़ी सरलता से निकाल लेते हैं और स्वांग में किसी प्रकार का व्यवधान नहीं होता। यदि कोई कलाकार अपने संवाद भूल जाये या ठीक से अभिनय न कर पाये तो सामने वाला कलाकार उसके संवाद उसे याद दिला सकता है अथवा स्वयं उसका डायलॉग बोलकर कथा प्रसंग के सूत्र को जोड़ देते हैं।

यह दर्शक-श्रोताओं के समक्ष होता है। वे जानते हैं कि ऐसा हो रहा है, फिर भी स्वांग के खेल में खलल नहीं पड़ती। इसका भी मज़ा लिया जाता है। क्योंकि स्वांग की कथा उसी समाज की की जा रही होती है, जिसमें वे रह रहे हैं। समाज की कमज़ोरी को हँसते-हँसते दिखाना स्वांग की मूल प्रतिज्ञा है।

स्वांग के मेकअप में भी प्रतीकात्मकता देखी जाती है। नाटकों की भाँति साज-सज्जा या वेशभूषा आदि का वैसा आग्रह नहीं रहता। इसमें साधरणीकरण के लिए ग्रामीण कलाकारों की अकल की दाद देनी पड़ती है। अभिनय में तो साधारणीकरण स्वांग की पहली शर्त होती है।

"एक विदेशी जेंटलमैन के सिर पर हैट, टाई, चश्मा, पतलून, बूट आदि होने चाहिए। जिसे ग्रामीण सागौन के पत्तों से हैट बनाकर पेश करता है। चश्मा जुआर के टटेरे की पंचत निकालकर गोल बनाते हुए फ्रेम से पहचाना जाता है। जहाँ तक टाई की बात है, किसी साड़ी की किनारी फाड़कर एक टुकड़े को टाई बना दिया जाता है। कोट फटा-पुराना भी चल जायेगा। जूते के स्थान पर ग्रामीणों के परम्परागत खड़ाऊ से काम चल जायेगा। स्वांग में नारी चरित्रों का कार्य पुरुष ही करते हैं इसीलिए नारी स्तनों के लिए दो बेल या अनार काफ़ी होते हैं। मामूली संकेतों, बिम्ब और प्रतीकों से बड़े-बड़े अर्थ प्रकट करने की कला स्वांग से सीखी जा सकती है। बहुत छोटी-छोटी बातों से इतनी बड़ी-बड़ी बातें कही जा सकती हैं। स्वांग की यह शक्ति और सामर्थ्य देखकर दंग रह जाना पड़ता है।[2]

राई स्वांग, के बीच में होता है, इसीलिए राई की शुरुआत में ही स्वांग की कुशल प्रस्तुति की कामना गणपति, सरस्वती और हनुमानजी की सुमरनी में ही कर ली जाती है। क्योंकि स्वांग के पहले और स्वांग के बाद में राई होती है। स्वांग बीच में होता है। इसीलिए राई मंच पर स्वांग सीधे प्रारम्भ हो जाता है या एक आधा राई

---

1. डॉ. बलभद्र तिवारी : राई और स्वांग, पृ. 121, जनसम्पर्क, भोपाल, 2010
2. डॉ. बलभद्र तिवारी : राई और स्वांग, पृ. 120, जनसम्पर्क, भोपाल, 2010

स्वांग गीत से स्वांग की शुरुआत हो जाती है। गणपति, सरस्वती और हनुमानजी स्वांग मंच के अदृश्य पात्र हैं। गणपति मंगल और बुद्धि को ठीक रखते हैं, सरस्वती विद्या और कला की रक्षा करती हैं, हनुमानजी स्वर, बल, और भक्ति के रक्षक देवता है। वे स्मरण करते ही सभा में पधार जाते हैं और राई स्वांग का कार्य बिना विघ्न के सम्पन्न होता चलता है। स्वांग की विषयवस्तु स्वांग का खेल बुन्देली जीवन का रंगमंचीय चित्रण है। उसका स्वरूप पूर्णतः देशज है। सारी कलाएँ जीवन से उपजती हैं और उसी को सजाने-सँवारने का कार्य करती हैं। स्वांग भी बुन्देली जीवन से उपजा है, इसीलिए उसमें बुन्देली जीवन की व्याख्या का उपक्रम देखा जा सकता है। डॉ. नर्मदाप्रसाद गुप्त मानते हैं कि स्वांग की वस्तु में विविधता है। जीवन में भी विविधता है। कुछ पौराणिक या धार्मिक है तो कुछ ऐतिहासिक या राजनैतिक। पुराने स्वांग ऐतिहासिक और राजनीतिक नहीं के बराबर हैं, किन्तु अब राजनीतिक स्वांगों की ओर अधिक झुकाव हो गया है। वैसे स्वांगों की मुख्य विषयवस्तु सामाजिक जीवन और मनोरंजन है।

उसमें जीवन की यथार्थपरक और वास्तविक अनुभूतियों का प्रतिबिम्ब प्रकट हुआ है। इसीलिए स्वांगों में आधुनिक सन्दर्भ से जुड़ने की शक्ति विद्यमान है। इस विशेषता के बावजूद बुन्देली स्वांग में किसी अद्‌भुत अनुभव की पूर्णता नहीं मिलती वरन् उसका खण्ड चित्र ही थोड़ी देर के लिए चमत्कृत करता और गुदगुदाता है। सम्भवतः इसी कारण उनके कथानकों में न तो वह विस्तार है और ना घनत्व।

कसावट और अन्विति की भी कमी है। हरियाणा जनपद के स्वांगों (सांगों) में कथानक विस्तृत है, घटनाओं के उतार-चढ़ाव की गुंजाइश है और एक-एक गीतिनाट्य जैसी गतिशील कथा योजना है। लेकिन बुन्देली स्वांगों की मुख्य प्रवृत्ति कथा मूलक न होकर व्यंगात्मक है। अतएव उनकी व्यापक पटभूमि, गम्भीर अनुभव और घनीभूत प्रभाव की आशा करना उचित नहीं है। इतना अवश्य है कि सामाजिक विषमताओं, कुरीतियों, आडम्बरों आदि पर जितनी तीखी चोट बुन्देली स्वांग करते हैं, उतनी अन्य बोलियों के नहीं।[1]

डॉ. गुप्त की इस बात का समर्थन करते हुए डॉ. बलभद्र तिवारी कहते हैं–"स्वांग की सबसे बड़ी विशेषता यह है कि इनमें जिन विषयों को उठाया जाता

---

1. डॉ. नर्मदाप्रसाद गुप्त : बुन्देली संस्कृति और साहित्य, पृ. 364, मध्यप्रदेश आदिवासी लोककला अकादमी, भोपाल, 2001

है, वह सामाजिक, सांस्कृतिक, आर्थिक विसंगतियों के ही होते हैं। स्वांग का विषय ज्ञान की ओर होता है। इससे यह दर्शकों को अधिक आह्लादक होता है। इसका एक कारण यह है कि इसमें शिष्ट नाटकों की भाँति साज-सज्जा या वेशभूषा का आग्रह नहीं होता।[1]

स्वांग के विषय विसंगतिपूर्ण, धर्म नेता, पाखण्डी, कंजूस सेठ, रूढ़ियाँ और असामाजिक प्रवृत्तियाँ, अन्धविश्वास और संस्कारी मानव आदि होते हैं। इनमें विधवा, विधुर, लँगड़ा, काना, तुतलाने वाला, सुनार, लोहार, ब्राह्मण, ढोंगी आदि सभी का समावेश हो जाता है। स्वांग की प्रासंगिकता यह है कि इसमें समकालीन समाज की दुष्प्रवृत्तियों, कुरीतियों और असामान्य व्यक्तियों को पूरी समग्रता के साथ पेश किया जाता है। ऐसा करने में बूढ़े, बालक, जवान सभी का सक्रिय योगदान होता है।[2]

उपर्युक्त पूर्व व्याख्याओं से यह स्पष्ट होता है कि बुन्देली स्वांगों का कलेवर अथवा स्वरूप लघु होता है। उसमें कोई महाकथा को कहने का न अवसर है और न ही उसकी प्रवृत्ति। कथाओं के छोटे-छोटे प्रसंग स्वांग में अवश्य गूँथे जा सकते हैं, लेकिन बड़ी कथाओं को सिलसिलेवार नहीं बाँधा जा सकता। इसका कारण राई नृत्य की केन्द्रीयता है। प्रमुखता है। लोग स्वांग को राई के साथ देखने आते हैं। एक ही विधा में दो-दो मज़े देखने को आते हैं। एक ही रात में दो खेलों का आनन्द उठाते हैं। राई और स्वांग की यह विशेषता दुर्लभ है। लेने वाले तो बेड़नी का तीसरा मज़ा भी उठा लेते हैं। जो उसकी मजबूरी है। देह व्यापार बेड़नी का पेशा है। समाजसेविका चंपा बेन ने समाज की इस बुराई से छुटकारा दिलाने का भरसक प्रयास किया था, लेकिन यह बीमारी जड़ से नहीं गयी। सबसे महत्त्वपूर्ण बात यह होनी चाहिए कि 'बेड़नी की नृत्यकला' को यथासम्भव संरक्षित करना चाहिए। हमारा प्रयास इस दिशा में होना चाहिए।

स्वांग का स्वरूप

स्वांग का स्वरूप लघु है। उसका शरीर ज़रूर लघु है, लेकिन वह घाव गम्भीर करता है। उसका रूप लाक्षणिक है। उसके व्यंग्य की मारक शक्ति व्यापक है। जीवन का ऐसा कोई क्षेत्र न होगा, जिस पर स्वांग चोट न करता हो। ऐसा भी नहीं है कि स्वांग

1. डॉ. बलभद्र तिवारी : राई और स्वांग, पृ. 120, जनसम्पर्क, भोपाल, 2010
2. डॉ. बलभद्र तिवारी : राई और स्वांग, पृ. 121, जनसम्पर्क, भोपाल, 2010

सदैव विद्रूपताओं पर ही चोट करता हो। कृष्ण लीला के बहुत से छोटे-छोटे नाट्य प्रसंग प्रेम, मैत्री, रासादि के आनन्द उत्सव पर्व-त्योहारों की ख़ुशियों, जन्म, विवाह के अवसरों की ख़ुशनुमा प्रस्तुतियों को इसमें अक्सर देखा जा सकता है। महापुरुषों के जीवन चरित्र की झलकियाँ देखी जा सकती हैं। स्वांगों के मूल में कोई कथांश, घटना, प्रसंग, लोकगीत, लोक समस्याएँ, पहेलियाँ, कहावत, बुझव्वल, जादू-टोना आदि सभी होते हैं।

स्वांग का मूल रूप नाट्य का होता है। जो गद्यात्मक होता है। स्वांग के संवाद प्राय: गद्य में होते हैं। साधारण बोलचाल की भाषा में होते हैं। स्वांग चलता है, तब संगीत सोहबत विश्राम में रहती है या उसमें कई लोग स्वांग के पात्र हो जाते हैं। इसके कारण स्वांग में पार्श्व संगीत भी ठहरा रहता है। यही कारण है कि पूरे स्वांग में कोई राई स्वांग गीत का सामूहिक गायन वादन नहीं होता। कई अध्येताओं ने स्वांग को गीतनाट्य कहा है, जबकि पूरे स्वांग की अदायगी वार्तालाप या संवादों के बीच होती है, नाटकीय स्थितियाँ भी संवादों के कारण बनती हैं। स्वांग के आगे और पीछे नृत्य होता है बीच में किसी गाने और नृत्य का अवसर ही नहीं होता। ज़्यादातर स्वांग इसी तासीर के मंचित किये जाते हैं। हाँ यह हो सकता है कोई विशेष स्वांग गीतों में ही पिरोया गया स्वांग प्रस्तुत किया जाना हो तो उसमें गीत गाना अनिवार्य होता है। एक और महत्त्वपूर्ण बात की ओर ध्यान दिया जाना चाहिए कि पूरे स्वांग में बेड़निया दूसरे पात्र का कोई नृत्य नहीं होता। स्वांग के प्रारम्भ और अन्त में बेड़नी मृदंगिया के स्वांग गीत पर राई नृत्य होता है। राई नृत्य में सारे राई गीत सोहबती द्वारा सामूहिक रूप से गाये जाते हैं। परम्परा अनुसार कोई भी बेड़नी गीत नहीं गाती। न शुरू करती है। उसका पूरा ध्यान अपने नृत्य पर होता है। वह सिर्फ़ होंठ हिला सकती है, क्योंकि उन्हें गाने की कोई तालीम नहीं होती। यदि वह नाचते-नाचते गाने की कोशिश करे तो भी प्राय: उसके स्वर में बेसुरापन हो जाता है, क्योंकि उसे राई नाचने में पूरा दमखम लगता है। वैसे ही उसकी साँस फूली रहती है। राई की संगीत सोहबत में शुरू से कोई स्त्री स्वर को स्थान नहीं दिया गया है। राई गीत पुरुष स्वर में ही गाये जाते हैं और नृत्य भी उन्हीं पर किया जाता है और अभिनय भी। पर नृत्य केवल राई स्वांग गीतों पर ही होता है। यह राई गीतों की ख़ूबी है। स्वांग का स्वरूप गद्य नाट्य प्रधान होता है न कि गीतिनाट्य प्रधान। जिन्होंने स्वांगों को ग़ौर से देखा है, वे इस बात को महसूस कर सकते हैं।

स्वांग का नाट्य मंच

स्वांग का पारम्परिक मंच वही होता है, जो राई नृत्य का होता है। कोई चौगान, चौराहा, चौपाल, रावले का बाड़ा, राजमहल का बड़ा दरवाज़ा अथवा घर का आँगन या बड़ा-सा ओटला राई स्वांग का मंच हो सकता है। राई स्वांग के मंच पर कोई पर्दा नहीं होता। वह चारों ओर से खुला होता है 15' × 15' लम्बा-चौड़ा समतल भूमि का भाग या इतना ही कोई ऊँचा स्थल राई स्वांग का मंच हो सकता है। जिसकी लम्बाई-चौड़ाई कोई निश्चित नहीं होती। मंच के चारों ओर लोग बैठते हैं। लेकिन सामने की ओर दर्शक-श्रोता अधिक मात्रा में बैठते हैं। मंच पर कलाकार एक तरफ़ से प्रवेश करते हैं। पीछे की तरफ़ संगीत सोहबत के आठ-दस लोग वाद्य बाँधे खड़े होकर वादन गायन करते हैं। मृदंग नगड़िया कमर में बाँधी जाती है। वही वाद्य और गायन की दीवार मंच के पीछे के पर्दे का काम करती है। स्वांग के कलाकार भी यहीं से आते जाते हैं। राई नृत्य का संगीत खड़े साज का है।

डॉ. नर्मदाप्रसाद गुप्त लिखते हैं–रूप योजना और रंगमंच की दृष्टि से बुन्देली स्वांग और भी सहज है। ब्याव के स्वांगों में रंगमंच घर का आँगन होता है। उसी में बिछायत, फ़र्श, दरी, चादर आदि बिछा दी जाती है। पेशेवर और लोकोत्सव के स्वांग में खुला मंच, ऊँचा चबूतरा, ऊँची ज़मीन या तख्ता होता है। परदा या परदों का प्रयोग नहीं किया जाता, केवल पर्याप्त प्रकाश की व्यवस्था ज़रूरी होती है। काँडरा और रावला तो ज़मींदार के दरवाज़े या गाँव के किसी भी घर के सामने खुले मैदान में खेला जाता है।[1]

वैसे राई स्वांग का मजमा कहीं भी छोटी-सी जगह में लग सकता है। स्वांग के लिए मंच जैसा शब्द उपयुक्त नहीं लगता। उसके लिए चारों दिशाएँ खुली हैं और पूरी धरती मंच है और सारी प्रकृति-प्राणी पात्र हैं।

राई में स्वांग का समय निश्चित होता है। रात्रि के समय यानी प्रहर के अनुरूप स्वांग किये जाते हैं। राई की शुरुआत में प्रथम चरण के बाद स्वांग श्रृंगारिक या उपदेशक हो सकता है, पर अन्तिम चरण में पहले उपालम्भ या मान का स्वांग होना चाहिए। मध्यरात्रि तक प्रियतम की अदालत से छुड़ा लाने की अपील की जाती है, क्योंकि प्रिय ठण्ड में बाहर खड़ा है। स्त्री-पुरुषों के जवाब-सवाल अत्यन्त मनोरंजक होते हैं। एक राई में अधिक से अधिक चार या पाँच स्वांग खेले जाते हैं। स्वांग के

---

1. डॉ. नर्मदाप्रसाद गुप्त : बुन्देली लोकसाहित्य परम्परा और इतिहास, पृ. 458, मध्यप्रदेश आदिवासी लोककला अकादमी, भोपाल, 2001

अभिनय के उपरान्त फलागम की स्थिति में सभी पात्र एक गीत गाते हैं, ज़ो स्वांग के आधार पर बनाया जाता है, अथवा आधार पर स्वांग बना है।

भले ही स्वांग का राई नृत्य के मुक़ाबले कम समय होता है। बच्चे-बूढ़े और युवा स्वांग को देखने के लिए उत्सुक रहते हैं। कुछ लोग रात बारह बजे बाद बिस्तर से जागकर स्वांग राई अखाड़े में आते हैं फिर सारे स्वांग देख कर ही घर लौटते हैं। कभी-कभी स्वांग और राई का मजमा दूसरे दिन के सूर्य उदय तक के बाद तक चलता है।

स्वांग की रूप सज्जा (मेकअप)

स्वांग की रूप सज्जा के लिए कोई निश्चित स्थान नहीं होता। बेड़नी अपना श्रृंगार खेल शुरू होने के दो घण्टे पहले करती हैं। जहाँ राई स्वांग होने वाला है, उसके आसपास के घर के किसी कमरे में या जिन के घर राई होनी है, उनके घर के अन्दर कमरे में अपना श्रृंगार करती हैं।

बेड़नियाँ श्रृंगार सामग्री, काजल, पाउडर, लाली, चूड़ी, बिंदी, करधनी, आदि गहने स्वयं के रखती है। चमकदार, घेरदार घाघरा चोली, चुनरी, रंगीन रूमाल आदि भी बेड़नी स्वयं रखती हैं। पैरों में बजने वाले घुँघरू की लड़ियाँ या पट्टे भी स्वयं के होते हैं।

स्वांग के पुरुष कलाकार भी अपना मेकअप आसपास के घरों में कर लेते हैं। वैसे पुरुषों को मेकअप की अधिक ज़रूरत नहीं होती। फिर भी साधू, ब्राह्मण, ऋषि, राक्षस, भूत, प्रेत, चुड़ैल, पशु-पक्षी आदि बनने के लिए रूप धारण करने की ज़रूरत होती है। कोयला, खड़िया, गेरू, कुमकुम, हल्दी, गुलाल आदि से चेहरे, हाथ-पैर आदि का उपयोग शरीर को रंगने के लिए किया जाता है। डॉ. गुप्त लिखते हैं–नाटक के समान इसमें (स्वांग में) साज-सज्जा या वेशभूषा की अपेक्षा नहीं होती। गाँव में उपलब्ध सामग्री से सभी प्रकार की वेशभूषा का काम चलाया जाता है।

मेकअप का सामान कोयला, गेरू, चूना, राख, रोली या गुलाल, फूल-पत्ती आदि होता है। कण्ठीमाला वस्त्रादि स्थानिक लोगों से जुटा ली जाती है। दाढ़ी-मूँछ के लिए सन-सूत की रस्सी का उपयोग नाट्यों में बहुत पुराना है। आजकल रेडीमेड मुखौटे, दाढ़ी-मूँछ का उपयोग किया जाता है। पेशेवर स्वांगकर्ता साज-सज्जा का सरंजाम और अन्य सामग्री अपने पास स्वयं ख़रीद कर रखते हैं। चेहरे के मेकअप के लिए घिसकर मुर्दारसिंगी लगाने की प्रथा भी बहुत पुरानी है। लोकनाट्यों में प्राय:

परम्परा देखी जाती है कि साज-सज्जा का सारा उपक्रम स्थानिक होता है। आजकल व्यावसायिक दल पूरे आधुनिक इन्तज़ाम के साथ लोकनाट्यों के मंच पर उतरते हैं। स्वांग के भी आजकल व्यावसायिक दल बन गये हैं। अतीत में ऐसे दलों के होने के प्रमाण मिले हैं। राजा, महाराजा, ज़मींदारों के समय में व्यावसायिक राई स्वांग दल हुआ करते थे। उन्हें राई स्वांग प्रदर्शन के लिए बाकायदा आमन्त्रित किया जाता रहा है।[1] आज भी जन्म, सगाई-विवाह, मानमनौती आदि ख़ुशी के मौक़ों पर राई स्वांग दलों को बुलाया जाता है। जिसमें मृदंग वादक ही मुखिया होता है। रामसहाय पाण्डे, टीकाराम कुशवाहा, प्रकाश यादव, प्रहलाद का राई दल राष्ट्रीय-अन्तर्राष्ट्रीय स्तर पर पहचाने जाते हैं। राई दल के साथ बेड़नियाँ अपनी पसन्द की ऊँचे दामों पर बुलाई जाती हैं। धनकुँवर, चन्द्रवती, अनीता, शान्तिबाई, मुन्नी बाई अपने समय की सुप्रसिद्ध बेड़नियाँ (नर्तकियाँ) मानी जाती हैं। मृदंग वादकों में 'कपूरे सेठ' का नाम बहुत प्रसिद्ध है। रामसहाय पाण्डे उन्हीं के लोकप्रिय शिष्य हैं। सन्तोष पाण्डे ने स्वतन्त्र स्वांग दल का गठन किया है।

स्वांग की प्रकाश व्यवस्था

प्रारम्भ में राई स्वांग मशालों के उजालों के बीच होता था। जलती मशाल को कुछ लोग हाथ में पकड़े रहते थे अथवा किसी खम्भे-बल्ली के सहारे बाँधकर मशाल को स्थिर कर दिया जाता था। बीच-बीच में मशाल में घासलेट-तेल डालने का दायित्व 'मशालची' का होता था। हाथ सवा हाथ के बाँस या लकड़ी के डण्डे के मुख पर पुराने कपड़ों को लपेटकर मशाल बनायी जाती है। जिसे पहले तेल में भिगोया जाता है। फिर जलती मशाल पर समय-समय पर तेल डाला जाता है। राई स्वांग के लिए तीन-चार मशाल पर्याप्त होती हैं।[2] मशालों की पीली रोशनी में राई स्वांग का देखना एक अलग अनुभव होता था। गैस बत्ती की सफ़ेद झक रोशनी में राई स्वांग और अधिक आकर्षक और दर्शनीय हो उठे थे। गैस बत्ती का समय चला गया। अब विद्युत की चकाचौंध प्रकाश में राई स्वांग के मज़े ही दूसरे हो गये हैं। बड़े मंचों की कल्पनाशील विद्युत व्यवस्था ने आज राई नृत्य और स्वांग जैसे नाटक की प्रस्तुतियों में चार चाँद लगा दिये हैं। ऊपर से पावरफुल लेंस वाले कैमरों से राई नृत्य की

1. डॉ. बलभद्र तिवारी : राई और स्वांग, पृ. 122, जनसम्पर्क, भोपाल, 2010
2. डॉ. नर्मदाप्रसाद गुप्त : बुन्देली लोकसाहित्य परम्परा और इतिहास, पृ. 457

बारीकियाँ और स्वांग की अभिनय सूक्ष्मता छिपती नहीं है। दूरदर्शन आदि के माध्यम से राई और स्वांग का लुत्फ दुनिया के हर कोने में बैठा हुआ व्यक्ति वैसे ही उठा सकता है, जो राई स्वांग को प्रत्यक्ष देखने जुटता है। बल्कि ऐसे देखने वालों की मुख्य मुद्राएँ आदि से राई स्वांग की पसन्दगी और नापसन्दगी को सहज ही देखा जा सकता है। प्रकाश व्यवस्था का दायित्व राई स्वांग के आयोजकों पर होता है।

स्वांग के वाद्य

स्वांग के वाद्य वही होते हैं, जो राई के पारम्परिक वाद्य हैं। इनमें रमतूला, मिरदिंग, नगड़ियाँ, अलगोजा, झीका, डफला, डफ, बांसुरी, ढोलक, मंजीरा मुख्य वाद्य होते हैं। राई स्वांग के वाद्य खड़े साज के होते हैं। इसमें बैठ कर कोई वाद्य नहीं बजाया जाता। मिरदिंग, नगड़िया कमर में बाँध कर बजायी जाती है, साथ में नृत्य भी किया जाता है।

रमतूला, अलगोजा, आदि खड़े होकर ही बजाये जाते हैं। क्योंकि इन वादकों को भी बेड़नी या मृदंगिया के साथ बीच-बीच में नृत्य में उतरना पड़ता है। मुख्य नर्तक मृदंगिया होता है, जिसका मृदंग बजाना नृत्य करते समय भी रुकता नहीं।

हर प्रकार के स्वांग में अलग-अलग लोक वाद्यों का प्रयोग होता आया है। जिसका अनुसरण बहुत थोड़े परिवर्तन के साथ आज तक चला आ रहा है। ब्याह के स्वांगों में ढोलक, मंजीरा, झांझ और झींका, लेकिन रावला में सारंगी और मृदंग की जगह हारमोनियम और ढोलक भी आ गये हैं। पेशेवर स्वांगिये तो और भी स्वतन्त्र हैं, उन्होंने हारमोनियम जैसे नये वाद्यों को अपना लिया है।[1]

स्वांग की रचना

स्वांग की रचना वाचिक होती है। उसका लिखित रूप कहीं नहीं मिलता। स्वांग का रचयिता कोई एक व्यक्ति नहीं रहता। हाँ, एक व्यक्ति विदूषक या निर्देशक के मस्तिष्क में स्वांग का मूल आइडिया आ सकता है। इस मूल आइडिया को वह अपने साथी समूह को सुनाता है। आइडिया पसन्द आया तो उसकी बुनाई शुरू होती है। एक-एक दृश्य बन्ध कल्पित किया जाता है। इसमें प्रत्येक आदमी अपना आइडिया (कल्पना) पेश करता है। अच्छा हो तो स्वीकृत कर लिया जाता है, अच्छा

---

1. डॉ. नर्मदाप्रसाद गुप्त : बुन्देली लोकसाहित्य परम्परा और इतिहास, पृ. 458, मध्यप्रदेश आदिवासी लोककला अकादमी, भोपाल, 2001

न हो तो किसी और के कहने पर उसे बदल दिया जाता है या उसे नमक-मिर्च लगाकर और विस्तारित कर दिया जाता है। किसी के नये आइडिया का भी स्वागत किया जाता है। उसे भी स्वांग में शरीक कर लिया जाता है। इस तरह सामूहिक विचार-विमर्श से स्वांग का एक शरीर, घटनाक्रम, कथा-योजना तैयार हो जाती है। इसी जगह कौन किसका रोल करेगा। यह भी निश्चित हो जाता है। आधे एक घण्टे में नये स्वांग का ताना-बाना बुन लिया जाता है। स्वांग का अन्त भी सोच लिया जाता है। पर स्वांग की अदायगी का ढाँचा वही पारम्परिक होता है। इसलिए हर एक पात्र अपने मन में संवादों को बुन लेता है। यह घटनाक्रम पर या कथाक्रम पर निर्भर करता है। जैसे किसी ढोंगी बाबा या साधु का आइडिया लिया तो साधु या ढोंगी बाबा के पहले नक़ली कारनामे और चापलूस शिष्य को दिखाया जायेगा। कुछ लोगों को वह लूटता है, यह दूसरा सीन होगा। अन्धभक्त लोगों की लाइन लग जाती है। फिर बाबा की पोल खुलने लगती है। अन्त में सारा पर्दाफ़ाश हो जाता है और ठगे गये लोगों की आँखें खुल जाती हैं कि ढोंगी बाबाओं के चक्कर में न आयें। नहीं तो न घर के रहोगे ना घाट के। यह मेरा आइडिया है, लेकिन स्वांगियों के आइडिए सर्वथा मौलिक, स्वांग के स्वरूप और सर्व स्वीकृत होते हैं। उनमें इनकी पारम्परिक प्रतिभा देखते ही बनती है। उनकी रचना प्रक्रिया देख कर दंग रह जाना पड़ता है। कुछ व्यक्ति मिलकर स्वांग तय करते हैं, ऐसा करते समय विदेशी पात्र भी स्वांग में आ जाते हैं। धतूरा खान एक ऐसा ही पात्र है। स्वांगिये का मुख्य मोटिफ हास्य होता है, जिसे प्रस्तुत करने में भाषा की विद्रूपता आनी स्वाभाविक है। अपने अतिवादी रूप में संवादों की भाषा अश्लील भी हो जाती है। स्वांग के संप्रेक्षण पर लोगों का ध्यान अधिक होता है न कि उनके भद्‌देपन पर। स्वांग की रचना प्रक्रिया पूरी तरह लोकतान्त्रिक है। उसमें दिये गये प्रत्येक विचार, सजेशन का स्वागत किया जाता है। इसीलिए स्वांग सदैव 'समय सापेक्ष' होता है। उसमें समय की हर चीज़ को डालने की कोशिश की जाती है।[1]

स्वांग की प्रस्तुति

स्वांग की प्रस्तुति प्राय: देर रात को होती है। ख़ासकर स्वांग की प्रस्तुति का अवसर बारह बजे के पश्चात् तीसरे पहर में होता है। जब नृत्य राई के आठ-दस गीतों के नृत्य-अभिनय का एक लम्बा दौर गुज़र चुका होता है। राई स्वांग गीतों की रस भरी गागर झलक चुकी होती है। दर्शक-श्रोता नृत्य और गीत की एकरसता की स्थिति में

1. डॉ. नर्मदाप्रसाद गुप्त : बुन्देली लोकसाहित्य परम्परा और इतिहास, पृ. 457

पहुँच चुके होते हैं। मृदंगिया, गायक-वादक भी थक चुके होते हैं। दर्शक-श्रोताओं की नींद के कारण पलकें भारी होने लगती हैं। इन्हीं परिस्थितियों के बीच राई गीत, संगीत और नृत्य को विश्राम दिया जाता है और दर्शक श्रोताओं की नींद उड़ाने के लिए स्वांग की शुरुआत होती है।

सबसे पहले विदूषक और एक अन्य कलाकार प्रवेश करता है। प्रारम्भिक नोक-झोंक के साथ बातों ही बातों में किये जाने वाले स्वांग का नाम दर्शक-श्रोताओं को बता दिया जाता है। कुछ हँसी-मज़ाक़, चुहलबाजी करते हैं। इससे किशोरों, युवाओं और बूढ़ों की नींद उड़ जाती है, और उनके होंठों पर हँसी तैर जाती है। कुछ प्रसिद्ध स्वांगों के नाम ब्याव को स्वांग, सुरा लिवाउनों को स्वांग, धतूरे खान का स्वांग, सेठ-सेठानी को स्वांग, लोहटिया को स्वांग, भूरी भैंस को स्वांग, आदि लिये जाते हैं। इनमें से कोई एक स्वांग को चुन लिया जाता है और स्वांग शुरू हो जाता है। इस अवसर पर विदूषक अपनी हरकतों से दर्शक-श्रोताओं को ख़ूब हँसाने की कोशिश करता है। कोड़े की मार भी पड़ती है। जो स्वांग का एक मज़ाकिया औज़ार भी है।

स्वांगों के मूल में कोई कथा, घटना, प्रसंग, लोकगीत, लोक समस्या, पहेलियाँ, बुझौवल, जादू-टोना आदि सभी होते हैं, क्योंकि स्वांग का सर्वाधिक आकर्षण होता है, इसीलिए इसे राई में भाग लेने वाली दो नर्तकियों को, सोहबतों के लोगों की मृदंग-टिमकी बजाने वाले को 'औत' देने (आराम देने) के लिए स्वांग अनिवार्य तौर पर आयोजित किया जाता है। इससे कुतूहल की वृत्ति जाग्रत होती है और हास्य द्वारा 'मोनोटोनी' एकरसता को तोड़ा जाता है।[1]

स्वांग की प्रस्तुति का लहजा देशज होता है। स्वांग की भाषा में बुन्देली बोली का ठेठपन, अभिनय में बुन्देली जीवन के रूढ़िगत लोक व्यवहारों और जीवन की धारणाओं-मूल्यों और विश्वासों का प्रकटीकरण आसानी से देखा जा सकता है। संक्षेप में स्वांग बुन्देली जीवन के उपहासात्मक टटकेपन की नाटकीय लोक की रंगभूमि है।

स्वांग की भाषा

स्वांग की भाषा बुन्देली है। वह बुन्देली जो लोक जीवन में सदियों से रची बसी है। लोगों की साँस-साँस में रमी बुन्देली का समस्त सौन्दर्य स्वांग के संवादों में देखा जा सकता है। राई स्वांग नृत्य-नाट्य की अदायगी में, कथानकों के कथ्यों में, गीतों-छन्दों की रचनाओं में बुन्देली बोली के समृद्ध और सौष्ठव वैभव को देखा जा सकता है। कुछ स्वांग गीतों का भाषा भूषण देखने लायक है–

---

1. डॉ. नर्मदाप्रसाद गुप्त : बुन्देली लोकसाहित्य परम्परा और इतिहास, पृ. 456

(1) हातों डरी हतकड़ी, पाँव में डरी जंजीर,
जाय जा कहयो उन छैल से, सागर में करे अपील
हमारा हिलमिल के छुटालों बाल मना।।

(2) गोरी किवरियँ खोलो, हम जाड़े में ठाड़े।
अब का किंवरियाँ खोलो, चकहारी की बेरा।।

(3) मेंहदी रे लग गयी हाथ, कैंसे डुला दबै रस बीजना।।

(4) चल गये रे पुरवैया बान
सालू मुजो से उड़ गये।

(5) कजरा रे दे देती दो-दो बेर।
ओ मोरे राजा घरे होते।।[1]

बुन्देली मूलतः शौर्य, श्रृंगार और साहस की बोली है। बारहवीं शताब्दी से जगनिक जैसे महाकवि ने आल्हा-ऊदल जैसे महाकाव्य की बुन्देली भाषा में रचना कर बहुत पहले उसे शौर्य श्रृंगार और साहस की काव्य भाषा का दर्जा दिला दिया था। बाद में ईसुरी ने बुन्देली बोली की मधुरता, सरसता और श्रृंगार को लोक साहित्य के शिखर पर बैठा दिया। राई स्वांग गीतों की एक-एक पंक्ति में कल्पना की ऊँची उड़ान, और भावों की गहराई गुम्फित मिलती है।

स्वांग में स्वांगिये अतिशय जोश के साथ समकालीन यथार्थ की अभिव्यक्ति करते हैं। यह अभिव्यक्ति इतनी सजीव होती है कि कभी-कभी मूल से अधिक मौलिक बन जाती है।

संवाद छोटे सरल और सरस होते हैं। उनकी भाषा सहज सीधी-सादी होती है। जिसे आम आदमी समझ सकता है। बुन्देली का अकृत्रिम और चलताऊ रूप गद्य और पद्य दोनों में दिखायी पड़ता है। गद्य की भाषा जहाँ तीखी, चुटीली और व्यंजनामय होती है, वहीं पद्य की भाषा सरल, मधुर और सरस। कभी-कभी गद्य काव्यात्मक और पद्य गद्यात्मक होता है। दोनों के उदाहरण द्रष्टव्य हैं–

कृष्ण-हमाई राधा प्यारी चन्दन सी उजयारी, सूरज कैसी जोत, मोतिन कैसी पोत। कनैर कैसी डार लक-लक चूनर हो जाये, सोरा सिंगार करे बारा आभूषण पैने फूलन में तुलनवारी नैनू कैसो लौंदा तुमने कऊँ देखी।

–राधाकिसन को स्वांग मान

---

1. डॉ. बलभद्र तिवारी : राई और स्वांग, पृ. 122, जनसम्पर्क, 2010

गीत

दइरा मोरो लै लो बिहारी नंदलाल, वइरा मोरो लै लो।
कोरी कोरी मटकी में दइरा जमाओ, पानी न डारो इक बूँद। दइरा...
कौन शहर की है गूजरी का है तुम्हारो नाँव।
मथुरा सहर की हम हैं गूजरी, राधा हमारो नारो।
टके सेर मोरो दइरा बिकानो लाख टका है मोल।।

–दध को स्वांग से

स्वांग में बुन्देली भाषा के दो रूप स्पष्ट दिखाई देते हैं।

(1) गीत की भाषा

(2) संवाद की भाषा।[1]

1. स्वांग के गीत की भाषा काव्यात्मक और रागात्मक है। इसमें काव्य के सारे गुण देखे जा सकते हैं। बोली का उतार-चढ़ाव, लचीलापन और शब्दों का प्रवाह कण्ठ और नासिका की ध्वनि से छनकर एक निर्झर की तरह बहता है। भाषा की यह धारा सभी रसों की अभिव्यक्ति में कई रूप धारण करती हुई अपनी एक विशिष्ट पहचान बनाती है। ध्वनि, उच्चारण और उद्घोष की धरती पर बुन्देली तीव्रता की भाषा बनती है, क्योंकि इसमें न केवल बुन्देलखण्ड का भूगोल शामिल होता है, बल्कि भूगोल के साथ अन्न पानी से बना स्वभाव भी शामिल होता है। इसीलिए वह काव्यात्मक भाषा माधुर्य और सौन्दर्य तो ग्रहण करती है, इसके साथ ही शौर्य भी इसके पीछे-पीछे चलता है। रागात्मक में बुन्देली भाषा लोकधुनों का पीछा करती है। उनमें राग-रागनियों का योग कम होता है।
2. स्वांग के संवाद की भाषा व्यंग्य प्रधान होती है। इसीलिए उनके संवादों में वार्तालाप जैसी सहजता, तेज़ी और तीखापन होता है। मुहावरा, कहावतें, पहेलियों का उपयोग होने से बुन्देली बोली संवाद में अपना टकसाली रूप धारण कर लेती है। कठोरता, अनगढ़पन और अशुद्धता जैसी असावधानियाँ होना भाषा की व्यंगात्मकता की बनावट में आ जाना स्वाभाविक है। वैसे भी स्वांग के पात्र पढ़े-लिखे नहीं होते, ग्रामीण होते हैं। जो केवल वाचिक शब्द संसार में रहते हैं। इसीलिए संवादों की भाषा लोक व्यवहार की भाषा होती है, यही कारण है कि वह अधिक चुटीली संप्रेषणीय और प्रभावी होती है। पात्र अपनी कायिक भाषा और वाचिक भाषा से बुन्देली लोकरंग को

---

1. डॉ. नर्मदाप्रसाद गुप्त : बुन्देली लोकसाहित्य परम्परा और इतिहास, पृ. 457-458

पूरी ताक़त के साथ प्रस्तुत करने में सफल होते हैं। इसीलिए बुन्देली स्वांग अलग से पहचाने जाते हैं। फिर भी स्वांग में रूपगत न तो परिष्कार है और न रंगमंच पर शैलीगत पूरी अवतारणा है। इसे विकसित करना होगा।

बुन्देली स्वांग की विशेषता

बुन्देली स्वांग में सभी नाट्य तत्त्व मौजूद हैं। उसमें गीत है, संगीत है, नृत्य है, नाट्य है, अभिनय है। कथा है। मनोरंजन और सन्देश है। उसमें हास्य और व्यंग है। दर्शक-श्रोताओं को अपनी ओर से आकर्षित करने का पूरा माद्दा है। लोक कला की ऊर्जा है और समाज की ऊष्मा है। बुन्देलखण्ड में सदियों से उसका अस्तित्व है। जहाँ राई है, वहाँ स्वांग है। राई के बिना स्वांग नहीं तो स्वांग के बिना राई नहीं। राई में स्वांग एक अनिवार्य अंग है। राई और स्वांग का अन्योन्याश्रित सम्बन्ध है। यद्यपि राई सर्वथा अलग विधा है और स्वांग बिल्कुल अलग विधा है। एक नृत्य है तो दूसरा नाट्य है। राई और स्वांग का रिश्ता विश्राम का है। स्वांग राई के विश्राम में होता है। नृत्य का आनन्द अलग है और नाट्य का अलग आनन्द है। दोनों एक-दूसरे के आड़े नहीं आते। बल्कि राई स्वांग की मददगार होती है। सोहबत और कलाकारों की संगत स्वांग को राई से ही मिलती है। दर्शक-श्रोता भी राई के ही होते हैं। स्वांग तो एक अतिरिक्त प्रयोजन है और यह परम्परा से बना है। उसे तोड़ना अब मुश्किल है।

असल में बुन्देली स्वांग सही रूप से अपना स्वयं का प्रतिनिधित्व करता है। क्योंकि न तो वह केवल नक़ल है, न लम्बा रूपक या नाटक है। वह एक ग्रामीण वाचिक नाट्य है। जिसका नाट्यरूप-संवादात्मक है। जिसका उद्देश्य जीवन के कोई एक प्रसंग को दिखाना है।[1]

इस अर्थ में बुन्देली स्वांग ख्याल, नौटंकी, भगत, माच से बिल्कुल अलग पड़ता है। यह लम्बे पूर्ण विकसित लोकनाट्यों की श्रेणी में गिने जाते हैं। स्वांग और एक थोड़े मनोरंजन के लिए किया जाने वाला नाट्य रूप है।

अभी उसकी सारी प्रवृत्तियाँ (फैकल्टियों) को विकसित करने की ज़रूरत है। यह कहना अधिक उचित है कि स्वांग अपने आप में पूर्ण लघु लोकनाट्य है। कुछ रंगकर्मियों ने उसकी अवधी और प्रवृत्तियों को विकसित करने की कोशिश की है। उनमें स्वर्गीय अलखनन्दन का नाम बड़ी श्रद्धा से लिया जा सकता है। डॉ. नर्मदा प्रसाद गुप्त मानते हैं कि 'स्वांगों में आधुनिक सन्दर्भा में जुड़ने की शक्ति विद्यमान

---

1. डॉ. नर्मदाप्रसाद गुप्त : बुन्देली लोकसाहित्य परम्परा और इतिहास

है।' मेरा मानना है कि स्वांगों में पूर्ण लोकनाट्य के रूप में विकसित होने की सम्पूर्ण क्षमता है। इस विशेषता के बावजूद डॉ. गुप्त मानते हैं कि 'बुन्देली स्वांगों' में किसी अनुभव की पूर्णता नहीं मिलती, वरन् उसका खण्ड चित्र ही थोड़ी देर के लिए चमत्कृत करता और गुदगुदाता है। सम्भवतः इसी कारण उनके कथानकों में न तो विस्तार है और न घनत्व। कसावट और अन्विति की भी कमी है। हरियाणा के स्वांगों में कथानक विस्तृत है। घटनाओं के उतार-चढ़ाव की गुंजाइश है और एक गीतिनाट्य जैसी गतिशील कथा-योजना है। लेकिन बुन्देली स्वांगों की प्रमुख प्रवृत्ति कथा मूलक न होकर व्यंगात्मक है। मेरी दृष्टि में स्वांग विद्रूपताओं पर मात्र एक चोट करने की प्रवृत्ति के अधिक होने के कारण लघु ही रह गया। दूसरा दबाव राई का रहा। लोग रात-रात भर राई देखने आते हैं न कि लम्बे स्वांग या हास्य की स्थितियाँ। थोड़ा बहुत हँस लें और फिर राई के रस में रम जायें। स्वांग राई के विश्राम की अवधि में होता है।[1]

स्वांग का भविष्य

स्वांग बुन्देलखण्ड की ग्रामीण और शहरी जनता के मनोरंजन का एकमात्र साधन है। जिसमें नाटकीयता के सारे गुण हैं। यद्यपि रामलीला, रासलीला, नौटंकी, ख्याल आदि लोकनाट्यों की प्रस्तुतियाँ समय-समय पर सारे बुन्देलखण्ड में होती हैं। लेकिन उनके बरअक्स स्वांग और राई के आयोजन के बुन्देलखण्डी जीवन में अधिक अवसर हैं। चाहे शिशु का जन्म हो, मुंडन हो, जनेऊ हो, सगाई हो, शादी हो, मान-मनौती पूरी हो अथवा कोई भी ख़ुशी का अवसर हो, पर्व-त्योहारों के मौक़े हों, हर समय राई और स्वांग के आयोजन होते हैं। व्यक्तिगत स्तर पर भी राई स्वांग के आयोजन होते हैं, जो पुरानी परम्परा का हिस्सा है। आजकल बड़े सांस्कृतिक मंचों पर पन्द्रह-बीस मिनट की स्वतन्त्र राई होने लगी है। ऐसे मंचों पर स्वांग ग़ायब होता है। सरकारी लोक नाट्य समारोह में स्वांग को ज़रूर स्वतन्त्र स्थान मिलने लगा है। इससे स्वांग की अवधि और कथा का विस्तार होने लगा है। नाट्य पाठों के लिखित रूप आने लगे हैं। रिहर्सल आदि होने लगे हैं। लड़कियों को स्वांग में जगह मिलने लगी है। अश्लीलता ग़ायब हो रही है। कलाकारों का सम्मान बढ़ा है। रंगकर्मियों का स्वांग की तरफ़ ध्यान गया है। शोधकर्ताओं का रुझान बढ़ा है। पत्रकारों, समीक्षकों का ध्यान गया है। स्वांग की कला चर्चा का स्तर बढ़ा है। कुल मिलाकर स्वांग एक

---

1. डॉ. नर्मदाप्रसाद गुप्त : बुन्देली लोकसाहित्य परम्परा और इतिहास, पृ. 457

परिवर्तन और परिष्कार के दौर से गुज़र रहा है। यह सुखद है। अब स्वांग को इसी तरह से विस्तारित कर बचाया जा सकता है।[1]

स्वांग का नाट्य सौन्दर्य

स्वांग की ख़ूबी यह है कि उसमें देसीपन कूट-कूट कर भरा है। जिसे हम खाँटी बुन्देलीपन कहते हैं, उसके दर्शन हमें स्वांग की प्रस्तुतियों में होते हैं। स्वांग के गीत हो, नृत्य हो, संगीत हो, अभिनय हो, कथा हो, लोककथा हो, अथवा जीवन की कोई भी गतिविधि हो, स्वांग में देखी जा सकती है और यही उसका सबसे बड़ा नाट्य सौन्दर्य भी है।

छोटी-सी बात को नाटक के माध्यम से इतनी ख़ूबी से प्रस्तुत किया जाता है कि दर्शक-श्रोताओं को भी आत्मीयता या अपनेपन का एहसास होता है। डॉ. गुप्त मानते हैं कि व्यंग्य और व्यंग्यकता की सफलता का श्रेय स्वांगों की आत्मीयता है। दरअसल स्वांगकार स्वांगियों और दर्शकों में कोई भेद नहीं रह पाता और दर्शक स्वांग की वस्तु से आत्मीय सम्बन्ध स्थापित कर लेता है, इसीलिए उसकी पूर्ण तृप्ति में कोई बाधा नहीं आती। दूसरे दर्शक में बौद्धिक चमत्कृति के साथ रसानुभूति की उपलब्धि भी होती है। इस कारण बुन्देली स्वांग इतने लोकप्रिय हैं कि रामलीला के बीच-बीच में स्वांगों की संयोजना करनी पड़ती है। स्वांग का भविष्य अब युवा रंगकर्मियों के हाथ में है। अच्छे मृदंग वादक या बेड़नियाँ भी कम होती जा रही हैं।

स्वांगों की अभिनयेता

स्वांगों में अभिनय यथार्थपरक और यथास्थिति अनुसार होता है। लोकचेतना के धरातल पर स्वांग के अभिनय का स्तर परम स्थानीय होता है। यह बात बिल्कुल सत्य है कि जो जितना स्थानिक होता है, वह उतना ही मौलिक और विश्वजननी होता है। क्योंकि स्थानिकता का कोई दूसरा विकल्प नहीं होता। इसीलिए वह सर्वथा सबसे अलग और मौलिक अन्दाज़ में दिखाई देता है और स्वांग के अभिनय की यही पृथक् पहचान बन जाती है। जो पन्द्रह-बीस मिनट के स्वांगों में घटित हो जाता है, वह बड़े-बड़े लोकनाट्यों में नहीं घटता। क्योंकि स्वांग का दबाव ही घनीभूत होने के लिए मजबूर करता है। संघनित अभिनय स्वांग का आत्मीय सौन्दर्य है। स्वांग के विदूषक से लगाकर राजा-रानी की भूमिका में आने वाले पात्र तक इस बात को अच्छी तरह से निभाते हैं। पात्र चाहे छोटा या बड़ा हो अभिनय की दृष्टि से पात्र

1. वसन्त निरगुणे : लोकसंस्कृति, मध्यप्रदेश ग्रन्थ अकादमी, भोपाल, पृ. 20

में उतर जाने की क्षमता स्वांग कलाकारों में ग़ज़ब की होती है। ऐसा लगता है, वे नाटक में नहीं वास्तविक जीवन की भूमिका निभा रहे हों। डॉ. बलभद्र तिवारी मानते हैं–स्वांग गीत के रूप में सुखान्त नृत्य गीत है और अभिनय की दृष्टि से सुखान्त प्रहसन भी है। वे स्वांग को इंग्लैंड के नाट्य रूप 'फार्स' की तरह मानते हैं, जिसमें हास्य और व्यंग्य की प्रधानता होती है। लेकिन उसमें गीत नृत्य नहीं होते, स्वांग में तनिक गीत नृत्य हो सकते हैं। यहाँ तक कि पात्रों की वेशभूषा तक हास्य और व्यंग्य प्रकट करने में सक्षम होती है। हर तरह के अभिनय से स्वांग अपने उद्देश्य की प्राप्ति में सफल होता है। स्वांग में आंगिक और वाचिक चेष्टाएँ अधिक होती हैं। आहार्य और सात्विक अभिनय की गुंजाइश कम होती है।[1] डॉ. नर्मदाप्रसाद गुप्त का कहना है–'स्वांगों में अभिनय की परिपक्वता नहीं होती और ना ही उनके लिए कोई तालीम या अभ्यास का प्रयत्न किया जाता। आंगिक और वाचिक अभिनय ही प्रमुखतः प्रयुक्त होता है, आहार्य पर कम ध्यान दिया जाता है और सात्विक के लिए कोई ध्यान नहीं। वस्तुतः अभिनय की सहजता ही उसकी विशेषता है। संकेतों द्वारा अभिनय में और भी सहजता आ जाती है।[2] भले ही हमें अभिनय में अपरिपक्वता, अपरिष्कृति और अकलात्मकता दिखाई देती हो पर सांकेतिक अभिनय में भी बात कहने की पूरी-पूरी सामर्थ्य होती है।

राई स्वांग का सांगीतिक पक्ष

बुन्देली लोकसंगीत की भारत में बिल्कुल अलग पहचान और प्रतिष्ठा है। इसे राई स्वांग में प्रामाणिकता के साथ देखा जा सकता है। स्वांग का समापन स्वांग नृत्य में होता है। वाद्यों की पूरी सोहबत खड़ी हो जाती है। बेड़िनियों का नृत्य करते हुए प्रवेश होता है। संगीत वाद्य समवेत स्वर में घनघना उठते हैं। राई नृत्य के फेरे, घाघरे के घेरे मंच पर तेज़ी से लगते हैं। दो बेड़नियों के बीच में मृदंगिया मृदंग बजाते हुए नर्तक नृत्य करता चलता है। यह दर्शक-श्रोताओं को नृत्य में फिर से रमने का आमन्त्रण होता है। राई स्वांग का गीत गाया जाने लगता है। नृत्य के बोलों के साथ बेड़नियाँ घाघरा फैलाये और मिरदिंग वादक मटकते हुए गीत के बोलों पर अभिनय करना प्रारम्भ करता है। यहीं से राई का नृत्याभिनय शुरू होता है।

---

1. डॉ. नर्मदाप्रसाद गुप्त : बुन्देली लोकसाहित्य परम्परा और इतिहास, पृ. 459
2. वही, पृ. 458

राई स्वांग का यह संगीत मृदंग, नगड़िया, टिमकी, मंजीरा, अलगोजा, डफले की संगत इतनी मादकता पैदा करने में समर्थ होती है कि थोड़ी देर में ही दर्शक-श्रोता वापस राई नृत्य के आनन्द (संगीत) में खोने लगता है। राई स्वांग का यह समवेत संगीत इतना मधुर और चुम्बकीय होता है कि कोई भी व्यक्ति ठगा-सा रह जाता है। उसका मन थिरकने लगता है। बेड़नी की कमर के तीव्रतम लटके-झटके, मृदंग की थापों (बजन्तरी) और मृदंग सहित मृदंगिया के नर्तन की चपलता राई स्वांग के संगीत में चमत्कार पैदा कर देती हैं। इनके साथ ही स्वांग के कलाकार भी ठुमके आदि लगाते हुए नृत्य में थोड़ी देर उतरकर पार्श्व में चले जाते हैं। स्वांग का गीत-संगीत यहीं समाप्त हो जाता है और मंच पर केवल राई का नृत्य संगीत बच रहता है।

बुन्देली लोकसंगीत का मुख्य स्वर मध्यम होता है। ताल दादरा, रूपक, कहरवा, दीपचंदी आदि होते हैं। इनकी 6, 7, 8, 14 मात्राएँ होती हैं। ताल को 'ठेका' कहा जाता है। मृदंग, ढोलक, डफ, डफले, नगड़िया, टिमकी की अलग-अलग तालें होती हैं। यह सब ताल वाद्य हैं। सुषिर वाद्यों में बाँसुरी, अलगोजा और रमतुला प्रमुख हैं। तार वाद्यों का प्रयोग राई स्वांग के नृत्य गीत में नहीं होता। कभी-कभी किसी स्वांग में 'रेकड़ी' बजायी जाती है। जो घोड़े के बालों से बनायी जाती है। हारमोनियम के स्वर उपयोग नहीं होते। हाँ, मंजीरे, तारें, फीका, झाँझ, लोटा, घण्टी का उपयोग संगीत की मधुरता बढ़ाने में होता है। बुन्देली लोकसंगीत लोक धुनों का स्वर्ग रचता है। जिसे राई स्वांग के गीत-संगीत में देखा, सुना और महसूस किया जा सकता है।

स्वांग के प्रकार

डॉ. नर्मदाप्रसाद गुप्त ने अध्ययन में अधोलिखित स्वांगों के प्रकार बताये हैं।

(1) ब्याव के स्वांग

(2) त्योहार उत्सवों के स्वांग

(3) जातियों के स्वांग

(4) पेशेवर स्वांग

उनका यह भी मानना है कि स्वांगों का वर्गीकरण कई दृष्टियों से किया जा सकता है। उन्होंने विषय वस्तु की दृष्टि से बुन्देलीखण्ड में होने वाले कई स्वांगों का उल्लेख किया है।

1. पौराणिक स्वांग, धार्मिक स्वांग–जैसे दूध को स्वांग, मक्खन चोरी को स्वांग, राधा और कन्हैया के झगड़े को स्वांग।

2. सामाजिक स्वांग–जैसे जातिपरक स्वांग, ब्याव स्वांग, समस्यापरक स्वांग आदि।
3. त्योहार और उत्सवों के सांस्कृतिपरक स्वांग–जैसे होरी के स्वांग, समस्यापरक स्वांग आदि।
4. व्यक्तिपरक रंजन के लिए काल्पनिक स्वांग–जैसे बिच्छू को स्वांग, जेठ दाऊजू; भौरी बुआ, छबीली जीजी, मँझली फक्को, चटकारी भौजी आदि के परिहासपरक स्वांग। रसपरक स्वांग।
   (1) शृंगारिक स्वांग–जैसे ब्याव के स्वांग।
   (2) भक्तिपरक स्वांग–जैसे दध को स्वांग, माखनचोरी को स्वांग आदि।
   (3) हास्यपरक स्वांग–जैसे होरी को स्वांग।
   (4) व्यंग्य विनोदपरक स्वांग–जैसे दहेज को स्वांग, बिच्छू को स्वांग, कोरी को स्वांग, कुँजरा-कुँजरिन को स्वांग, चुनरी को स्वांग।
   (5) कुरमी मन को स्वांग।
   (6) ब्राह्मनन को स्वांग–जैसे नक़ली ब्याव को स्वांग।[1]

(1) ब्याव के स्वांग

विवाह के स्वांगों में मँगनी से लगाकर विवाह तक संगतियों और विसंगतियों का मंचन केवल हास्य विनोद के लिए किया जाता है। बेमेल विवाह, दूल्हा-दुल्हन, सास-बहू आदि के स्वांग सबसे अधिक किये जाते हैं। बाबा बाई को स्वांग केवल स्त्रियों का स्वांग है, जो बारात जाने के बाद महिलाओं द्वारा गाने बजाने के साथ रात भर किया जाता है। इसमें पुरुषों का देखना वर्जित होता है, क्योंकि यह अश्लीलता की हद पार कर जाता है। खुली-खुली गालियाँ तक चल जाती हैं। लिंग और योनि के सम्बन्धों का बखान ही नहीं किया जाता, बल्कि उसका नाट्य रूप भी उतारा जाता है। महिलाएँ मर्द का वेश धारण कर पुरुषों की कमज़ोरियों का ही मज़ाक़ बनाती हैं। बिच्छू और सगनौति के स्वांग इसी प्रकार के स्वांग हैं। इसकी दर्शक भी केवल महिलाएँ ही होती हैं। यह चहारदीवारी के अन्दर का स्वांग है।

(2) त्योहार उत्सवों के स्वांग

होली, जन्माष्टमी, शिवरात्रि आदि त्योहारों पर स्वांगों का पुराना चलन है। मकर संक्रान्ति, बसन्त पंचमी आदि पर भी प्रकृति से सम्बन्धित स्वांग होते हैं, राधा किसन

1. डॉ. नर्मदाप्रसाद गुप्त : बुन्देली लोकसाहित्य परम्परा और इतिहास, पृ. 454

की फाग, उल्टी खाट, आदि ऐसे ही स्वांग हैं, शिवरात्रि पर शिव की बारात का स्वांग बहुत प्रसिद्ध है। इनमें झाँकियों का महत्त्व हो गया है। कजलिया पर्व पर कजलिया के स्वांगों का प्रचलन है।

(3) जातियों के स्वांग

बुन्देलखण्ड में निवास करने वाली विभिन्न जातियाँ अपने स्वांग करती हैं। इनमें कुछ ऐसे भी स्वांग होते हैं, जो साधारण रूप से सभी जातियों में प्रचलित होते हैं। काँडरा एक जातीय स्वांग है। जो धोबियों के द्वारा किये जाते हैं।

(4) पेशेवर स्वांग

मध्यकाल में स्वांग की मण्डलियों का चलन हुआ। ये मण्डलियाँ घुमन्तू होती थीं। भांड लोगों की जमात स्वांग के कर्ता होते थे। जिसमें पतुरिया यानी वेश्या का नृत्य भी शामिल होता था। राजे-रजवाड़े, ज़मींदार रियासतें इनको प्रोत्साहन देने वाले होते थे। सगाई-विवाहादि में ये पेशेवर स्वांगिया भुगतान पर स्वांग का खेल करते थे। आजकल मृदंगिये और बेड़नी अपना ग्रुप बना कर राई स्वांग पेशेवरों की तरह कार्य कर रहे हैं। जो सभी तरह के स्वांग करते हैं।

स्वांग के भेद

डॉ. बलभद्र तिवारी ने बनक के आधार पर स्वांग के दो भेद गिनाये हैं–

(1) व्यक्तिगत स्वांग और (2) सामूहिक स्वांग।

1. व्यक्तिगत स्वांग में उन्होंने बाल प्रसंग या बाल स्वांगों को रखा है। जिसमें बालक स्वयं अकेले की भागीदारी होती है और कइयों में एक से अधिक पात्र होते हैं जैसे अब्बक-दब्बक, अटकन-चटकन, अंजर-पंजर, इत्तन-उत्तन पानी, डुक्को-डुक्को का ढूँढ़ रई, घोर घोर रानी, पोसंपा भाई पोसंपा आदि। यह खेल स्वांग है, जो निहायत व्यक्तिगत होते हैं, लेकिन कभी-कभार इन खेलों को प्रसंगानुसार स्वांग में भी बच्चों और बड़ों के द्वारा नाटकीयता के साथ उतार दिया जाता है, तब इन बाल स्वांगों की सुन्दरता और महत्त्व बढ़ जाता है। जो कथा को उसमें बढ़ाने या जोड़ने का काम करते हैं, मनोरंजन की पूर्ति भी ये बाल स्वांग करते हैं। बाल स्वांग घर या आँगन में खेल-खेल में खेले जाते हैं, उनके दर्शक अभिनेता स्वयं बालक ही होते हैं। एक उदाहरण देखिए–

अब्बक इब्बक दाये दीन।
गोल चउअर पाये तीन।।
रंग रूप राय रैया।
बुन्देलखण्ड पैया।।
पैया गया पानी खों
पकड़ों उसकी नानी खों।।
पोसंपा भई पोसंपा, चाय की पत्ती पोसंपा।
डाकुओं ने क्या किया, बंगले को ताला दिया।
सौ रूपये की घड़ी चुराई, अब तो जेल में फँसना पड़ेगा।

2. सामूहिक स्वांग बड़े लोगों द्वारा किये जाते हैं, जिसमें पुरुष स्वांग अलग है और स्त्री स्वांग अलग होते हैं। राई में किये जाने वाले सारे पुरुष स्वांग हैं और बाबा जैसे स्वांग केवल स्त्रीपरक हैं। इनमें ब्याव के स्वांग, त्योहारों के स्वांग और जातियों के स्वांग आते हैं। पेशेवर स्वांग भी सामूहिक स्वांगों में गिने जाते हैं। सामूहिक स्वांग पूरे समाज के लिए होते हैं। इनका लक्ष्य समाजोन्मुखी होता है।

स्वांग के संवाद

स्वांग में नेपथ्य जैसी चीज़ नहीं होती। सब खुला व्यापार होता है। इसीलिए संवादों में एक खुलापन सदैव रहता है। घटित जो भी होता है, दर्शक-श्रोताओं के सामने होता है। किसी के साथ कोई दुराव-छिपाव नहीं होता। इसलिए अभिनय भी साफ़गोई के साथ होता है। यही कारण है कि संवाद अर्थात् कथाकथन सीधे-सीधे प्रत्युत्तर की तरह होते हैं। अथवा सीधे-सादे वार्तालापों को ही संवाद बना लिया जाता है। संवादों में कोई लागलपेट, विस्तार या आलंकारिकता नहीं होती है। जो लोक व्यवहार में जैसा सोचा जाता है, बोला जाता है और जितना अभिनय किया जाता है, उससे आगे स्वांग के संवाद नहीं जाते। कभी-कभी अतिरेक में आंगिक चेष्टाएँ अनियंत्रित होती है और संवाद विकृत की सीमा तक पहुँच सकते हैं, लेकिन विभिन्न भावों (भाव, विभाव, संचारी भाव आदि) में संवादों के उतार-चढ़ाव ज़रूर बदल जाते हैं। क्रोध में कुछ अलग संवाद होंगे, रोने-धोने में कुछ अलग संवाद होंगे। दया, उदारता में कुछ अलग तरह के संवाद बोले जा सकते हैं। शृंगार प्रेम आदि के समय कुछ और संवाद हो सकते हैं। रूठने-मनाने के संवाद कुछ अलग होते हैं। धार्मिक और पौराणिक

पात्रों के संवाद बिल्कुल अलग होंगे। ऐतिहासिक पात्रों के अलग। कहने का मतलब देश, काल, परिस्थितियों के अनुसार स्वांग के संवाद होते हैं।

स्वांग के संवाद जहाँ सटीक और संक्षिप्त होते हैं, वही चुटीले और व्यंगात्मक होते हैं। संवादों में कसावट और अर्थवत्ता होती है। संवादों की भाषा सरल और सहज होती है। परिस्थिति के अनुसार संवादों में उतार-चढ़ाव होता है। स्वरों में धीमापन और तेज़ी प्रसंग के अनुरूप होती है। शब्दों के उच्चारण पूर्णत: देशज होते हैं यानी बुन्देली बोली की पारम्परिक ध्वनियों को संवादों में आसानी से सुना जा सकता है। बीच में संवादों में विदेशी भाषा के शब्दों की ध्वनियाँ भी सुनाई देती हैं। इसमें हिन्दी, अंग्रेज़ी, उर्दू, अरबी आदि प्रमुख भाषाएँ हैं। संवाद छोटे, सरल और सरस होते हैं। उनकी भाषा सहज-सीधी-सादी होती है, जिसे आदमी समझ सकता है। बुन्देली का अकृत्रिम और चलताऊ रूप गद्य और पद्य दोनों में दिखायी पड़ता है। हरियाणा के स्वांग में पद्य और काव्यमयी भाषा का प्रयोग अधिक हुआ है और गद्य तो पद्य के बीच थिगली की तरह जुड़ा रहता है, किन्तु बुन्देली स्वांगों में गद्य और पद्य दोनों को समान महत्त्व मिला है। गद्य की भाषा जहाँ तीखी-चुटीली, और व्यंजनामयी होती है, वहाँ पद्य की सरल मधुर और सरस। कभी-कभी गद्य कथात्मक और पद्य गद्यात्मक होता है।[1]

स्वांग में संवादों का रूप वाचिक होता है। उसका विस्तार और विकास परिस्थितिजन्य प्रसंगों के अनुरूप होता है। स्वांग में जिस तरह की कथा, भाषा और भाव प्रवाह बनता है, उसके अनुसार पात्र अपने संवाद बोलकर कथानक आगे बढ़ाते हैं, लेकिन इस बात का सदैव ध्यान रखा जाता है कि उठाई गयी कथा की परिधि के बाहर कोई संवाद न चला जाय। कभी-कभी ऐसी स्थिति होती है, तब कलाकार अपनी इस भूल को बहुत चतुराई से सुधार लेता है और वापस कथा के संवाद की परिधि में आ जाते हैं। ऐसे कलाकार कथा सूत्र को बिखरने नहीं देते। थोड़ी देर भटकी कथा को परिधि में ले आते हैं। कभी-कभी हास्यास्पद स्थिति भी बन जाती है। तब सांग का रंग फीका होने लगता है।

स्वांग के संवाद समय-सापेक्ष होते हैं। समय के आधार पर उनमें परिवर्तन करने में पात्र स्वतन्त्र होता है। स्थान, व्यक्ति और प्रसिद्धि का बखान उसमें इसलिए डाल दिया जाता है कि स्थानीयता का मज़ा दर्शक-श्रोता उठा सकें। इससे स्वांग की आत्मीयता बढ़ जाती है।

---

1. डॉ. नर्मदाप्रसाद गुप्त : बुन्देली लोकसाहित्य परम्परा और इतिहास, पृ. 457

संवादों में किसी प्रकार की गोपनीयता नहीं बरती जाती। और न किसी प्रकार की कोताही की जाती। एक तरह से संवादों में सर्वत्र खुलापन होता है, जो बात कहना होता है, उसे सबके सामने डंके की चोट पर हँसते-हँसते कह देते हैं। हँसी के साथ कही गयी बात तिलमिला तो देती है, लेकिन कहीं न कहीं समाज की बुराई के बारे में सोचने के लिए मजबूर भी करती है। यही स्वांग के संवादों की असली शक्ति भी होती है। जिसके लिए ये जाने भी जाते हैं। विशेषकर राजनीतिक कथानकों में तल्खी खुलकर आती है।

डाकू को स्वांग (उदाहरण) अवधि 10-15 मिनट

कुल पात्र–बूढ़ी औरत, डाकू की वेशभूषा में मुँह बाँधे चार लोग, सोबत। (गाँव की झोपड़ी का दरवाज़ा खुला है, एक बूढ़ी औरत खाट पर लेटी है।)

बूढ़ी औरत–(उठकर मच्छर मारती हुई, कुछ खुजलाती हुई) अरे खा लव रे बगदरों ने, ए बगदर नासमिटे, तन्कई नई सो पाय, खा लव रे बगदरों ने। ऐसा करते हुए वह अपने हाथों के गहनों गले की टकार और पाँवों के तोड़लों को सँवारती हैं और फिर सोने का बहाना करती है।

डाकू–(इधर-उधर देखकर) इशारे से आ जाव, का संकेत देते हैं और चार आदमी आते हैं।

बूढ़ी औरत–(खाँसती है और थोड़ा उठ कर फिर लेट जाती है।) अरे रे अरे रे कैंसो खुतलो है, इन बगदरों ने, चारों में से चारई मोड़ा घर में नइयां, ऐ कोइ होये तो चद्‌दरा तो डरा देव।

डाकू लोग (खटिया के नीचे छिप जाते हैं)

चारों एक-दूसरे को उठाने का इशारा करते हैं कि बूढ़ी औरत फिर उठ जाती है और खटिया से उतरती है, पाँव नीचे रखती है तो डाकू की पगिया पर उसका पाँव आ जाता है।

बूढ़ी औरत–अरे कायरे बबुआ, पाँव के नीचे गुलगुलों सा लग रव (डाकू अपनी पगिया का सिरा सँभालता है।)

बूढ़ी औरत नीचे देखती है और हाथ से टटोलने का प्रयत्न करती है।

बूढ़ी औरत इते तो कछु नईयां, फिर गुलगुलों काय लग रव है।

फिर नीचे पाँव रखती है, पर उसे कुछ समझ में नहीं आता।

बूढ़ी औरत–हाँ, अब कछू नईयो, चाय बिलैयाने होय?

(डाकू सामने आकर बूढ़ी औरत को एक चादर से खाट सहित बाँध देते हैं और उसकी खाट उठाकर चल देते हैं। थोड़ी देर में डुकरिया की आवाज़ सुनाई देती है।)

बूढ़ी औरत–ऐ भैया, ऐ बेटा हरो, बचा लिइसो, नास के मिटे डाकू लयंजात तोरी डुकरिया।

उसकी आवाज़ को सुनकर एक औरत चिल्लाती है, काय सोबत बारे भैया–जे आ गये पुलिस के जवान लुवायं जइयो।

डाकू पुलिस की बात सुनकर खटिया को नीचे पटककर भागने लगते हैं कि सोबत सामने आ जाती है, गाने लगती है–

राई करत ते रंग राजा, डुकरिया के मोड़ा बजाये बाजा।

ले गये ते, बउ ने आउती पुलिस साजा (राजा)।।

डाकू भागते, दिखाई देते हैं, सोबत ढोल, टिमकी और तारों से बज उठते हैं और डुकरिया अपने शिथिल हाथों को हिला-हिलाकर नाचती है। सोबत ज़ोरों पर है।

–साभार उद्धृत–राई और स्वांग से

बघेलखण्ड के लोकनाट्य

बघेलखण्ड की सांस्कृतिक भूमि

बघेलखण्ड का दूसरा नाम विन्ध्यप्रदेश है। इसे रेवांचल भी कहा जाता है। विन्ध्य क्षेत्र अपने सांस्कृतिक, सामाजिक और ऐतिहासिक परिवेश के लिए विख्यात है। इसके कारण यहाँ की संस्कृति, साहित्य और कलाएँ अपनी परम्परा में प्रदेश में एकदम अलग पहचान रखती हैं। तेरह हज़ार वर्ग मील में फैले बघेलखण्ड के भूखण्ड में यहाँ के लोगों की एक विशिष्ट जीवनशैली है। बघेल लोगों के कारण इस भूमि का नाम बघेलखण्ड पड़ा। बघेल बहुल जनपद में और भी कई जातियों और जनजातियों का निवास है। कोल और गोंड जनजातियों की आदिम संस्कृति का विस्तार वनप्रान्तरों में है। प्रत्येक जाति-जनजाति की अपनी वाचिक परम्परा में गीत, कथा, वार्ता, गाथा, पहेलियाँ, कहावतें तो हैं ही, पर्व-त्योहारों, सगाई-विवाह आदि मांगलिक अवसरों पर किये जाने वाले नृत्य, नाट्य, गीत-संगीत का एक भरापूरा कला संसार भी मौजूद है। पारम्परिक चित्रों की वर्ष भर लम्बी लोक शृंखला है। आदिम और लोक संस्कृति का ऐसा समागम और समन्वय हमें बघेलखण्ड के अलावा प्रदेश में किसी और अंचल में नहीं दिखाई देता है। बघेलखण्ड की मुख्य बोली बघेली है। कोल और गोंड भी अपनी मूल बोली प्राय: भूल चुके हैं। वे लोग भी आजकल मुख्यत: 'बघेली' ही बोलते हैं। बघेली लोकजनों की मूल प्रवृत्ति और धरती की नैसर्गिक प्रकृति के मेल से बघेली बोली और संस्कृति की निर्मित हुई है। उसमें बघेली लोक कलाओं का निर्माण हुआ। यहाँ के नृत्य, नाट्य, गीत, संगीत बघेली मिट्टी की सोंधी सुगन्ध लिये हैं।

जउने दिन बनी बघेली माटी
सरग म बजा बधाऊ रामा।। विकल

जिस दिन विन्ध्य भूमि का यह भाग बघेलखण्ड बना, उस दिन स्वर्ग में बधाइयाँ गायी गयीं। यह पंक्तियाँ भले ही आज के कवि ने लिखी हों, लेकिन बघेलखण्ड के उद्भव के समय ही वहाँ के लोक की सांगीतिक कलाएँ अपने चरम उत्कर्ष पर थीं। जिनमें नृत्य, नाट्य, गीत-संगीत, अभिनय शामिल हैं।

प्राचीन ग्रन्थों में बघेलखण्ड का एक नाम 'कुरुष' मिलता है। इन्द्र ने इसका का नामकरण किया था। कुरुषणालय के वनप्रान्तरों में उस समय भी अनेक जंगली (जंगल में रहने वाली) जनजातियाँ रहती थीं। बघेलखण्ड के एक छोर में आम्रकूट (अमरकंटक) और दूसरे छोर पर चित्रकूट अवस्थित है। ग्रामीण सभ्यता और संस्कृति वाला यह जनपद अपनी निजता के साथ पर्वत मालाओं से आवेष्ठित है। इसके उत्तर में इलाहाबाद, पूर्व दिशा में छत्तीसगढ़ की रियासत और मिर्जापुर और मिर्जापुर के कुछ ज़िले हैं। पश्चिम में जबलपुर के कुछ ज़िले तथा दक्षिण में मण्डला बिलासपुर स्थित है।

बघेलखण्ड में अनुरंजन के कई पारम्परिक साधन हैं। जिनमें गीत-संगीत, नृत्य-नाट्य आदि प्रमुख हैं। जनजातियों की बहुलता के कारण उनकी वाचिक और कला परम्परा का अन्य जातियों पर गहरा प्रभाव रहा है। इसीलिए आदिम जनजातियों की संगीत नृत्य परम्परा को आभिजात्य वर्ग ने भी अपना लिया है। जनजाति नृत्य-गीतों में करमा, सैला, कोलदहका, बीछी, केहरा पोता (दादर) और जातीय लोकनृत्यों में अहिराई (अहीरों का नाच), गडरिहाई (गडरियों का नाच), कोलहाई (कोलों का नाच) आदि प्रचलित हैं। इसी तरह छाहुर, समैस्या (लुप्त प्रायः), रामलीला, रासलीला आदि ग्रामीण और नागर समाज के लोकनाट्य हैं।

छाहुर बुघेलखण्ड, आनन्द मिश्र

बघेलखण्ड का आदिवासी और लोकसंगीत अत्यन्त मधुर है। अमरकण्टक, कैमोर और चित्रकूट की पर्वतीय भूमि से उपजा विन्ध्य संगीत की अलग स्वर सुधि है। उसकी लोकधुनें कर्णप्रिय हैं। उनके गीतों में समाये लोक

स्वर सबके मन को बाँधने में समर्थ होते हैं। उनके संस्कार गीतों की मोहकता बेजोड़ है। ऋतु गीत प्रकृति के सौन्दर्य को व्यक्त करने में समर्थ हैं। उनके आदिवासी गीतों की धुन नैसर्गिक है। उनके नृत्य आदिम उल्लास के परिचायक हैं। उनका नगड़िया, ढोलक पर घनघनाता संगीत धरती का अभिन्न राग है। उनके नाट्य गीत, कथा और हाव-भाव का दुर्लभ संजोग है। संगीत मर्मज्ञ डॉ. नलिन धोलकिया बघेली लोकसंगीत के बारे में लिखते हैं–"लोकमानस की सबसे सशक्त अभिव्यक्ति है लोकसंगीत। यह हम जानते हैं कि लोक संस्कृति के प्रत्येक खण्ड की अपनी एक तासीर के अनुसार उस धरती से लोकसंगीत के स्वर फूटते हैं। पशु-पक्षी की बोलियों की तरह ही लोकसंगीत, प्रकृति की मुखर अभिव्यक्ति है। स्थानीय प्रभाव अथवा तासीर के कारण यह अभिव्यक्ति अलग-अलग रंग में सजकर सामने आती है। लोकसंगीत उस स्थान की प्राकृतिक उपज है। पंजाब के लोकस्वर महाराष्ट्र में पैदा नहीं हो सकते। साधारणतः बघेलखण्ड के जीवन की चाल सपाट है, परन्तु यहाँ के लोगों की शिराओं में कडुवा-मीठा जीवन रस बूँद-बूँद इकट्ठा होता रहता है और गीत (संगीत) बनकर आँगन देहरी, मन्दिर, मेढुली, खेत-खलिहान और राह-बाट में छलकता रहता है।"

असल में संगीत के गर्भ में 'गीत' ही है, जिसमें स्वर और शब्द दोनों उसके पोषक होते हैं। ख़ाली स्वर भी पूरा संगीत नहीं होता; और केवल शब्द भी पूरा संगीत नहीं कहा जा सकता। इसलिए संगीत के लिए स्वर और शब्द (गीत) दोनों अनिवार्य हैं। इसीलिए जीवन में गीत और संगीत दोनों मिलकर 'लोकसंगीत' की सर्जना करते हैं। गीत यानी शब्द और संगीत यानी स्वर। बघेलखण्ड की धरती की प्रकृति में जो शब्द (भाषा) और स्वर (संगीत) उपजता है। उस बोली और उसके संगीत को सर्वथा सबसे अलग जगह पर बैठा देता है। कुछ ऐसा ही बघेलखण्ड की भूमिज लोकसंगीत है। यहाँ की लोकधुनें मिट्टी से उठती सोंधी सुगन्ध की तरह लुभावनी हैं। डॉ. नलिन धोलकिया लिखते हैं–संस्कार गीतों के प्रकारों में अनेक मौलिक धुनें यहाँ गायी जाती हैं। ब्याह शादी के अवसर पर तो गीत पग-पग पर बिखरते रहते हैं। जितनी रस्में, उतनी धुने हैं। मांगलिक अवसरों पर बघेलखण्ड के लोकसंगीत की समृद्धि के दर्शन होते हैं। बघेलखण्ड का लोकसंगीत स्वर प्रधान न होकर श्रुति प्रधान है। सम्भवतः यही उसकी मार्मिकता का रहस्य भी है। इस क्षेत्र की प्रियधुन 'पीलू' ही प्रतीत होती है। परन्तु इसकी स्वरावलियाँ इतने अलग-अलग कोणों से आती हैं कि इनमें से एक रंग बिखरता है। सूक्ष्म लय-भेद भी इनको नवीनता प्रदान करता है।

देखा जाय तो लोकसंगीत के सारे रंग हमें लोकनाट्यों में दिखाई दे जाते हैं। क्योंकि नाट्य जीवन का ही गीत है। बघेलखण्ड के लोकनाट्यों की निर्मिति उसके लोक गीत-संगीत से ही हुई। जिनमें आदिवासी संगीत की आदिम अनुगूँजें भी शामिल हैं। जो किसी भी संगीत का मूल है।

बघेलखण्ड वह भूमि है, जहाँ की आबोहवा में भारत का शास्त्रीय संगीत भी परवान चढ़ा है। मध्यकाल में इसी भूमि में तानसेन ने ध्रुवपद (ध्रुपद) ख्यालों की रचना की। सम्भवतया तानसेन ने भी यहाँ के आदिवासी और लोकसंगीत से कोई न कोई प्रेरणा ज़रूर ली होगी। तानसेन के इस उपकार को पूरा शास्त्रीय संगीत जगत गाता-बजाता है। यह बघेलखण्ड की भूमि की ही देन है।

लोकगीतों पर प्रारम्भ से ही महिला कण्ठ (स्वर) हावी रहा। जितने पुंसवन से लगाकर मृत्युपर्यन्त गीत गाये जाते हैं, वे महिलापरक हैं। पुंसवन (गोद भराई), जन्म के सोहर, बरुआ, मुंडन, विवाह, द्वारागमन, ऋतु पर्व-त्योहार गीतों में कजली, चैती, झूला, फाग-होरी, ढौंढिया, कबीर, दादरा, देवी-देवता के गीतों में जवा, भगत, हिंगाला, भजन, आदि प्रमुख हैं। साजन-सजनई सवाल-जवाब के गीत हैं, जिसमें पुरुष स्वर भी शामिल होता है। बिरहा और विदेसिया की राग लम्बी और गहरी होती है। ये पुरुषपरक स्वर हैं। कानों में उँगली लगाकर बिरहा गाने की परम्परा पुरानी है। बिरहा में 'टेर' लगती है।

छाहुर बुघेलखण्ड, आनन्द मिश्र

यहाँ लोकगायन में पुरुष स्वर की बहुलता मिलती है। बघेली लोकगाथा अथवा लोकख्यानों का गायन प्रायः पुरुष कण्ठवाही ही है। जहाँ

एक बसदेवा नामक पूरी जाति परम्परा से इस कर्म में लगी है। उन्होंने बघेलखण्ड के गाथा गायन को न केवल बचाये रखा है बल्कि बघेलखण्ड से बाहर दूर-दूर तक फैलाया भी है। बसदेवाओं को 'हरबोला' भी कहा जाता है। जो एक गायक जाति है। जो सारंगी और तुमड़ी, पैंजन, चुटकी पर सरमन, मोरध्वज, कनककथा, गोपीचंद, भरथरी, भोले बाबा आदि गाथाएँ गाते हैं। बघेलखण्ड के लोकसंगीत की चर्चा बिना बसदेवा गायन के अधूरी है। प्रसिद्ध रंगकर्मी हबीब तनवीर ने अपने नाटकों में बसदेवा गायन को जगह दी है। अन्य लोकगाथाओं में छाहुर, नेकहाई लराई, आल्हा-ऊदल, बसामन मामा आदि प्रमुख हैं।

बघेलखण्ड का आदिवासी संगीत नैसर्गिक है। उनकी माँदर, टिमकी, नगड़िया, ढोलक, करताल, झाँझ के सहारे निकला संगीत नृत्य और गीत प्रधान है। करमा, सैला, दादर, दहका, रीना, नैनजुगानी, वनगिता, ठडगिता, गलमौजा, सूआ, आदि गीत हैं, जिनके साथ नृत्य जुड़ा है। ऐसा माना जाता है कि जहाँ नृत्य होता है, वहाँ नाट्य अवश्य जुड़ा होता है। क्योंकि 'नृत' 'नट' से ही 'नृत्य' और 'नाट्य' की उत्पत्ति हुई है। बघेलखण्ड में आदिवासी नाट्यों की भरमार नहीं हैं, जो भी हैं, मौलिक हैं। वे हिंगाला और लकड़बग्गा के नाम से जाने जाते हैं।

लोकनाट्यों में जिन्दबा, मनसुखा, नौटंकी, छाहुर, समैया आदि प्रमुख हैं। जिन्दबा महिलापरक नाट्य है। जो विवाह में किया जाता है। जिन्दबा पुरुषों के लिए वर्जित है। मनसुखा रासलीला का ग्रामीण रूप है। रामलीला को यहाँ लोकनाट्य मान लिया जाय तो उसका विस्तार पूरे बघेलखण्ड में देखा जा सकता है। यद्यपि लीला और नाट्य में बहुत फ़र्क़ है। रामलीला 'राम की लीला' है। बघेलखण्ड में महन्त श्री रामभूषण दास की सबसे बड़ी और सबसे पुरानी रामलीला मण्डली है। जिसकी अपनी एक शैली है। जिसमें हिरण, हाथी, घोड़े जैसे जीवित पात्रों का उपयोग किया जाता है।

बघेलखण्ड में लोकनृत्यों की लम्बी परम्परा है, जिनके कारण लोकनाट्यों का निर्माण हुआ। इन नृत्यों की संक्षिप्त जानकारी लोकनाट्यों के स्वरूप विवेचन में मददगार होगी।

लोकनृत्य

1. बिरहा या अहिराई
2. राई नृत्य

3. केहरा या केहरा पोता
4. दादर नृत्य
5. कलसा नृत्य
6. केमाली नृत्य

आदिवासी

1. करमा
2. सैला
3. कोलदहका

लोकनाट्य

1. जिन्दबा
2. मनसुखा
3. नौटंकी
4. रामलीला-रासलीला
5. छाहुर
6. समैया

आदिवासी नाट्य

1. हिंगाला
2. लकड़बग्गा

लोकनृत्य

1. बिरहा नृत्य या अहिराई नाच

बिरहा गायन के साथ नृत्य वृत्ति भी है। बिरहा नृत्य का कोई समय निश्चित नहीं होता। मनचाहे जब मौज में बिरहा किया जाता है। विशेषकर ब्याह-शादियों और दीपावली में बिरहा नृत्य ज़रूर होता है। बिरहा केवल अकेले पुरुष भी नाचते हैं और स्त्रियाँ भी उसमें शामिल होती हैं। जब स्त्री-पुरुष नाचते हैं, तब सवाल-जवाब होते हैं। बिरहा की दो पंक्तियाँ दोहे की तरह बघेली शैली में लम्बी राग लेकर प्रमुख नर्तक गाता है और दोहे के अन्त में संगीत के साथ नृत्य तीव्र गति से चलता है। गीत में सवाल-जवाब होते हैं। यह क्रम पुरुष और महिलाओं के बीच चलता है, रहता है।

सवाल-जवाब की पंक्ति के अन्तिम छोर पर वाद्य नगड़िया, ढोलक, शहनाई घनघना कर बजे उठते हैं। इधर स्त्री और पुरुष नर्तक गति के साथ नृत्य करते हैं। स्त्रियों के मुख पर घूँघट रहता है, कमर झुकी रहती है। हाथ और पैरों की मुद्राएँ दर्शनीय होती हैं। ताल की समाप्ति पर फिर यही क्रम शुरू होता है।

बिरहा नृत्य बघेलखण्ड में बसी सभी जातियों में प्रचलित है। अहीर, तेली, गड़रिया, बारी जातियों में बिरहा नृत्य विशेष लोकप्रिय है। अहीर, गड़रिया, बारी यह लोग गाँव के ठाकुर या अन्य बड़े आदमियों के घर जाकर बिरहा गाकर नाचते हैं। यह प्रथा बघेलखण्ड में 'दादर ले जाना' कहलाती है। दीपावली के अवसर पर गड़रियों में गाने और नाचने गाने की प्रथा है। हाथ में मोर पंख, रंगीन डंडे, और बाजे होते हैं। पैरों और कमर में घण्टियाँ बाँधे उल्लास में उछलते-कूदते बिरहा की ऊँची-ऊँची तानें छेड़ते द्वार-द्वार पर गाना बजाना, त्योहारी-लेना गड़रियों के बिरहा नाच की विशेषता है। पुरुष सफ़ेद घेरदार रंग-बिरंगे फुंदों की जाली बाँधते हैं, सिर पर पगड़ी या साफा बाँधा जाता है।

बिरहा बघेलखण्ड का प्रतिनिधि नाच और गान है।

राई नृत्य

बुन्देलखण्ड की तरह बघेलखण्ड में भी राई नृत्य का प्रचलन है। दोनों की राई में बेहद फ़र्क़ है। बुन्देलखण्ड में बेड़नी और मृदंग राई की जान होती है। बघेलखण्ड में राई, ढोलक और नगड़िया पर गाई-बजाई जाती है।

राई विशेषकर अहीर नाचते हैं। कहीं-कहीं ब्राह्मण जाति की स्त्रियों में भी प्रचलन है। पुत्र जन्म पर प्राय: वैश्यों के यहाँ भी यह नृत्य होता है। स्त्रियाँ राई में हाथों, पैरों, और कमर की विशेष मुद्राओं में नाचती हैं। राई गीत श्रृंगारपरक होते हैं, परन्तु बुन्देलखण्ड की तरह यौवन और श्रृंगार का उद्दाम आवेग और तीव्रगति यहाँ नहीं होती। राई गीत का प्रारम्भ प्राय: इस तरह से होता है–

राई गाइउ ना जाइ
राई गाइउ ना जाइ,
मारे शरम के मारे

राई नृत्य में स्त्रियों की वेशभूषा और गहने परम्परागत ही होते हैं। पुरुष धोती, बाना, साफा और पैरों में घुँघरू पहनते हैं। राई अहीर, गड़रिया, और बारी जाति का ख़ास नृत्य है।

केहरा नृत्य

केहरा, स्त्री और पुरुष दोनों अलग-अलग शैली में नाचते हैं। इसकी मुख्यताल केहरवा से इसका नाम केहरा नाच पड़ा। केहरवा के मुख्य वाद्य डफला, बाँसुरी हैं। दो या तीन डफलों पर एक साथ केहरवा ताल बजता है और बाँसुरी की जब मधुर तान छिड़ जाती है, तब पुरुष नर्तकों के हाथ और पैरों की नृत्य गति असाधारण हो उठती है। महिलाओं के हाथों और पैरों की मुद्राओं का संचालन और गतिमय हो जाता है। नृत्य के पहले पुरुष केहरा गाते हैं। नृत्य के सम पर पहुँचने पर मुख्य नर्तक कोई दोहा कहता है और दोहे की अन्तिम कड़ी के साथ हाथों के झटकों के साथ पूरी गति से फिर नृत्य प्रारम्भ होता है। नृत्य संगीत का सामंजस्य लोगों में इतना जोश भर देता है कि कितने ही लोग बरबस नाचने लगते हैं।

नाचने के पहले स्त्रियाँ भी केहरा गाती हैं। स्त्रियाँ नाचते-नाचते फुरहरि लेती हैं। फुरहरि केहरा की एक ख़ास मुद्रा है। फुरहरि में स्त्रियाँ हाथ में हाथ देकर चकरी लेती हैं।

केहरा नाच का प्रचलन सारे बघेलखण्ड की हर जाति में है। लेकिन बारी जाति का केहरा नाच विशेष लोकप्रिय है।

दादर नृत्य

दादर बघेलखण्ड का प्रसिद्ध नृत्य है। दादर गीत अधिकांशतः पुरुषों के द्वारा ख़ुशी के अवसर पर गाये जाते हैं और पुरुष, कहीं पुरुष नारी वेश में नाचते हैं, परन्तु केवल पुरुषों में नाचने का अधिक चलन है। दादर के लिए बारी, कोल, कोटवार, कहार, चमार विशेष रूप से प्रसिद्ध हैं। ये जातियाँ दादर लेकर निकलती है। दादर के मुख्य वाद्य नगड़िया, ढोल, ढोलक, डफ, शहनाई हैं। कभी-कभी महिलाएँ नाचती है और पुरुष वाद्य बजाने के साथ गाते हैं। महिलाएँ सदैव घूँघट में नाचती हैं। पैरों में घुँघरू बाँधती हैं। हाथ, पैरों और कमर की मुद्राओं से दादर नृत्य परम्परा का निर्वाह करती हैं।

दादर नृत्य की अपनी निजी जातीय विशेषताएँ होती हैं। इन जातीय विशेषताओं के कारण ही–कोलहाई दादर, बरिहाई दादर, चमरहाई दादर आदि नाम से दादर की प्रतिष्ठा पूरे बघेलखण्ड में है।

दादर नृत्य में बजने वाले बाजों की लय-ताल और घुँघरुओं की छनछनाहट दूर-दूर बसे लोगों को नृत्य तक खींच लाती है। विवाह में घराती और बराती दोनों की ओर से गाजे-बाजे के साथ दादर नृत्य किया जाता है।

कलसा नृत्य

बरात की अगवानी में सिर पर कलश रखकर नाचने की परम्परा अहीरों, मुंड़ता, तेलियों, गड़रियों में समान रूप से प्रचलित है। द्वार पर स्वागत की रस्म होने के पश्चात् कलसा नृत्य शुरू होता है। नगड़िया, ढोल, शहनाई की समवेत लोक धुन पर कलसा नृत्य चलता है। नर्तक का कोई ख़ास वेश नहीं होता, बल्कि परम्परागत धोती, बंडी, साफा पहनकर यह नृत्य किया जाता है। नृतक पैरों में घुँघरू बाँधता है। गुजरात के भवाई नृत्य की तरह कलसा नृत्य में सिर पर सात घड़े रखकर नाचने की परम्परा है। सिर पर सात घड़ों के साथ का सन्तुलन कलसा नृत्य की ख़ासियत है। नृत्य में नर्तक कठिन से कठिन मुद्राओं को बड़ी सहजता से लय के सन्तुलन के साथ साधता चलता है। पुरुष नर्तक के साथ कभी-कभी महिला भी नाचती है।

केमाली नृत्य

केमाली नृत्य को साजन-सजनई भी कहते हैं। केमाली में स्त्री-पुरुष दोनों हिस्सा लेते हैं। यह नृत्य विवाह के अवसर पर किया जाता है। केमाली के गीत सवाल-जवाब की शैली में होते हैं। साजन-सजनई गीत बड़े कर्णप्रिय और भावप्रवण होते हैं। इन्हें साजन-सजनई भी कहते हैं। जो लम्बे गीत होते हैं, इसमें गीत के उतार-चढ़ाव से असाधारण आकर्षण बढ़ जाता है। केमाली गीत और नृत्य रात-रात भर चलते हैं।

कोटवारों और चमारों की साजन-सजनई बघेलखण्ड में अधिक प्रसिद्ध है।

आदिवासी नृत्य

1. करमा

बघेलखण्ड की कुल आबादी में चालीस प्रतिशत जनजातियाँ निवास करती हैं। जनजातियों में गोंड और बैगाओं की अधिकता है। इनमें करमा और सैला नृत्य अधिक प्रसिद्ध है। करमा मूलतः गोंडों का पारम्परिक नृत्य है। जो करम वृक्ष की पूजा का नृत्य है। इसके साथ कथा भी जुड़ी है। यह नृत्य करम राजा और करम रानी को प्रसन्न करने के लिए किया जाता है। इसमें आठ पुरुष और आठ स्त्रियाँ नृत्य करती हैं। करमा नृत्य में उतरने के पूर्व स्त्री पुरुष अपने शरीर की ख़ूब सारी साज-सज्जा करते हैं। पुरुष पगड़ी पर रंगीन कलगी लगाते हैं। धोती-कमीज़ पर रंगीन (प्रायः काली) बंडी पहनते हैं। स्त्रियाँ बड़ी बार्डर की साड़ी और ब्लाउज़ पहनती हैं। सिर पर जूड़ा, गजरा बाँधती हैं। हाथ और पैर में चूड़ी गहने धारण करती हैं।

युवक-युवती गोलार्द्ध बनाकर आमने-सामने खड़े होते हैं और झुककर नृत्य करते हैं। एक दल गीत की पंक्तियों को गाता है, दूसरा दल उसे नाचते हुए दोहराता है। नृत्य में युवक-युवती आगे-पीछे चलने में एक-दूसरे के अँगूठे को छूने की कोशिश करते हैं। नृत्य इसी तरह बहुत देर तक गीत बदल-बदलकर चलता है।

2. सैला नृत्य

शरद पूर्णिमा की चाँदनी रातों में सैला नृत्य किया जाता है। सैला समूह नृत्य है। इसमें स्त्री और पुरुष दोनों शामिल होते हैं। पुरुषों के हाथ में लगभग सवा हाथ का डण्डा होता है। इसके कारण इस नृत्य का नाम सैला नृत्य पड़ा। सेला का एक अर्थ डण्डा होता है। सैला आदि देव को प्रसन्न करने के लिए किया जाता है। इस नृत्य के साथ एक कथा का संयोजन है। कहते हैं सरगुजा की रानी से प्रसन्न होकर आदिदेव बाघेश्वर अमरकण्टक चले गये थे। वहाँ के बाँसों को काटकर इस नृत्य का प्रचलन गोंड आदिवासियों ने किया था। सैला नृत्य प्रारम्भ में ऊँचे पहाड़ों पर किया जाता था। इसलिए इसका नाम सैला नृत्य हुआ। सैला नृत्य के साथ सैला गीतों का गायन किया जाता है। इस नृत्य के मुख्य वाद्य मांदर, टिमकी, झाल हैं। वेशभूषा करमा नृत्य जैसी ही गोंडी पहनावे में होती है। सैला नृत्य एक उन्मुक्त नृत्य है, नर्तक इसमें अधिक झूम-झूमकर नाचते-गाते हैं।

3. कोलदहका

कोलदहका कोलों का जातीय नृत्य है। इसे कोलहाई भी कहते हैं। कोलदहका बघेलखण्ड का सर्वप्रिय नाच है। इसे देखने के लिए सामान्य लोग भी लालायित होते हैं। पुरुष वादक और गायक दोनों की भूमिका निभाते हैं। इसका केन्द्रीय वाद्य ढोलक है। इस नृत्य में तीन, चार या पाँच ढोलक एक-साथ बजाई जाती हैं। ढोलक तीव्रता से समवेत रूप में बजती हैं। इसी तीव्रता के साथ नगाड़ियों की संगत कुछ अलग ही संगीत उत्पन्न करती है। बीच-बीच में झाँझ की झंकार मधुर लय-ताल को बढ़ाती है। पुरुष उच्च स्वर में गाते हैं। बीच में ज़ोर की हुँकार भरी जाती है। जो नृत्य को और गति देती है। महिलाएँ पैरों की गति के साथ हाथों की उँगलियों को नचाते हुए नृत्य करती हैं और कमर तक झुकती हैं। सम पर खड़ी होकर गोल घूमती हैं। लेकिन नाचने वाली महिलाएँ मुख पर घूँघट डाले रहती हैं। ढोलक की गति जितनी तेज़ होती है, उतना ही नृत्य तेज़ होता है।

नृत्य में एक या दो पुरुष नर्तक होते हैं। जिनकी वेशभूषा अत्यधिक रंगीन होती है। नर्तक वागा पहनते हैं, जो कमर से पैर तक घाघरेनुमा होता है। सिर पर साफा या फेटा होता है। इसकी कुछ विदूषक की भूमिका होती है। नृत्य के बीच-बीच में कुछ ऐसी मुद्राएँ बनाते हैं, जिससे लोगों को हँसी आ जाये। लेकिन कोलदहका नृत्य में ये मुद्राएँ बाधा नहीं डालतीं। पर्व-त्योहार आदि ख़ुशी के अवसरों जिसमें विवाह कोलदहका का सबसे बड़ा मंच होता है।

कोलदहका की रात-रात भर बैठकें (प्रदर्शन) होती हैं। न गाने वाले उठने का नाम लेते हैं और न नाचने वाली कोलिन थकती है। कोलदहका के एक पंक्ति के गीत होते हैं, जो घण्टों उतार-चढ़ाव के साथ चलते हैं, कोलदहका कोलो की नृत्य कला परम्परा समृद्धि की धरोहर है।

इनके अलावा सुआ, अटारी, नैनजुगानी, आदि नृत्य आदिवासी परम्परा के अंग हैं। सुआ महिलाओं का व्रत नृत्य है। अटारी में पिरामिड बनायी जाती है। नैनजुगानी श्रृंगारपरक नृत्य हैं।

बघेली लोकनाट्य परम्परा

बघेलखण्ड में मनोरंजन की कला प्रवृत्तियों में नृत्य का स्थान सर्वोपरि है। नृत्य के साथ नाट्य परम्परा अनुस्यूत दिखाई देती है और नाट्यों का स्वभाव संस्कृत नाटकों की तरह काव्यात्मक है। यद्यपि यह कहना अधिक प्रासंगिक होगा कि संस्कृत नाटकों में काव्यात्मक प्रवृत्ति का मूलाधार जनजाति और लोकनाट्यों की गीति परम्परा से ही आग्रहित है। नाट्यशास्त्र में भी इस बात का उल्लेख मिलता है। देखा जाये तो भारतीय लोक परम्परा के सभी नाटकों का स्वरूप गीत, नृत्य और अभिनय प्रधान है। आधुनिक नाटकों की तरह गद्य प्रधान कोई भी आदिवासी और लोक परम्परा के नाट्य नहीं दिखाई देते। जनजाति या लोकनाट्यों में गाना, नाचना और संवादों का गीतिमय होना अनिवार्य है।

गद्य संवाद तो इन नाट्यों में आटे में नमक के बराबर पाये जाते हैं। जनजातीय समाजों में तो नाट्य की बजाय केवल नृत्य गीत संगीत मिलता है। इसी में उनके मनोरंजन की सामग्रियों के अवसर प्रणीत हो जाते हैं। उन्हें अलग से सम्पूर्ण नाटकों की कभी ज़रूरत ही नहीं महसूस हुई। उनमें जो नाट्य तत्त्व पाये जाते हैं, वह भी संक्षिप्त और अविस्तारित होते हैं। यही कारण है कि जनजातियों में नाटकों की कोई लम्बी समृद्ध परम्परा नहीं दिखाई देती। लोक समाजों में उसका विस्तार ज़रूर

दिखाई देता है, क्योंकि लोक समाज विस्तार और विकास में अधिक विश्वास करता है। जबकि आदिवासी समाज अपनी परम्पराओं से प्रगाढ़ता से बँधा रहता है।

छाहुर बघेलखण्ड, प्रस्तुति आनन्द मिश्र

बघेलखण्ड की नाट्य प्रवृत्ति के बारे में प्रो. आदित्यप्रताप सिंह एक आलेख में लिखते हैं कि–बघेली नाटक के लिए नकटोरा, ठेटर, डरामा, तीन शब्द प्रचलित हैं। जगदीशचन्द्र माथुर द्वारा वर्णित सभी लोक नाटकों में 1. गीत 2. वाद्य 3. नृत्य 4. रंग सज्जा 5. नट-नटी के पाँच तत्त्व मिलते हैं। पारम्परिक नाटकों की तरह यह सांगोपांग नहीं होते। बघेली लोक नाटकों का मूल उत्स बघेली संवादात्मक गीतों और बालकों के क्रीड़ा संवादों में खोजे जा सकते हैं।

बघेलखण्ड में लोकनाट्य रूप दृष्टिगत होते हैं।

1. मनसुखा
2. हिंगाला
3. जिन्दबा
4. लकड़बग्गा
5. नौटंकी
6. रामलीला

7. कृष्णलीला
8. रास
9. नेकहाई
10. रणमत सिंह

छाहुर बघेलखण्ड, प्रस्तुति आनन्द मिश्र

इसमें छाहुर और समैया का उन्होंने ज़िक्र नहीं किया, जबकि उनका यह आलेख सन् 1984-85 का है। जो बघेली लोक उत्सव 1984-85 रीवा के ब्रोशर के लिए लिखा था। समैया लोकनाट्य का ज़िक्र उसी समय पत्रकार साहित्यकार श्री जयराम शुक्ल ने किया था, जो प्राय: उसी समय लुप्तप्राय: था। श्री रंगकर्मी मनोज मिश्रा ने बताया कि समैया का संकलन महन्त रामभूषणदास की रामलीला के पास है जिसमें सीतासरित् को अधिक दिखाया जाता है। छाहुर का पहला उल्लेख बघेली के कवि लेखक श्री बाबूलाल दाहिया ने किया था और उसके लोकाख्यान का संकलन पहली बार एक पत्रिका के माध्यम से आया था। बाद में डॉ. गोतमी प्रसाद विकल ने अपनी पुस्तक 'बघेली संस्कृति और साहित्य' में छाहुर के लोकनाट्य रूप को उजागर करने की कोशिश की। छाहुर मूल रूप से बघेली का अहीर जाति का एक लोकाख्यान गीत है जिसका मंचन नहीं होता था, बल्कि वह केवल गाथा गायन के शिल्प में मिलता है। आज भी 'छाहुर' गाथा के लोक गायक मिल जाते हैं। रंगकर्मी श्री नीरज कुंदेर ने इसके दो-तीन गायकों से छाहुर के पद्यात्मक पाठ

का रिकॉर्डिंग किया। जिसे नरेन्द्र बहादुरसिंह ने नाट्यरूप में लिखित पाठ तैयार कर स्वयं के निर्देशन में एकाभिनय में सीधी में मंचित भी किया। बाद में रीवा के नाट्य निर्देशक श्री योगेश त्रिपाठी और भोपाल के रंगकर्मी श्री आनन्द मिश्र ने छाहुर नाटक का मंचन किया है। असल बात तो यह है कि पुरानी पीढ़ी के लोगों ने भी छाहुर को परम्परा में मंचित होते हुए नहीं देखा। इसके प्रत्यक्ष साक्ष्य किसी के पास नहीं मिले। पर यह ज़रूर है कि बघेली के इस छाहुर आख्यान में नाटकीय तत्त्व कूट-कूट कर भरे हैं। इसे एक सम्पूर्ण गीति लोकनाट्य के रूप में विकसित किया जा सकता है। छाहुर के नाट्य तत्त्वों को लेकर विस्तार से आगे के पृष्ठों में चर्चा करेंगे। यहाँ बघेलखण्ड की लोकनाट्य परम्परा की विधाओं का वर्णन पहले ज़रूरी इसलिए है कि बघेलखण्ड में नाट्य प्रवृत्ति के मूलाधार क्या हैं? इस तथ्य पर रोशनी पड़ेगी।

लोकनाट्य

1. मनसुखा

मनसुखा कृष्णलीला का नाट्य है। यह रास का बघेली रूपान्तर है। यह एक लोक प्रहसन है। इसमें दो मंच और दो पदों का प्रयोग होता है। इसमें मेकअप यानी रंग सज्जा का सीन मंच से अलग जगह पर किसी का घर होता है। इसमें मनसुखलाल नामक एक विदूषक (हँसोड़) पात्र होता है। जिसकी गोप-गोपियों से नोक-झोंक होती है। जो कृष्ण से सम्बन्धित होती है। मनसुखा कृष्ण का बालसखा है। वह कृष्ण से आयु में बड़ा होता है, लेकिन उसका सम्पूर्ण समर्पण कृष्ण के प्रति होता है। गोपियाँ उससे कृष्ण का उलाहना करती हैं और लीला में नाटकीयता पैदा हो जाती है। वेशभूषा रासलीला की होती है और संवाद वृन्दावन शैली में बघेलीकृत होते हैं। किसी किशोर को कृष्ण की प्रतिकृति के रूप में अवतरित किया जाता है। जिसके सिर पर मोर पंख और हाथों में बाँसुरी होती है। कृष्ण की भंगिमा बाँसुरी बजाते हुए टेढ़ी होती है। अन्त में रास रचाया जाता है।

छाहुर बघेलखण्ड, प्रस्तुति आनन्द मिश्र

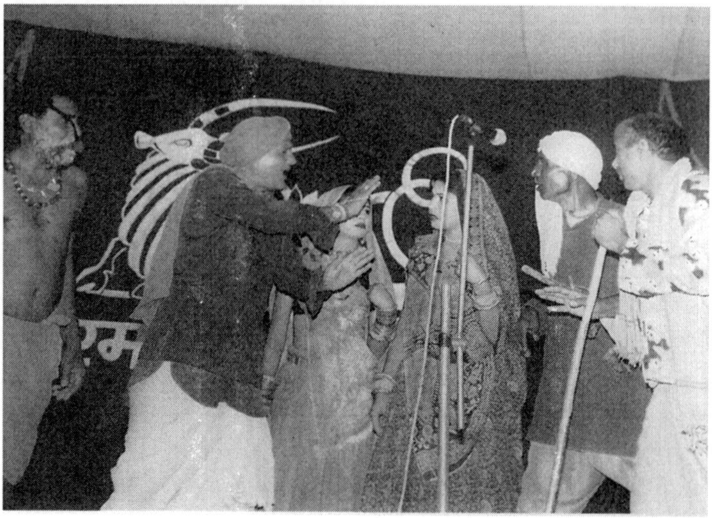

छाहुर बघेलखण्ड, आनन्द मिश्र

कृष्णलीला या रासलीला

कृष्णलीला मथुरा-वृन्दावन से बघेलखण्ड में आयातित है, क्योंकि बघेलखण्ड कृष्ण की लीला भूमि नहीं है। सारे देश और विश्व में कृष्ण लीला का केन्द्र मथुरा-वृन्दावन गोकुल की पावन भूमि रही है। जहाँ कृष्ण ने जन्म लिया। बाल लीलाएँ की, रासलीला की। कंस का वध किया। कृष्णचरित की लीला स्मृतियाँ रासलीला नाट्य देखकर हर कोई मुग्ध होता है। सबके मन में एक अद्‌भुत अव्यक्त रस का परिपाक होता है। जो शब्द से परे होता है। कृष्ण की बाल लीला हो, चाहे गेंद लीला हो, चाहे माखन चोरी लीला हो, चाहे मनिहारी लीला हो, गोप-गोपियों के साथ रासलीला हो, सबको देखना जनमानस चाक्षुष मोक्ष की सी अनुभूति करता है। यही लीला में ही सम्भव है, नाटक में नहीं। नाटक में चरम रसानुभूति हो सकती है, लेकिन लीला में आराध्य से तादात्म्य महसूस कर सकते हैं। बघेलखण्ड में पूरी रासलीला तो सम्भव नहीं होती, लेकिन उसके अंशों को देखकर ही लोग मुक्ति का अनुभव कर लेते हैं। यहाँ माखन चोरी, गेंद लीला, मनिहारी लीला बहुत लोकप्रिय है। इसका आयोजन स्थायी मण्डलियाँ ही करती हैं। रासलीला के संगीत के वाद्य हारमोनियम, तबला, ढोलक, झांझ, मंजीरा होता है। बघेली में इसका अभिनय पारसी थियेटर के प्रभाव

के कारण कुछ अजीब सा रूप धारण कर लेता है। फिर भी लोग इसका आनन्द लेते हैं। कालीदह प्रसंग में 'नर्तकी' का उपयोग नौटंकी से ग्रहण किया गया है।

3. रामलीला

रामलीला का बघेलखण्ड में आगमन अवध का समीप होना है। पूरा बघेलखण्ड राम की भक्ति में सराबोर है। वहाँ जीवन में भी राम की महत्ता कम नहीं है। इसीलिए राम की लीला का दर्शन भी बघेली लोगों के लिए स्वर्ग के आनन्द की प्राप्ति के बराबर है। रामलीला की शुरुआत बनारस के गंगा तट के असी घाट पर हुई है।

सीता स्वयंवर माच, उज्जैन

खुले तुलसी मंच पर लगभग छह सौ वर्ष पूर्व तुलसी के परम शिष्य मेघा भगत ने रामलीला की शुरुआत की थी। इसकी प्रेरणा भी तुलसी ने ही दी थी। इसका आधार भी तुलसीकृत रामचरितमानस ही रहा। तब से देशभर में रामलीला का नाट्य मंचन होने लगा। बघेलखण्ड में भी मण्डलियाँ रामलीला करने लगीं। उनमें खजूरी ताल के महन्त रामभूषण दासजी की रामलीला मण्डली सबसे अच्छी मण्डली बनी। जिसका संचालन स्वयं महन्त रामभूषण दास ने किया। इसका आधार तुलसीकृत 'मानस' ही रही। इसमें स्वयं रामभूषण दास जी दोहे-चौपाइयों का सस्वर पाठ करते थे और उनका भावार्थ करते थे। जिनका अनुसरण रामलीला के सभी पात्र करते हैं।

इस लीला पर पूरा पारसी थियेटर का प्रभाव था। वैसे देखा जाये तो मध्यप्रदेश की जितनी भी रामलीला मण्डलियाँ हैं, उन सब पर पारसी शैली के नाटकों का प्रभाव है। जिनमें दृश्य परिवर्तन के लिए चित्रित पर्दा, मुखौटों और गायन वादन नर्तन का सहारा लिया जाता है। रामलीला में तो रामचरितमानस आदि का वाचन और उसका भावार्थ भी किया जाता है। जो पात्र के लिए संवाद अभिनय में सहायक होता है। वाचन होता है, तब तक पात्र खड़ा रहता है और इससे लीला में कोई व्यवधान नहीं होता। श्री आदर्श मण्डली के पास पर्दे तथा अन्य सामग्रियों सहित बहुत ताम-झाम था। कलाकार भी नब्बे से अधिक थे। पशु-पक्षी, हिरण आदि जीवित पात्र भी थे। इसके लिए समूचे बघेलखण्ड में इस रामलीला मण्डली ने ख़ूब नाम कमाया। लोकप्रियता के झण्डे गाड़ दिये। बहुत कुछ नवीनताओं के कारण यह मण्डली रामलीला की एक बघेली शैली ही बन गयी। कई जगह इसी आधार पर रामलीला मण्डलियाँ बनीं। इस तरह समूचे बघेलखण्ड में रामलीला एक लोकनाट्य के रूप में प्रतिष्ठित हो गयी। यद्यपि रामलीला मूलतः उत्तर प्रदेश का लीला नाट्य है। जहाँ से पूरे उत्तर भारत में इन रामलीलाओं का फैलाव हुआ। दक्षिण भारत में रामलीला की अपनी-अपनी भाषा की अलग-अलग परम्परागत शैलियाँ हैं। रामलीला मनोरंजन की दृष्टि से नहीं परम्परागत मूल्यों की दृष्टि से जनमानस को बहुत गहरे तक छूती है। खजूरी ताल सतना में श्री आदर्श रामलीला मण्डली की स्थापना सन् 1953 में महन्त श्री रामभूषणदास जी ने की थी। रामलीला के व्यापक प्रचार-प्रसार और प्रभाव से इनकार नहीं किया जा सकता। मध्यप्रदेश के विभिन्न अंचलों में रामलीला अपनी आंचलिक विशेषताओं के साथ होती रही है। लेकिन उन पर उत्तर प्रदेश की रामलीला शैलियों का स्पष्ट प्रभाव है। मध्यप्रदेश की रामलीलाओं का मुख्य आधार उत्तर प्रदेश की तरह रामचरितमानस, वाल्मीकि रामायण, आनन्द रामायण, अध्यात्म रामायण, राधेश्याम रामायण रही है। महन्त रामभूषण दास जी के कुशल निर्देशन में खजूरी ताल की रामलीला की पहचान अखिल भारतीय स्तर पर प्रतिष्ठित रही है। इस रामलीला में लगभग नब्बे कलाकार रहे हैं। इतना बड़ा रामलीला का दल शायद ही भारत में कोई हो। एक ट्रक भरकर रामलीला की सामग्री है। अभी तक पच्चीस सौ से अधिक प्रदर्शन रामलीला मण्डली कर चुकी है। रामलीला को लोग लोकनाट्य की तरह नहीं देखते, उसमें जनमानस की गहरी आस्था और गहन विश्वास भी शामिल है। फिर भी शैली और स्वरूप के रूप में रामलीला अध्येताओं के लिए लोकनाट्य के बहुत क़रीब बैठती है। बनारस की रामलीला पर अमेरिका के अध्येता डॉ. शेख़नर और डॉ. लिण्डा हेस ने विस्तार से कार्य किया है।

4. नौटंकी

उत्तर प्रदेश के लगे होने के कारण बघेलखण्ड के लोगों ने कानपुर, हाथरस, मथुरा आदि की नौटंकियों को देखकर अपने यहाँ भी नौटंकी के खेल खेलना शुरू किया। जो पूरी तरह से उत्तर प्रदेश का सबसे पहला विकसित लोकनाट्य है। आग़ा हश्र जैसे महा नौटंकीकारों ने उसकी मज़बूत बुनियाद रची थी। बघेलखण्ड में नौटंकी आयातित विधा है।

यहाँ के शौक़िया लोगों ने उसे ज्यों की त्यों ग्रहण कर लिया। चूँकि नौटंकी लोकनाट्य वहाँ जन्मा नहीं, इसलिए उसके विकास के मूलाधार भी वहाँ नहीं हो सकते। फिर भी इन्दल और बैरंग राजा, मनिहारी लीला जैसे नौटंकी पाठ लिखे गये और उन्हें बघेलखण्ड में मंचित किये जाते रहे। जिसमें बघेली दाम्पत्य जीवन के श्रृंगारिक, कारुणिक और हास्य उत्पादक प्रसंगों को भी जोड़ा जाता रहा है। बघेलखण्ड में अब नौटंकी पूरी तरह से विदा हो गयी।

5. जिन्दबा या बहलोल

जिन्दबा पूर्णत: महिलापरक चारदीवार में घिरा नाट्य है। जिसके सार्वजनिक प्रदर्शन कभी नहीं होते। जो एक विवाह में किया जाने वाला प्रहसन है। जिसकी वृत्ति स्वांगपरक होती है। जिन्दबा 'बसी के दिन' होता है। जब बारात घर से लगन के लिए निकल जाती है। केवल महिलाएँ ही घर रह जाती हैं। इसका समय रात्रि 10-12 बजे बाद होता है। घर की और मोहल्ले की महिलाएँ रात्रि भोजन करने के पश्चात मण्डप के नीचे इकट्ठी होती हैं और ढोलक लेकर गाना बजाना शुरू करती हैं। इसी बीच जिन्दबा स्वांग कोई एक स्त्री उठकर शुरू कर देती है। दूसरी महिला पुरुष का वेश धारण कर लेती है। स्त्रियाँ समधी-समधिन, पति-पत्नी, भैंस पर चढ़ी देवी आदि की नक़ल करती हैं। स्त्री-पुरुष के एकांतिक कामुक क्षणों की खुलकर नक़ल की जाती है। इसमें मूसर, झाड़ू, बेलन आदि लेकर महिलाएँ अभिनय करती हैं। पुरुष वर्ग की कमज़ोरियों का खुलेआम प्रदर्शन करती हैं। इसलिए जिन्दबा में पुरुषों और बच्चों का प्रवेश वर्जित है। फिर भी कोई मनचला पुरुष चोरी-छिपे देखने का प्रयास करता है तो पकड़े जाने पर महिलाएँ उसकी मरम्मत करने में भी नहीं चूकतीं। तब एक गीत गाया जाता है और पुरुष की ख़ूब हँसाई की जाती है।

'ताना बीना सूत पुराना में कोरी मर्दाना।'

इसके बाद दूसरी हाँक लगती है–

'चढ़ी हूँ पाड़िका...'

चूड़ी वाला गीत भी गूँजता है–

'दुनउ ओठपन के बीच झुलनिया के मोती लहरके' आदि।

बाबा का स्वांग-बुन्देलखण्ड, सन्तोष पाण्डे दल

एक महिला ज्योतिषी बनकर सबका भविष्य बताती है। हास्य का जन्म होता है। महिलाएँ इस खुले मंच का ख़ूब मज़ा लेती हैं। जिन्दबा में श्लील अथवा अश्लील की सीमा रेखाएँ नहीं रहती हैं। जिन्दबा को 'बहलोल' भी कहते हैं। उत्तर भारत में यह नाट्य नकटोरा, ठोठ्या, बाबा स्वांग के नाम से प्रचलित है। सम्भवतया स्त्रियों के ऐसे पारम्परिक नाट्यों को देखकर ही लोकनाट्यों में अश्लीलता परोसने की कोशिश पुरुष भी करते रहे हैं।

आदिवासी नाट्य

1. हिंगाला

हिंगाला बघेलखण्ड की गोंड जनजाति का पारम्परिक नाट्य है। जिसमें किसी मंच की आवश्यकता नहीं होती। आँगन में दो दल हो जाते हैं। दोनों दल आमने-सामने होते हैं। गीतों में नोक-झोक (झार) होती है। मांदर टिमकी सोहबत होती है। बढ़-चढ़कर गीतों में सवाल-जवाब होते हैं। सही जवाब न देने पर कोई भी दल पराजित हो सकता है। विजेता दल पराजित दल के पात्रों से तरह-तरह के काम लेते हैं और

हास्य उत्पन्न हो जाता है। पात्र भी तरह-तरह का आंगिक अभिनय कर हास्य उत्पन्न करने की चेष्टा करता है। कई पात्र इतने दक्ष होते हैं कि उनके आगे अच्छे-अच्छे विदूषक भी पानी भरते नज़र आते हैं। इसके बाद हिंगाला देवी का आह्वान किया जाता है। किसी कुँवारी लड़की को हिंगाला देवी का दैवी स्वांग दिया जाता है।

हिंगाला देवी हारजीत को बराबर हो जाने का आशीर्वाद देती है और फिर गीत गाना प्रारम्भ हो जाता है। कोई लड़का-लड़की उठकर नट-नटी का नर्तन करने लगती है। वादक वादन के साथ गीत गाते हैं। मज़ेदार बात यह है कि गीत गाते समय दर्शक भी सस्वर गाने लगते हैं। नट-नटी के साथ नाचने लगते हैं। पूरा वातावरण नृत्य और गीतमय हो जाता है। पूरे लोग भाव में हो जाते हैं। इसमें बच्चे-बूढ़े और युवा समान रूप से कूद पड़ते हैं। यह परम्परा प्रत्येक गोंड व्यक्ति को नृत्य गीत में शामिल होने का नैसर्गिक आमन्त्रण देती है। यही कारण है कि हर आदिवासी चेतना यानी शरीर और आत्मा में नृत्य गीत सदा-सदा के लिए समा जाता है। फलस्वरूप हमें हर आदिवासी हर हाल में नाचता और गाता मिल जाता है। इसमें हमें आश्चर्य नहीं होना चाहिए।

लकड़बग्घा

लकड़बग्घा गोंडों का शिकार नाट्य है। जिसमें प्राय: गोंड युवक-युवती ही हिस्सा लेते हैं। शेष लोग उसके दर्शक-श्रोता होते हैं। यह नाट्य खुले मंच पर ज़मीन पर ही अभिनीत किया जाता है। यह विवाह के पश्चात् खेला जाता है। इस शिकार नृत्य नाट्य की कथावस्तु एक वास्तविक घटना पर आधारित है। जो अपने आप में बहुत मौलिक और अनछुही घटना है। इस घटना से किपलिंग की 'जंगल बुक' की यथार्थ घटना मोगली की याद ताज़ा हो आती है। लेकिन 'लकड़बग्घा' गोंडों की बहुत प्राचीन घटना है। जिसे उन्होंने अपने पारम्परिक नाट्य में सदा-सदा के लिए पीढ़ियों के लिए दर्ज कर लिया। उसकी कहानी 'मोगली' से अलग है।

गाँव की एक कम उम्र की लड़की को जंगली लकड़बग्घा गाँव में से उठाकर ले जाता है। गाँव के लोग लड़की को ख़ूब ढूँढ़ते हैं, लेकिन उसे नहीं पाते हैं। इधर लकड़बग्घा उसे मारता नहीं। लड़की यह देखकर लकड़बग्घा से प्रेम करने लगती है। लकड़बग्घा भी उससे प्यार करने लगता है। साहचर्य से यह एक जानवर और एक इन्सान में प्रेम हो जाता है। ऐसा करते-करते लड़की जवान हो जाती है। एक गाँव का एक युवक लकड़बग्घे के साथ लड़की को देखकर चौंक जाता है। वह गाँव में जाकर उसके पिता और मुखिया को बताता है। गाँव में ख़बर आग की तरह

फैल जाती है। मुखिया के नेतृत्व में लड़की को छुड़ाकर लाने की गाँव वाले क़सम खाते हैं। इसकी तैयारी में गाँववाले तन-मन से जुट जाते हैं।

गाँव का हर युवक तीर-धनुष-तलवार चलाना सीखता है। शिकार करने के तरीक़े सीख लेता है। गाँव वाले तीर-तलवार-भाले लेकर एक सेना की तरह जंगल की ओर कूच करते हैं। जंगल का कोना-कोना छान मारते हैं, लेकिन लड़की नहीं दिखाई देती। एक दिन अचानक कई भेड़िया लकड़बग्घों के साथ लड़की को आते देखा। भेड़ियों-लकड़बग्घों ने अचानक आक्रमण कर दिया। कई लोग घायल हुए। सँभलकर लोगों ने अपने हथियार सँभाले और जानवरों से लड़ने लगे। इससे कई जानवर घायल हुए, कई मर गये। इसमें वह लकड़बग्घा भी घायल हो जाता है।

छाहुर बघेलखण्ड, आनन्द मिश्र-दल, भोपाल

लड़की घायल लकड़बग्घा को गुफा में ले जाती है, उसकी सेवा करती है। घायल लकड़बग्घे की चीख़ों से वह आहत हो जाती है। उसे बचा लेती है। इधर गाँव के लोग लड़की को पहचान लेते हैं और उसका गुफा से निकलने का इन्तज़ार करते हैं। लड़की पानी के लिए बाहर निकलती है। गाँव वाले अचानक उसे पकड़ लेते हैं और घर ले जाने लगते हैं। तभी पीछे से लकड़बग्घा चीख़ता हुआ बाहर निकलता है। लड़की गाँव वालों के फन्दे से छूटकर लकड़बग्घे को गले लग जाती है और गाँव वालों को मानवी भाषा में कहती है-लकड़बग्गे से मैं प्यार करती हूँ। मुझसे सब लोग वादा करो कि इनका शिकार कभी नहीं करोगे। तभी मैं तुम्हारे साथ

चलूँगी। गाँव वाले लड़की की बात को ख़ुशी-ख़ुशी मान लेते हैं। और सब मिलकर नृत्य गान करते हैं। साथ में लकड़बग्घा भी नाचता हुआ दिखाई देता है। नाट्य समाप्त हो जाता है।

इस नाटक के लिए मैंने अटल बिहारी हिन्दी विश्वविद्यालय, भोपाल में डिप्लोमा कोर्स में लोकनाट्य विषय पढ़ाते समय सन् 2015 में विद्यार्थियों के साथ एक स्क्रिप्ट तैयार की थी, लेकिन उसका मंचन नहीं हो पाया। मैंने इसे पुष्पराजगढ़ के गोंड आदिवासियों द्वारा मंचन करते हुए देखा था। तब मैं गोंड जनजाति पर शोध कार्य कर रहा था। यह सन् 1984-85 की बात है। अब इसे कोई रंगकर्मी नयी स्क्रिप्ट के साथ मंचित कर सकता है। इस नाट्य में पशु और आदमी के प्रेम को अद्भुत तरीक़े से आदिवासियों ने बाँधा है। कहाँ वह हिंसक पशु और कहाँ कोमल भावना वाली स्त्री? उनमें प्रेम पैदा हो जाता है। यह सन्देश अपने आप में मौलिक है।

छाहुर

छाहुर की मूल कथा यह है कि एक राजा अन्यायपूर्वक अहीर के लड़के छाहुर की भैंसों को अपने उपयोग के लिए छाहुर से माँगता है और उसके मना कर देने पर अपने हरकारों द्वारा ज़बरन उसकी भैंसों को घर से हँकवा लेता है। छाहुर पहले तो यह समझ ही नहीं पाता कि उसके साथ ऐसा क्यों हो रहा है? बाद में अपनी बुद्धि का इस्तेमाल करते हुए वह एक युक्ति भिड़ाता है। वह राजा के यहाँ रह कर उसका भेद लेना चाहता है। राजा की बेटी से धीरे-धीरे उसका प्रेम भी हो जाता है। छाहुर राजा के यहाँ वेश बदलकर रहता है। पहले तो वह अपनी भैंसें ले जाता है और राजा की बेटी से वादा करता है कि मैं तुम्हें भी ले जाऊँगा। तुमसे विवाह करूँगा। कालान्तर में वह ऐसा ही करता है। वह अपने साथी अहीरों को एकजुट और संगठित करता है। राजा से उसका युद्ध होता है और राजा पराजित होता है और राजा की बेटी से छाहुर का विवाह सम्पन्न होता है।

बघेली मूल कथा

वाचक – बाम्हन लड़का पोथी बिचारै अउर बनिया करै बड़पार। अहिरा के घर माँ छाहुर जलमौ गोरू तकत दिन-रात। भूरी अउर भामर भैंइसी ओखे गंइयां हुई धउरी कलोर। पैर झुरखुली अबै रोज वा दूध दुहै उचि भोर। गइया चराबे ओंगरिन डोंगरी भैंइसी चरावै ज्वान। बरा अखबर पेड़े तरे नित छोड़े बिरहा केर तान। ठाढ़े रे बोलै छहुरा

कइ माता कि छहुरा होस मुँह बोल। कउन अनर तै राजा कै कीन्हें जउन रउने। से आबा बोलाव।

छाहुर – माल खजाना मैं न लूटेउँ माता औ लूटेंव न हाट बजार।
जाय के रउरे बिनती करौं मोहि काहे पठ्या बोलाव।।

वाचक – रैंगि चला हइ छहुरा रे ओखर जमी न लागै पाँव।
जाय पुकारै गढ़ी दुआरे मोही काहे क पठ्या बोलाव।

छाहुर – सामन समनी धौंन पाया राजा धौं पाया न घिउ कई मेट।
कउन जरब अइसन परिगै ही तोहंई जउन छहुरा ढील्या बोलाव।।

राजा – भादउ भंइस बियानी रे छहुरा पै छूट थने का दूध।
एक भँइस जो दइ देते आपन पियत बछेड़ा रे दूध ॥

छाहुर – भँइस दूध भइसाँइध महकै गाय दूध पनियार।
दूध पियाब राजा छेरी कि गाड़र घोड़ होय मनियार।।

राजा – भूरी रे भामर भँइसी है मोरे बाम आँख हिबै फूट।
वहै इस हमी दइदे रे छहुरा पियै बछेड़ा दूध ॥

छाहुर – भूरी अउ भामर भँइसी हैं मोरे बाम आँख ही फूट।
वा भँइसी ना देहौं मैं राजा नहीं छूटी मुँहे का दूध ॥

राजा – मारि न डारउँ सारे छहुरा रे तोखा संउँपौं बीच दुवार।
एक भँइस तैं माँगे दिहे ना, सगली मैं लेंब बेढ़ाय।।

छाहुर – कउवा का मौरे खोदइला म राजा मस भीजत कोटवार।
अहिरा का मारै झलरिहा रे फेर न तोरे पइगाम।।

वाचक – मारे करोध के राजा रे बोले सुना पहरुआँ बात। हाँक लयाबा भँइसी रे एखी, देखी धौं केतू सपूत। बिन कोल्हुआ के तेली रहै नर बिन चकवा के कुम्हार। गाय भँइस बिन अहिरा रहै त ओखे जीवन का धिक्कार। भेष बदल के छहुरा चला रे औ जमीं न लागै रे पाँव। जाय के रउरे देखे गढ़ी का बड़ठे कुँआ के पाट। ठाढ़े रे बोलै गेल्ही कुमारीं सुन ले बटोहिया रे बात, कहाँ आये तोर छोड़ कुँआ कै पाट।

छाहुर – मैं तो आह्यँव जात क चमरा पनहीं बनाऊँ बुटादार।
आज नगर माँ पहुँचौं तोहरी बेचौं बइठ बजार।

गेल्ही – दूध की पोषी अँगुरी रे तोरी औ घिउ के पोषी ही देह।
तेल की पोषी तैं लाठ लिहे हा बदन छिपाये रे जात।

छाहुर – मैं आह्वँव रे बेटी जात क दर्जी चोली बनाऊँ बूटादार
आज नगर माँ आयहु तोंहरि औ बेचौं बीच बजार।

वाचक – ठाढ़े रे बोलै गेल्ही रे कुमारी कि मान बटोहिया रे बात।
तैं तो आहे जात क अहिरा बदन छिपाये रे जात।

छाहुर – चीन्ह कह्या तुम गेल्ही रे बबुली मैं फुर जात अहीर। गाय भैंस की सेवा करौं कोउ राख बरेदी जो लेत। हाँथ जोड़ि कै बिनती करत हौं सुना हो बेटी बात। बदना बरेदी छाँड़ के आपन चन्दना बरेदी रे राख।

गेल्ही – दाऊ रे दाऊ कहि गोहरावै दाऊ देंय मुँह बोल। चँदना बरेदी राख ल्या अब बदना बरेदी छोड़। छोड़ रे बदना नोई औ दोहनी छोड़ दे निकरब खोर, चँदना बरेदी दाऊ राख लीन्हिन बदना बरेदी छोड़।

रानी – मचिया मँ बइठे रानी रे बोलै सुना हो बेटी बात। देखत रह्या बरे दियै कहौं गोरस लेय न चोराय। छेरी चरावै पतरेगवां और गोरू चरावै हुसियार। भँइस चरावै गलमोहरा जउन आठौं गाँठ घचरेंध। गऊ चराथी ओंगरिन डोंगरिन छेरी फिरै छुछुआन, भँइस चरइया बड़े मजे मँ उँय जूनौ मँ ले न उदान।।

वाचक – छाहुर औ गेल्ही की बातैं होतीं गोहूँ चना के मेड़। बरा अखेवर के पेड़े तरी हो चली करी पुतरियन काज। उमड़-घुमड़ जल बरसन लागो आँधी चली आमा झोर। भींज के गेल्ही लथपथ होइगे भींज ग लहर पटोर।।

गेल्ही – (ठाढ़े रे बोलें गेल्ही रे) सुन ले रे चँदना बात।
ताड़े के मारे जान जाथी चुनू लेते कमरियश ओढ़ाय।।

छाहुर – (ओढ़े कमरिया छहुरा रे बोला) सुना हो बबुली बात।
कमरा तो आय अहीर का रे जेमा आवे दूध कै बास।।

वाचक – थर-थर काँपे गेल्ही रे बेटी दाँत किटाकिट होय।
कमरी का छोर ओढ़ाय ले रे चँदना तो रिन बदे होइ जाब।।

राजा – स्यानी रे बिटिया गेल्ही अब होइगै पै भँइस दुहामै जाय।
धौं कौनौं छलिया छल करिरा रे धौं टसिस कालिया नाग।।

रानी – न कउनौ छलिया छल कीन्हिस राजा औ न डसिस कालिया नाग।
बेटी तो फँस गै चन्दना अहिर से भई कुमत की रात।।

राजा – मार न डारौं चन्दना अहिर का और सउँपौं बीच दुआर,
सीध जान के बेटी क हमरे बांधिस पिरेम कै डोर।

गेल्ही – यहे बरखा के ओटे रे चन्दना निकर चली तजि राज।
जानै जो पइहैं दाऊ हमारे गले हलइहैं रे स्याल।।

छाहुर – मार न डारौं बाप क तोरे औ संउपौं बीच दुवार।
पुजा रे ठोक अखाड़े माही उचिट गली चढ़ जाँव।।
बात मान तैं घर जा रे बाबी कीन्ह मैं कउल करार,
एक पाख के बीतत-बीतत तोही ब्याह लैं जांव ॥

वाचक – रेंग चली है गेल्ही रे बबुली औ महलन पहुँच रे जाय,
मात-पिता दोउ पूँछत भये बेटी कहाँ बिताया रात?

गेल्ही – झिमिक-झिमिक जल बरखा रे दाऊ औ भींज ग लहर पटोर।
सूझ परी जब गइल न मोंही कोढैं बितायत रात।।

वाचक – राजा औ गेल्ही केर गढ़ी माँ होत रहै जब बात।
भँइसी हाँक आपन भाग ग छहुरा पानी मँ सुनहर ताक।।

राजा – (छोड़े रे बोलैं राज महीपत) सुना पहरुआँ रे बात।
हाँक भँइसी छहुरा चला गा एहीं पायन लावा तुम बाँध।।

छाहुर – (माँ से) भूरी औं भामर भइँसी मोर सगली राजा लिहिस टँकवाय।
आपन भँइस लयाय के छहुरा रउरे कुतक्के का जांय।।

माता – जेखे दादा रहे रउरिया औ पीती रहे तै देमान।
ओहिन के घर माँ छहुरा भओं रे जउन मं जात डेराय।।

वाचक – कहाँ चले रे छाहुर अहिरा तोर जमी न लागै रे पाँव।
की धौं काहू से नैन चार भे की रन जूझन जास?

छाहुर – एक बियाही दुइ हई ओढरी औ के तनिउ जात लम्याह।
यतनेव माँ जिउ ना भरा ता अब बाबी बियाहैं जाब।।

वाचक – रेंग चला है छाहुर होन से जमी न लागै रे पाँव।

छाहुर – (जाय पुकारै गढ़ी दुवारे) राजा काहे क ढोले रे बोलाव। माल खजाना तोर न लूटेंव औ न लूटेब हाट बजार। कउन मलाली मन माँ परगै ही तोरे जउन छहुरा का डहले रे बोलाव।।

राजा – (मचिया मँ बइठे राजा रे बोलैं) सुन सारे छहुरा रे बात।
कोढा की सगली भँइसी रे हमरे काहे भगे तैं डहराय।।

छाहुरा – आंगू भँइस हँकवाये रे राजा मैं लड़ गयँव छोड़ाय।
आय गयँव अब गेल्ही बियाहैं अँगने मँ मड़वा घलाव।।

वाचक – बातन-बातन बतबढ़ होइगै औ बातिन माँ बढ़गै रार।

राजा – मार न डारौं सारे छहुरा रे तीखा संउपौं बीच दुवार।

वाचक – ताल ठोंक के छहुरा ठाढ़ भा तान लोहागी रे हाथ। मार पहरुआ राजा के सगले औ भुँइ दिहिस लोटाय, भाग के राजा भीतर घुसिगा जइसै बूढ़ बिलार।।

छाहुर – (ठाढ़ै रे बोलै छहुरा कि) गेल्ही चला हमारे रे साथ।

वाचक – आगे-आगे छुहरा चलत भा और पीछे रे गेल्ही जाय।
चार घरी का अरसा न पूजा ठाढ़ भे बीच दुवार।

छाहुर – माता रे माता (कह गोहरावै) औ माता होस मुँह बोल।
बहू तोंहारी बहरे ठाढ़ ही परछन तो ल्या कराय।।

वाचक – निकर के माता बहिरे रे आयी और देख खुसी होइ जाय। दिहिस बालउवा परछन खातिर सखी गामै मंगलाचार।। धरती केर पालकी बनी है बदरी केर ओढ़ाव। ओहिन मँ बइठी गेल्ही रे बबुली मुँह लुटरैं लहर पटोर।। आगे से मोहरा गेल्ही छिंदावै पाछू छहुरा चलै डहराय। दोउ जने मिल भँइसी चरामै औ छोड़ें बिरहा कै तान।।

हिन्दी भावानुवाद

वाचक

ब्राह्मण का पुत्र पोथी-पत्रा विचारता है और माणिक पुत्र व्यापार करता है, पर अहीर के घर में छाहुर ने जन्म लिया, जिसकी दिनचर्या पशुचारण में व्यतीत होती है। उसकी पशुशाला में भूरी और भामर नामक दुधारू भैंस तथा धोरी नामक युवा गाय है। वह सूर्य अस्त के बाद हल्का-हल्का अंधेरा होने पर जंगल से घर आता है और प्रतिदिन भोर में उठकर उनका दूध दुहता है।

वह गायों को पहाड़ की डूंगरी में चराता है और अपनी भैंसों को कछार में, फिर बरगद के पेड़ के नीचे बैठ कर अपने जातीय गीत बिरहा की तान छेड़ता रहता है। एक दिन छाहुर की माँ ने आकर कहा–कि बेटा, तूने राजा का क्या अनर्थ कर दिया कि राजमहल से तेरा बुलावा आया है।

छाहुर – माँ! मैंने न तो राजा का माल-ख़ज़ाना लूटा है और न ही हाट-बाजार, राज दरबार में जाकर मैं विनती करूँगा कि मुझे बुलाने के लिए सन्देश वाहक क्यों भेजे गये थे?

वाचक – वहाँ से छाहुर इतनी तेज गति से चल पड़ता है, जैसे उसके पैर ज़मीन में नहीं पड़ रहे हो और राजा की गढ़ी में पहुँचकर विनय करता है कि मुझे किसलिए बुलाया गया था?

छाहुर – महाराज, क्या आपको सावन मास में दी जाने वाली मेरी भेंट नहीं मिली अथवा हर वर्ष दिया जाने वाला घी से भरा बर्तन नहीं प्राप्त हुआ? ऐसा क्या ज़रूरी काम पड़ गया, जो मुझे बुलाने के लिए सन्देश वाहक भेजे गये?

राजा – क्या बताएँ छहुरा, भादों में भैंस ब्याही थी, पर उसके थन से दूध ही नहीं निकल रहा। अगर तू अपनी लगता भैंस मुझे दे देता तो मेरा एक बछेड़ा उसका दूध पीता।

छाहुर – भैंस के दूध में भैंसायद जैसी महक आती है और गाय का दूध पतला होता है। अगर आप बकरी या भेड़ का दूध पिलाएँगे तो घोड़ा काफ़ी मज़बूत हो जायेगा।

राजा – नहीं, तो अपनी वह भूरी और गले में कण्ठ वाली भैंस दे दे, जिसकी बायीं आँख फूटी हुई है, तो हमारा बछेड़ा उसका दूध पीयेगा।

छाहुर – हाँ, मेरे यहाँ भूरी और भामर भैंस है, जिसकी बायीं आँख फूटी हुई है, पर वह भैंस दे देने से मेरे मुँह का दूध ही छूट जायेगा, क्योंकि मैं उसी का दूध पीता हूँ।

राजा – छहुरा, मैं तुझे मार कर ज़मीन में गढ़वा दूँगा, तूने मुझे माँगने पर एक भी भैंस नहीं दी। मैं तेरी सारी भैंसें मँगवा लेता हूँ।

छाहुर – राजा, तुम इस धोखे में मत रहना, क्योंकि कौआ को तब तक मारा जा सकता है, जब तक छोटे बच्चे के रूप में पाल में रहता है और

कोटवार को तब मारा जा सकता है, जब वह नशे में धुत हो, किन्तु अहीर को तभी तक मारा जा सकता है, जब तक उसके सिर के बालों की पहली झालर नहीं मुढ़ाई जाती। बाद में तेरी हिम्मत नहीं है कि इन दोनों को मार सके।

वाचक – राजा ने क्रोधित होकर अपने सिपाहियों से कहा कि इसकी सारी भैंस हाँककर हाज़िर करो। देखें, यह कितना बहादुर है। मन ही मन छाहुर सोचता है कि बगैर कोल्हू के तेली का धन्धा नहीं चल सकता और न ही बगैर चाक के कुम्हार का। इसी तरह अगर कोई अहीर बगैर गाय, भैंस के रहे तो उसके जीवन को धिक्कार है। वहाँ से छाहुर भेस बदलकर चल देता है। वह तेज गति से चलता हुआ राजमहल के पास के कुएँ के पाट में बैठकर राजा की गढ़ी का जायज़ा लेने लगता है। तभी राजा की राजकुमारी गेल्ही आती है और कहने लगती है कि तू कहाँ से आया, किस जाति का है? कुएँ के पाट से दूर हट जिससे मैं पानी भर सकूँ।

छाहुर – मैं तो जाति का चर्मकार हूँ और बेल-बूटेदार जूते बनाता हूँ, आज तुम्हारे नगर में आया हूँ और बीच बाज़ार में बैठकर जूतों की बिक्री करूँगा।

गेल्ही – तेरी दूध दुहने से सिझी हुई उँगली और घी से पली-पोसी हृष्ट-पुष्ट देह यह बता रही है कि तू जाति का अहीर है, पर व्यर्थ ही अपनी पहचान को छुपा रहा है।

छाहुर – (मज़ाकिया लहजे में) मैं चर्मकार नहीं, बल्कि जाति का दर्जी हूँ और बेल-बूटेदार चोलियाँ बनाता हूँ। आज तुम्हारे नगर में आया हूँ और बीच हाट में बैठ कर उन्हें बेचूँगा।

वाचक – गेल्ही ने कहा बटोही फिर भी मेरी बात को नहीं मान रहा, अरे तू तो जाति का अहीर है, व्यर्थ ही अपनी पहचान छिपा रहा है।

छाहुर – राजकुमारी! तुमने ठीक ही पहचाना है। मैं जाति का अहीर ही हूँ। यदि कोई मुझे चरवाहा रख ले तो उसके गाय-भैंस की सेवा अच्छी तरह से कर सकता हूँ। राजकुमारी मैं हाथ जोड़कर विनती करता हूँ कि आपके यहाँ गाय-भैंस हैं तो आप बंदना नामक चरवाहे को हटाकर मुझे चन्दना नामक चरवाहे को पशु चारण हेतु रख लो।

गेल्ही – दाऊ जी आपसे आपकी बेटी विनय करती है कि बन्दना चरवाहा ठीक से गाय-भैंस की सेवा नहीं करता, इसीलिए आप नये चरवाहे बन्दना को सेवा हेतु रख लें। बन्दना, तू अब नोई और दोहनी रखकर यहाँ से चला जा, पिताजी ने तेरे स्थान पर अब चन्दना नामक चरवाहा रख लिया है। छाहुर चन्दना चरवाहे के भेष में पशु चारण और दूध दुहने का कार्य करने लगता है।

रानी – रानी ने कहा कि बेटी, तू उस नये चरवाहे पर निगरानी करते रहना, कहीं यह दूध-घी न चुरा ले। (इस तरह छाहुर अपने भैंसों को चरा रहा है और कभी-कभी राजकुमारी गेल्ही भी निगरानी करने के बहाने आ जाती है।)

गेल्ही – बकरी चराने वाला पतले शरीर का चरवाहा चाहिए, क्योंकि वह बड़ी दूर-दूर तक चरती रहती हैं और गाय चराने वाला समझदार चरवाहा चाहिए, किन्तु भैंस को चराने वाला मोटा-तगड़ा चरवाहा चाहिए, जिसके बड़े-बड़े गाल हों और वह होंठों से गाँव गँवार हो।

छाहुर – (अपने ऊपर कटाक्ष पर) गाय तो डोंगरी में चरती है और बकरी इधर-उधर फिरती रहती है, इसीलिए उसके चरवाहे को परिश्रम करना पड़ता है, पर भैंस का चरवाहा बड़े मजे में रहता है, क्योंकि भैंस अगर पानी में घुस गयी तो आधे दिन वहीं डबरी में भरी रहती है। वह निकलने का नाम ही नहीं लेती।

वाचक – राहुल और राजकुमारी गेल्ही का हास-परिहास गेहूँ, चना के खेतों के मेंड़ में भैंस चराते चल रहा था। गेल्ही ने प्रस्ताव रखा कि चलो बरगद के पेड़ के नीचे गुड्डे-गुड़ियों के विवाह रचाने का खेल खेला जाये। विवाह का खेल चल ही रहा था कि तभी उमड़-घुमड़ कर मेघ बरसने लगे और अन्धड़ तूफान चलने लगा। छाहुर तो अपना कम्बल लिए हुआ था पर तेज वर्षा से राजकुमारी का चुन्नटदार लहंगा भींज गया।

गेल्ही – गेल्ही ने कहा चन्दना! ठण्डी के मारे मेरी जान जा रही है, तू मुझे भी अपने कम्बल से ढँक ले।

छाहुर – (कम्बल लपेटे हुए) राजकुमारी यह कम्बल अहीर का है, जिससे दूध की गन्ध आ रही है। मैं तुम्हें कैसे ओढ़ाऊँ? तुम तो राजकुमारी हो।

वाचक – पानी से लथपथ राजकुमारी गेल्ही ठण्ड से काँप रही है। उसके दाँत किट-किट बज रहे हैं। उसने कहा–चन्दना, तू आधा कम्बल मुझे ओढ़ा ले। मैं अब तेरी ही हमेशा के लिए हो जाऊँगी।

राजा – घर में बेटी सयानी हो गयी है, फिर भी तुम उसे दूध दुहवाने भेजती हो? पानी बरस रहा है और वह रात्रि में नहीं आयी। पता नहीं, उसे फुसलाकर कोई ले गया या काले सर्प ने उसको डस कर मार डाला।

रानी – न तो उसके साथ किसी ने छल किया है और न ही उसे काले सर्प ने डसा होगा। वह चन्दना अहीर के प्रेम पाश में बँध गयी है और उसी के साथ होगी।

राजा – मैं चन्दना अहीर को मारकर दरवाजे के नीचे गड़वा दूँगा, जिसने मेरी सीधी-सादी बेटी को अपने प्रेमपाश में बाँध लिया है।

गेल्ही – चन्दना, मैं हमेशा के लिए तेरी हो गयी, इसीलिए इस वर्ष के बीच राज्य के बाहर निकल चलें, क्योंकि अगर यह बात मेरे पिताजी को मालूम पड़ गयी तो गले में भाला घोंप देंगे।

छाहुर – मैं तेरे बाप को मार कर गढ़ी के दरवाजे के सामने गड़वा दूँगा। ताल ठोककर अखाड़े में कूद पड़ूँगा और छलाँग लगाकर गढ़ी में चढ़ जाऊँगा। राजकुमारी तुम मेरी बात को मानकर गढ़ी चली जाओ, मैं तुम्हें विश्वास दिलाता हूँ कि एक पखवाड़े के अन्दर आकर तुम्हें ब्याह कर ले जाऊँगा।

वाचक – राजकुमारी गेल्ही उसकी बात मानकर घर चली गयी। उसके माता-पिता ने पूछा कि–बेटी, तुमने रात कहाँ गुजारी?

गेल्ही – पिताजी, सारी रात पानी गिरता रहा, इसीलिए मुझे रास्ता ही नहीं मालूम पड़ रहा था, इसीलिए पशुशाला में ही रात्रि गुजारनी पड़ी।

वाचक – जब राजा और गेल्ही की बातें हो रही थीं, तभी छाहुर मौक़ा देख अपनी भैंस हाँक कर चला गया।

राजा – राजा ने भैंस हँक जाने की ख़बर सुनकर अपने सिपाहियों से कहा कि तुम तुरन्त छहुरा को बाँधकर मेरे सामने उपस्थित करो। (छाहुर जब जंगल से लौटा तो लोगों ने बताया कि राजा के सिपाही तुझे पकड़ने आये थे।)

छाहुर – राजा पहले मेरी भैंस हँकवा ले गया था तो मैं अपनी भैंस वापस ले आया। मैं अब राजा के यहाँ क्याँ जाऊँ? माँ, मैं वहाँ जाने वाला नहीं हूँ।

माता – जिसके पिता राजा के यहाँ गढ़ी के रक्षक और चाचा दीवान रहे हैं, अहीर वंश में जन्मा यह छहुरा राजा के दरबार में जाने से डर रहा है।

वाचक – छाहुरा को तेजी से चलता देख टोला-पड़ोस के लोगों ने कहा कि–छाहुर अहीर, तू कहाँ जा रहा है? तेरे तो पैर ही ज़मीन में नहीं पड़ते।

छाहुर – मेरी यहाँ एक ब्याहता और दो रखैल स्त्रियाँ हैं और कुछ से चोरी-छुपे प्रेम चलता है, फिर भी मेरा मन नहीं भरा, इसलिए राजकुमारी से ब्याह रचाने राजमहल जा रहा हूँ।

वाचक – छाहुर इस तरफ़ चल पड़ा, जैसे उसके ज़मीन में पैर ही नहीं रखे जा रहे हों। वह राजा के दरबार में जाकर बोला कि तुमने मेरे यहाँ बुलाने वालों को क्यों भेजा था? ना तो मैंने माल-ख़जाना लूटा है और न ही हाट-बाज़ार। मैंने क्या गलती की है, जो तुमने मेरे यहाँ सिपाही पठाया था?

राजा ने सिंहासन पर बैठे हुए कहा कि–छहुरा, तू मेरे पशुशाला की भैंसें क्यों हाँक कर ले गया?

छाहुर – राजा, पहले तूने ही मेरी भैंस हँकवा ली थीं, जिन्हें मैं छीनकर ले गया। अब तुम्हारी गेल्ही राजकुमारी को ब्याहने आ गया हूँ, इसीलिए शीघ्र ही आँगन में मण्डप गड़ाओ।

वाचक – बातों-बातों में ही तकरार बढ़ गयी। राजा ने ललकारते हुए कहा–छहुरा, तुझे मारकर द्वार में गड़वा दूँगा। छहुरा अपनी लोहे के गठ्ठे वाली लाठी लेकर ताल ठोंक कर खड़ा हो गया और मार-मारकर पहरेदारों को ज़मीन में बिछा दिया और राजा डर के मारे किले के अन्दर इस प्रकार घुस गया जिस प्रकार बूढ़ा बिलाव भागकर छिप जाता है। छाहुर ने कहा कि–राजकुमारी, अब मेरे साथ चलने को तैयार हो जाओ। आगे-आगे छाहुर चल रहा है और पीछे-पीछे राजकुमारी गेल्ही। पीर गढ़ी पूजते-पूजते द्वार पर पहुँच जाते हैं।

छाहुर – माँ, बाहर निकलकर देखो और परछन की तैयारी करो क्योंकि तुम्हारी बहू द्वार पर खड़ी है।

वाचक – माँ ने बाहर निकलकर देखा तो ख़ुश हो गयी। गाँव में बुलावा दिया जिससे महिलाएँ आकर गीत गाने लगीं। धरती की पालकी बनी हुई है और उसको ढकने के लिए बादल का पट लगा हुआ है, जिसके भीतर गेल्ही कुँवरि बैठी है और उसका चुन्नटदार लहँगा ज़मीन को छू रहा है।

अब आगे-आगे भैंस के समूह को राजकुमारी गेल्ही रोकती चलती है और पीछे-पीछे छाहुर उन्हें हाँकते हुए चल रहा है। दोनों मिलकर भैंस चराते हैं और बीच-बीच में विरहा गीत भी गाते जाते हैं।[1]

साभार-उद्धृत-बघेली : अन्तरंग और बहिरंग से

1. डॉ. सेवाराम त्रिपाठी, पृ. 110, मध्यप्रदेश हिन्दी ग्रन्थ अकादमी, भोपाल, 2016

निमाड़ के लोकनाट्य

निमाड़ की भूमि

निमाड़ मालवा के पठार के दक्षिण की वह भूमि है, जो विन्ध्य और सत्पुड़ा से घिरी है और नर्मदा जिसकी जीवन रेखा है। निमाड़ की धरती हज़ारों वर्षों की ऊष्म जलवायु को वहन और सहन करने वाली रही है। जिस पर निमाड़ी लोक संस्कृति का आत्मीय विस्तार हुआ। निमाड़ के लोकजन को मालूम है कि कभी अनूपदेश कहलाने वाला यह एक ऐसा जनपद था, जिसकी अपनी संस्कृति अलग और सबसे पुरानी थी। इस भूमि पर ही नर्मदा संस्कृति का प्रादुर्भाव हुआ था। जिसका सम्बन्ध मानव की महासंस्कृति से था। डॉ. वासुदेवशरण अग्रवाल लिखते हैं कि नर्मदा की उत्कण्ठ भूमि अति प्राचीन संस्कृति की धात्री है।

गम्मत ओंकारेश्वर का मेलो निमाड़, शोभाराम बाँसुरे, मण्डलेश्वर

विन्ध्य, सत्पुड़ा और नर्मदा तीनों का निमाड़ की संस्कृति के निर्माण में महत्त्वपूर्ण योगदान है। महेश्वर (माहिष्मती), ओंकारेश्वर मान्धाता और खाण्डववन (खण्डवा) जैसी नगरियाँ इसी भूमि पर हैं। पौराणिक काल में निमाड़ की भूमि का महत्त्वपूर्ण स्थान रहा है। जमदग्नि सहस्रार्जुन का महायुद्ध इसी भूमि पर हुआ था। रावण जैसा बलशाली सहस्रार्जुन से पहली बार पराजित हुआ था। परशुराम ने इस सहस्र भुजाओं वाले बाहुबली का वध भी इसी जगह किया था। आदिशंकराचार्य और मण्डन मिश्र का शास्त्रार्थ भी यहीं हुआ था। प्रातःस्मरणीया देवी अहिल्या बाई ने इसे ही अपनी राजधानी बनाने के लिए चुना था।

सीता स्वयंवर में परशुराम, उज्जैन

समृद्ध निमाड़ी बोली और उसकी संस्कृति, कला और साहित्य का उन्मेष भी निमाड़ की प्रकृति और धरती पर ही हुआ है। यहाँ वर्ष भर पारम्परिक पर्व-त्योहार, उत्सवों पर किये जाने वाले नृत्य, नाट्य और गीत संगीत का भी अपना वैभव है। जिससे निमाड़ के लोकजन सदैव प्रतिकृत होते हैं। यहाँ नृत्य और नाट्य की एक लम्बी परम्परा है। जिनकी पहचान सर्वथा मौलिक है। विवाह में दूल्हे को सताना, डेल रोकना, दूल्हे के जूते छिपाना, नाम कहाना, ठोठ्या आदि ऐसे रिवाज हैं, जिनमें हास्य और व्यंग्य की स्थितियों में गीतों और वार्तालाप से मनोरंजन स्वाभाविक रूप से उत्पन्न हो जाता है, पर इनमें लोकनाट्य की प्रवृत्ति नहीं रहती, थोड़ी बहुत नाटकीयता की सृष्टि होती है। लेकिन ये तत्त्व लोकनाट्य रूप को गढ़ने में सहायक

ज़रूर होते हैं। भिन्न-भिन्न रंग प्रवृत्तियों के समुच्चय का नाम लोकनाट्य पड़ गया है। निमाड़ के पारम्परिक लोकनाट्यों के बारे में अभी तक जो जानकारियाँ उपलब्ध हैं, वे बहुत थोड़ी हैं या कहें, नहीं के बराबर हैं। निमाड़ी लोकनाट्य परम्परा की किसी ने अभी तक वैसी पड़ताल भी नहीं की है, जो किसी पारम्परिक रंग कर्म के गम्भीर सर्वेक्षण में की जाती है। निमाड़ में पारम्परिक नृत्य और नाट्य का सिलसिला किसी न किसी पर्व-त्योहार, सामाजिक, धार्मिक अनुष्ठान आदि अवसर से जुड़ा है। पर, क्या महज़ प्रासंगिक नाटकीयता या हँसी-मज़ाक़ नाच गाने भर को लोकनाट्य की संज्ञा दी जा सकती है? जवाब नहीं में मिलता है। इस दृष्टि से निमाड़ में एक भी लोकनाट्य ऐसा नहीं है, जो सम्पूर्ण लोकनाट्य की परिधि में आता हो, फिर भी लोकनाट्य की प्रवृत्तियों से निमाड़ अंचल खाली नहीं है। जिनका प्रमुख उद्देश्य मात्र मनोरंजन ही नहीं है, बल्कि समाज को बहुत कुछ हँसी-हँसी में कहना भी है। लोक की 'कहन' ही एक शैली बनती है, यही शैली हँसी-मज़ाक़, व्यंग्य, वक्रोक्ति और नाट्यकर्म में बुनियादी फ़र्क़ करती है, किसी प्रवृत्ति का विधा या शैली में परिवर्तित और प्रतिष्ठित होना ही लोक का सृजन है। हँसी-मज़ाक़, व्यंग्य, वक्रोक्ति तो बात-बात में किसी भी समय की जा सकती है, और उसका तात्कालिक प्रभाव भी होता है, लेकिन उसे कोई विधा या नाट्य नहीं कहा जा सकता है। नाट्य का कोई निश्चित स्वरूप होता है। उसका पारम्परिक रंग होता है। उसका कोई न कोई आधार

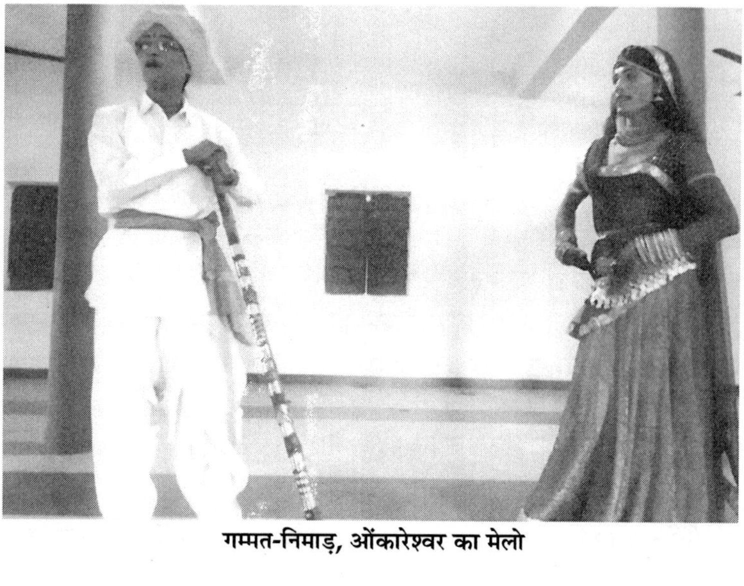

गम्मत-निमाड़, ओंकारेश्वर का मेलो

होता है। उसके मूलभूत लोक रंग तत्त्व होते हैं। संगीत और नृत्य होते हैं। संवाद और वार्तालाप होता है। उसका अपना मंच और अभिनय शैली होती है। उसके पारम्परिक दर्शक-श्रोता होते हैं।

लोकनाट्य लोकसमाजों की जातीय परम्परा से विकसित होते हैं, जिनकी अपनी निजी पहचान क़ायम होती है और वे किसी न किसी नाम से अभिहित होते हैं। लोक रंग तत्त्व नाट्य के रूप और रंग को निर्धारित करते और गढ़ते हैं। लोक परम्परा में स्वांग, गम्मत, ख्याल, तमाशा, नौटंकी, नाचा, माच, कुट्टियाट्टम, भवाई, नक़ल आदि इसी तरह विकसित हुए हैं, जिनको आज सभी जगह एक लोक विधा के रूप में पहचाना जाता है। लोकजीवन में लोकनाट्य के महत्त्व को नकारा नहीं जा सकता, बल्कि यह कहना सार्थक होगा कि लोक प्रहसन और मनोरंजन के लिए समाज में आदिकाल से भरपूर सामग्री मौजूद रही है। नक़ल, हँसना-हँसाना मनुष्य का सहज स्वभाव है। लोक की अपनी पारम्परिक रंग दृष्टि का विकास धीरे-धीरे लोक प्रहसन की मूल प्रवृत्ति से ही हुआ है। लोक के प्रभावी नाटकीय तत्त्वों को लेकर लोक समुदायों ने अपनी आंचलिक रंगकर्म परम्परा का विकास किया। इसका परिणाम यह हुआ कि हर सांस्कृतिक अंचल में अपने-अपने ढंग की लोकरंग शैलियाँ बनती चली गयीं, जिन्हें हम आज लोकनाट्य कहते हैं।

लोकनाट्य पारम्परिक संगीत, नृत्य, अभिनय और कथानक का मिला-जुला प्रस्तुतीकरण होता है। जिसका मूल मक़सद जीवन की उदासी और समरसता को तोड़ना है।

नृत्य मनुष्य की सृजनेच्छा का प्रथम कला सोपान है। आदिम समूहों के अध्येताओं ने उनकी परम्पराओं के सूक्ष्म अध्ययन से यह निरूपित किया है कि चित्रकला मानवीय भावाभिव्यक्ति का प्रथम उन्मेष नहीं है बल्कि भावावेश की अभिव्यक्ति का प्रथम मानवीय प्रयत्न नृत्य के माध्यम से हुआ। प्रारम्भिक मानव के आदि नृत्य से नाट्य की उत्पत्ति हुई है। आदिम नाट्य से लोकनाट्य का प्रादुर्भाव सम्भव हुआ है। यह सच है कि लोककलाओं का मूल आदिम कलाएँ ही हैं। प्रसिद्ध नाट्यकर्मी डॉ. जगदीशचन्द्र माथुर ने एक स्थान पर ठीक लिखा है कि–'भारतीय नाट्य कला और रंगमंच का इतिहास हमें बताता है कि प्राचीन नाटक का प्रादुर्भाव लोक रंगमंच और लोकनाट्य के रूप में ही हुआ है।' निमाड़ के पारम्परिक लोकनाट्यों में ठोट्या, पाती, रासमण्डल, स्वांग, गम्मत, रामलीला और रासलीला आदि को गिना जा सकता है। इनमें रामलीला और रासलीला निमाड़ की लोकनाट्य

परम्परा में उत्तर प्रदेश और गुजरात से आयी है, शेष प्रवृत्तियाँ निमाड़ की संस्कृति में पनपी और विकसित हुई हैं। निमाड़ की संस्कृति की अपनी एक अलग पहचान है। गरम जलवायु होने के कारण निमाड़ के लोक जीवन में एक तरह की उमस, तपस, स्पष्टवादिता समा गयी है। इसके कारण जीवन में हर क्षेत्र में निमाड़ीपन पृथक् से दिखाई देता है। निमाड़ी बोली, लोक व्यवहार, संस्कृति, कला और लोक साहित्य आदि समूचे जनजीवन में निमाड़ की माटी की सोंधी सुगन्ध का एहसास किया जा सकता है। लोकनाट्य परम्परा में भी निमाड़ी लोक संस्कृति का सम्पूर्ण समावेश देखा जा सकता है।

ठोठ्या

ठोठ्या पूर्णत: महिलापरक लोक प्रहसन है। ठोठ्या की प्रस्तुति विवाह के अवसर पर की जाती है, जब बारात घर से ब्याहने के लिए विदा हो जाती है, तब घर में बची महिलाएँ रात्रि में मण्डप के नीचे ठोठ्या खेलती हैं। परम्परा से इस नाट्य की पात्र और दर्शक महिलाएँ ही होती हैं, बच्चों और पुरुषों का ठोठ्या खेल देखना सर्वथा निषिद्ध है। फिर भी पुरुष ठोठ्या खेल को चुपके से देखने में रस लेते हैं। ठोठ्या का रंग-स्थल खुला होता है। मण्डप के नीचे सारी महिलाएँ इकट्ठी हो जाती हैं। ठोठ्या खेल में पूर्वरंग जैसी कोई प्रक्रिया नहीं होती, बस मोहल्ले की आसपास की महिलाओं को बुला लिया जाता है। कोई महिला ढोलक की व्यवस्था करके ले आती है। कहीं-कहीं बिना ढोलक के भी काम चलता है। गीत और स्वांग ठोठ्या के प्रमुख तत्त्व हैं। महिलाएँ गीत गाना शुरू करती हैं, ठोठ्या के सारे गीत नृत्यपरक होते हैं। गाने के साथ ढोलक बजती है और एक या दो महिलाएँ गाते-गाते उठकर नाचने लगती हैं। नाचते-नाचते गीत के बोलों पर हाथ, पैर और चेहरे के हाव-भाव शुरू हो जाते हैं। यह ठोठ्या खेल की शुरुआत है। एक-दो गीत इसी तरह महिलाएँ बदल-बदल कर गाती और नृत्य करती हैं। ठोठ्या के गीत स्त्री-पुरुषों के सम्बन्धों को लेकर शृंगारपरक होते हैं। इसमें पुरुषों के स्वभाव की खुलकर नक़ल की जाती है। स्त्रियाँ ही पुरुष बन जाती हैं, और उसका पूरा स्वांग उतारती हैं। देर रात में पति-पत्नी के एकान्तिक अवसरों की नक़ल की जाती है। पुरुष और स्त्री के जननांगों के नाम लेकर व्यंगात्मक हँसी-मज़ाक़ की जाती है। पेट पर कपड़ा बाँधकर स्त्री को गर्भवती दिखाया जाता है। चोटी के बालों को नाक के नीचे बाँधकर मूँछें लगा ली जाती हैं। स्वांग का सारा अभिनय व्यापार संभोग शृंगार के आसपास घूमता है। पारिवारिक जीवन की नक़ल की जाती है। इस प्रस्तुति में महिलाएँ उन्मुक्त हो जाती हैं और बेहूदी हरकतों से ख़ूब रस लेती हैं और हँसती-हँसाती हैं। इसीलिए पुरुषों और

बच्चों का ठोठ्या में प्रवेश निषेध होता है। नृत्य के बीच-बीच में स्त्री-पुरुष के संवाद भी होते हैं। दूल्हा-दुल्हन, सात फेरे, पुरुषों के काम पर जाने और लौटने सम्बन्धी ठोठ्या में ख़ूब मज़ाक़ बनाती हैं, जब कि पुरुष वहाँ अनुपस्थित होता है। ठोठ्या में महिलाओं को यह सब करने का स्वच्छन्द वातावरण मिलता है, यह परिपाटी परम्परा से महिलाओं को मिली है, 'सौ दिन पुरुषों के एक दिन महिलाओं का' कहावत ठोठ्या में चरितार्थ होती है। हँसी-ठठ्ठा से ठोठ्या या शब्द बना है। जिन समाजों में महिलाएँ बारात के साथ जाती हैं, यह जनवासे में लड़की की तरफ़ की महिलाओं के साथ मिलकर ठोठ्या खेलती हैं।

स्वांग-बुन्देलखण्ड, सन्तोष पाण्डे दल कनेरादल, सागर

गणगौर पर्व में पाती के समय भी किशोरियाँ और प्रौढ़ महिलाएँ ठोठ्या स्वांग करती हैं। नदी, बगीचे या अमराइयों में जहाँ बालिकाएँ पाती खेलने जाती हैं, वहाँ कुछ देर तक विभिन्न प्रकार के खेल खेलती हैं। गीत गाती हैं। नृत्य करती हैं। खेलों में औंधी टोकनी पर टोकनियाँ रखकर सभी लड़कियाँ उसके ऊपर से कूदती हैं, इसे ठोठ्या कहते हैं। जो लड़की कूदने में सफल हो जाती है, उसकी ख़ूब हँसी होती है। लड़कियाँ आपस में मज़ाक़ करती हुए कहती हैं–जो टोकनियों के ऊपर से कूद जायेगी, उनको सुन्दर और बलिष्ठ पति मिलेगा और जो कूद नहीं पायेगी, उसे कुरूप या 'काणा लाड़ा' मिलेगा। अथवा हाड्या (कौवा) लाड़ा (दूल्हा) मिलेगा।

ठोठ्या स्वांग को लोकनाट्य में नहीं रखा जा सकता। यह एक हँसी-मज़ाक़ की मात्र नाट्य प्रवृत्ति है। जिसे महिलाएँ अवसर विशेष पर करती हैं। ठोठ्या एक परिपाटी है, जिसे महिलाएँ मनोरंजनार्थ निभाती हैं, उनमें किसी प्रकार का कलात्मक परिष्कार या सार्वजनिक प्रदर्शन की कोई सम्भावना नहीं होती। ठोठ्या स्वांग का सामाजिक और सांस्कृतिक सरोकार बस इतना है कि वह महिलाओं के द्वारा महिलाओं के लिए किया जाने वाला पारम्परिक लोकधर्मी प्रहसन का नाटकीय खेल है, जिससे थोड़ी देर महिलाएँ अपना बौद्धिक और आत्मिक मनोरंजन करती हैं। ठोठ्या को अन्य जगहों पर 'नकटौरा' भी कहा जाता है। बुन्देलखण्ड में इसे बाबा स्वांग कहते हैं।

पाती स्वांग

निमाड़ में गणगौर पर्व पर पाती खेलने का रिवाज है। पाती पूर्णत: महिलाओं का खेल है। जिसमें हँसी-मज़ाक़ के साथ नृत्य, गीत, नाट्य, स्वांग और जुलूस आदि शामिल हैं। माता की मूठ रखने के दिन से गाँव की किशोरियाँ पाती खेलती हैं। पाती को फूल पाती भी कहते हैं। बालिकाएँ प्रतिदिन नौ दिन तक फूल पाती का खेल बड़े उत्साह से खेलती हैं। फूल पाती का अर्थ फूल पत्ते तो है ही, पाती का अर्थ यहाँ सन्देशा से लिया जा सकता है। पाती के माध्यम से किशोरियाँ यह सन्देश देना चाहती हैं कि मातृ देवी गणगौर पर्व का आगमन हो गया है। अब पाती खेलें। पाती खेल में किशोरियाँ आम, पानबेल, आदि के पत्ते मिट्टी या ताँबे के कलश में रखती हैं। सिर पर कलश रखकर गाँव या मोहल्लों की सभी लड़कियाँ अपने-अपने घर से निकलकर समूह में गीत गाते हुए निकलती हैं। एक लड़की हाथ में आरती रखती है। वे गाँव के बाहर किसी नदी, आम्रवृक्ष या मन्दिर के समीप जाकर

स्वांग में सन्तोष पाण्डे, बुन्देली स्वांग

रुकती हैं। सिर से कलश उतार दिये जाते हैं। जुलूस के आगे ढोली, ढोल और थाली बजाते आगे-आगे चलता है। लड़कियाँ कुछ देर चौक पाट और पूजा करती हैं, फिर पाती स्वांग भरती हैं। एक लड़के को दूल्हे का वेश धारण करवाया जाता है, इसे लाड़ा लाड़ी का खेल कहते हैं। यहाँ अपेक्षाकृत बड़ी लड़की को दुल्हन बनाया जाता है। लड़के के सिर पर दूल्हे का मौर और लड़की के सिर पर दुल्हन का मौर बाँधा जाता है। दूल्हा आगे और दुल्हन पीछे की ओर पल्ला-पल्ली बाँधकर चलते हैं, जैसे विवाह में गठजोड़ करते हैं। दुल्हन के सिर पर एक के ऊपर एक दो जल से भरे लोटे रखे जाते हैं। उसमें आम के मोर युक्त पत्ते रखते हैं। आगे-आगे दूल्हा-दुल्हन और उसके पीछे पाती वाली सारी लड़कियाँ गीत गाते हुए जुलूस के रूप में चलती हैं। ढोली ढोल बजाता चलता है। इस जुलूस और नक़ली दूल्हा-दुल्हन को देखने के लिए अच्छा-ख़ासा हुजूम इकट्ठा हो जाता है। परम्परानुसार दूल्हा दुपट्टे का छोर मुँह पर रखकर मुस्कुराने और शरमाने की मुद्रा में चलता है। यह एक पारम्परिक बिना संवाद का स्वांग है, जिसका मतलब बेमेल शादियों का उपहास उड़ाना है। आप लोग इस बात को अच्छी तरह समझते हैं और फूलपत्ती के बहाने किशोरियों के इस चुभते हुए सन्देश को मन ही मन समझकर हँसते हैं, खिलखिलाते हैं।

फूल पाती की वापसी ब्राह्मण के घर या माता की बाड़ी में होती है। आम्रपल्लव बाड़ी में चढ़ा दिये जाते हैं और लड़कियाँ आपस में तमोल का प्रसाद बाँटती हैं। नौ दिन तक पाती स्वांग का यह क्रम चलता है। कहीं सुबह या कहीं दोपहर पश्चात् पाती खेलने का रिवाज है। कहते हैं भगवान शिव को प्राप्त करने के लिए पार्वती ने अपनी सहेलियों के साथ पाती का खेल किया था और देवी की व्रतपूजा से शिव जैसे पति को प्राप्त किया था, तब से फूल पाती का आनुष्ठानिक खेल (स्वांग) की परम्परा का चलन हुआ।[1]

पाती खेल के अन्त में किशोरियाँ ठोठ्या स्वांग भी करती हैं। लड़कियों को दूल्हा-दुल्हन बनाकर पाती खेल स्थल पर फेरे लगवाये जाते हैं। एक लड़की पण्डित बनती है, मन्त्र पढ़ती है। लड़के-लड़की के माँ-बाप की भूमिका भी की जाती है। वहाँ कन्यादान किया जाता है। बाना रखा जाता है और अन्त में दूल्हा-दुल्हन का पाती स्थल से घर तक का सामूहिक जुलूस निकलता है। जुलूस के पीछे-पीछे लड़कियाँ गीत गाती हुई चलती हैं।

---

1. वसन्त निरगुणे : निमाड़ी संस्कृति और साहित्य, मध्यप्रदेश आदिवासी लोककला परिषद, भोपाल, 2000

ठोठ्या और पाती रंग दृष्टि से एकपक्षीय खेल है, जिनमें महिलाएँ ही हिस्सा लेती हैं, इनमें पुरुषों की कोई भूमिका नहीं होती। निमाड़ के लोकनाट्यकर्मी श्री प्रभाकर दुबे ने ठोठ्या के बारे में लिखा है–"महिलाएँ भी पुरुष का वेश धरकर जब घर के लोग बारात चले जाते हैं–स्वांग करती हैं। निमाड़ में इसे ठोठ्यो कहते हैं। यह हास्य और व्यंग से ओतप्रोत होता है।[1] ठोठ्या में कथा नहीं होती जीवन के विभिन्न दैनन्दिन स्त्री-पुरुष प्रेम शृंगार के प्रसंग होते हैं। इसमें सोचे-समझे कोई कथोपकथन भी नहीं होते। इसलिए कथानक में स्वतन्त्रता होती है। गीत और नृत्याभिनय ठोठ्या स्वांग की जान होते हैं। पात्र भी निश्चित नहीं होते। गाते-गाते बीच में भी कोई भी पात्र खड़ा हो सकता है। ठोठ्या में कोई रंगभूषा या वेशभूषा नहीं होती। रोज़मर्रा की वेशभूषा में थोड़े से परिवर्तन से महिला तुरन्त पुरुष और अन्य भूमिकाओं में उसी समय उतर जाती है। ठोठ्या का कोई पूर्वरंग नहीं होता और न ही मेकअप की व्यवस्था होती है। फिर भी ठोठ्या में नाट्य प्रवृत्ति केन्द्रीय रूप में समाहित है, इसीलिए इसे लोक रंग की पारम्परिक परिपाटियों में गिनना उचित है।

पाती में स्वांग तत्त्व की प्रमुखता है। इसमें कोई कथा नहीं होती और ना कथोपकथन। पाती के बिना कोई संवाद के सम्पूर्ण स्वांग की उपस्थिति होती है। दूल्हा और दुल्हन का रूप धारण कर लड़कियाँ इस मनोरंजक स्वांग की सृष्टि करती हैं। पाती में दूल्हा-दुल्हन की वेशभूषा और शृंगार में कोई कमी नहीं होती। पाती गीत स्वांग के अनुकूल वातावरण बनाने में सक्षम होते हैं। राह चलते पाती स्वांग में हज़ारों दर्शक उपलब्ध हो जाते हैं। पाती स्वांग एक नक़ल है। रंग दृष्टि से पाती स्वांग खुले में किया जाने वाला नाट्य है। जिसका सम्पूर्ण कार्य व्यापार घर आँगन, गली और नदी, कुएँ का परिसर होता है। पाती स्वांग से लोक जनों का भरपूर मनोरंजन होता है।

पानवाड़ी स्वांग

पानवाड़ी विवाह में किया जाने वाला पारस्परिक स्वांग है। पानवाड़ी पूरी तरह महिलापरक स्वांग है। इसमें थोड़ा बहुत अनुष्ठान भी होता है। लग्न होने के दूसरे दिन सुबह दोनों तरफ़ की समधिनें इकट्ठी होकर किसी कुएँ-बावड़ी या नदी किनारे गीत गाती हुई जाती हैं। वहाँ जलवाय पूजन की तरह कंकड़ की पाँच या सात गौर बनाकर पूजा करती हैं। हल्दी चढ़ाती हैं और समधिनें आपस में पति-पत्नी का जोड़ा

1. वसन्त निरगुणे : निमाड़ी संस्कृति और साहित्य, मध्यप्रदेश आदिवासी लोककला परिषद, भोपाल, 2000

बनाती हैं। पल्लू का गठबन्धन करती हैं और फिर आपस में एक-दूसरे के जवाब-सवाल में गाली गीत (निवालियाँ) गाती हैं। समधिनों के वहाँ इस तरह आठ-दस जोड़े बन जाते हैं, वे आपस में विवाह करते हैं। फेरे लगाते हैं। पति-पत्नी के सम्बन्ध की नक़ल करते हैं। खुल कर हँसी-मज़ाक़ होता है। नृत्य, गीत और अभिनय होता है। गठबन्धित जोड़े नदी किनारे से गाते बजाते विवाह मण्डप में आते हैं और वहाँ फिर पानवाड़ी स्वांग किये जाते हैं। निवालियाँ गायी जाती हैं और यह कार्यक्रम लगभग एक या दो घण्टे चलता है। अन्त में समधिनें आपस में एक-दूसरे को पान देकर पानवाड़ी स्वांग समाप्त करती हैं।

पानवाड़ी स्वांग का मुख्य उद्देश्य मात्र मनोरंजन है। समधिनें एक-दूसरे के स्वांग बनाकर आपस में मज़ाक़ करती हैं। इस परिपाटी को निभाने के पीछे आपसी मेलजोल, जान-पहचान और अधिक नज़दीक आने की बात है। पानवाड़ी स्वांग के कोई निश्चित विषय और रंग राग नहीं होते। पानवाड़ी स्वांग की प्रथा निमाड़ में प्रायः विलुप्त हो गयी है, अब किसी भी विवाह में पनवाड़ी और पानवाड़ी स्वांग देखने को नहीं मिलता। पुरानी महिलाओं की स्मृति में आज भी पानवाड़ी स्वांग की मधुर यादें अंकित मिल सकती हैं। पानवाड़ी को 'पनवाड़ी' कहते हैं। पनवाड़ी का अर्थ पान की बाड़ी होता है। जहाँ स्वांग का मंच और दर्शक पूरा गाँव या मोहल्ला बन जाता है। इसमें पुरुष वर्ग की भागीदारी नहीं होती। पनवाड़ी की पात्र महिलाएँ होती है। ढोल और थाली की सोहबत ज़रूरी होती है, जो पानवाड़ी जुलूस के आगे-आगे ढोल बजाता चलता है और पानवाड़ी के दोनों रंगस्थल पर किये जाने वाले आगे खड़े, मटकी, रजवाड़ी नृत्य पर ढोल की विभिन्न ताले या चाले बजाता है। ढोल विवाह के पारम्परिक नृत्य और नाटक का केन्द्रीय वाद्य है। नाट्यों में कहीं-कहीं ढोलक और मृदंग का भी प्रयोग किया जाता है।

खमरास या रासलीला

खमरास है तो रासलीला, जो कृष्णचरित पर आधारित होती है। खमरास निमाड़ का पारम्परिक लोकनाट्य है। खमरास भादों की कृष्ण जन्माष्टमी पर किया जाता है। जन्माष्टमी के आठ दिन पूर्व से खमरास किये जाने की तैयारी की जाती है। इस काम में पूरा गाँव या मोहल्ले के लोग सहायता करते हैं। खमरास कृष्ण लीला के विभिन्न कथा प्रसंगों पर केन्द्रित होता है, लेकिन मुख्य विषय खमरास का कृष्ण की रासलीला होती है।

रंगस्थल या रास मण्डल

खम का अर्थ स्तम्भ है। गाँव या मोहल्ले के किसी खुले चौराहे या गली के नुक्कड़ पर विधिविधान अनुष्ठानपूर्वक खम्भा गाड़ा जाता है। खमरास का रंगस्थल परम्परा से निश्चित होता है, प्रतिवर्ष वहीं खमरास किया जाता है, कहीं-कहीं खम स्थायी रूप से गड़ा होता है, जो 'रास मण्डल' के नाम से जाना जाता है। खम्भ को गाड़ते समय गड्ढे की पूजा-पाठ, नारियल, सवा रुपया, लाल या पीले कपड़े में पान सुपारी, हल्दी, कुमकुम, चावल, अबीर, गुलाल आदि बाँध कर चढ़ाया जाता है। पूजा कोई पण्डित या गाँव पटेल करता है। खम्भ पर कपड़े की चाँदनी तानी जाती है, जो चारों ओर से खुली होती है। इसी चँदोवे के नीचे खम के घेरे में रास किया जाता है। इसीलिए इसका नाम खमरास पड़ा है। खमरास का यही पारम्परिक लोक मंच है, जिसका सारा रंग व्यापार ज़मीन पर ही होता है। मंच के चारों ओर दर्शक अपनी सुविधा से बैठ जाते हैं। आसपास के ओटलों, खिड़कियों, गोखड़ों, छज्जों, छतों आदि तक में महिला-पुरुष, बच्चे, दर्शक-श्रोता अपनी जगह बना लेते हैं। कई दर्शक अपने घर के टाट या दरियाँ बिछाकर उस पर खेल शुरू होने से बहुत पहले से जम जाते हैं।

पूर्वरंग

खमरास में पूर्वरंग अनौचारिक होता है। खेल शुरू होने से पहले खम्भ की दिशा धारी पूजा होती है, शुभारम्भी अनुष्ठान होता है। झाँझ और मृदंग की पूजा होती है। मृदंग में आटा लगाया जाता है। फिर रास मण्डली झाँझ-मृदंग बजाती भजन गाती गोद में उठाये बालमुकुन्द की मूर्ति खम्भ के नीचे किसी चौकी या बेदी पर स्थापित करती है। बालमुकुन्द खमरास के अधिष्ठा देवता है। धूप-दीप-अगरबत्ती लगायी जाती है। स्थापना के पश्चात् रास मण्डली कृष्णलीला सम्बन्धी एक या दो गीत खम्भ के चारों ओर घूम कर गाती है। घूमते समय वादक कमर में मृदंग बाँधकर बजाता आगे-आगे चलता है। एक नर्तक नृत्य करते और गीत गाते चलता है। पीछे-पीछे पाँच-छह झाँझवादक उच्च स्वर में गीत की कड़ियाँ गाते चलते हैं। गीत समाप्ति पर वादक किसी एक कोने में स्थान ग्रहण करते हैं। पूर्वरंग यहीं समाप्त होता है।

पूर्वाभ्यास

खमरास के कलाकार अपनी-अपनी भूमिका के गीत, संवाद और कथाएँ वैसे तो साल भर कण्ठस्थ करते रहते हैं, लेकिन जन्माष्टमी के आठ-दस दिन पूर्व रात में

प्रतिदिन सामूहिक रूप से अपनी भूमिकाओं के वार्तालाप, गीत-भजन-संगीत आदि का पूर्वाभ्यास करते हैं। कभी-कभी सूत्रधार भगत कोई नया खेल या नृत्य गीत जोड़ना चाहता है तो कलाकारों से समूह चर्चा कर उसे नया रूप प्रदान कर देते हैं लेकिन, कुछ ख़ास परिपाटियों को निभाना खमरास में अनिवार्य होता है। फिर भी खमरास में पूर्वाभ्यास या सम्पूर्ण रिहर्सल जैसी कोई प्रतिबद्ध लोकरीति नहीं होती।

कलाकारों की थोड़ी-सी आपसे चर्चा और सुझाव से नाट्य की प्रस्तुति का निर्णय हो जाता है। पारम्परिक कलाकारों में यह आपसी समझ ग़ज़ब की होती है। लोकनाट्यों में इस तरह की स्वायत्तता परम्परा से रही है। कोई भी कलाकार किसी को भी उसके गाने अभिनय आदि का सुझाव देने में स्वतन्त्र होता है, उस पर बाकायदा बहस होती है और अच्छे सुझाव, फेरबदल को सहज स्वीकार कर लिया जाता है। इसी समय यह भी तय हो जाता है कि नाट्य में लगने वाली कौन-सी वस्तु कहाँ से प्राप्त होगी और उसके लाने की ज़िम्मेदारी किसकी होगी। लोकनाट्यों में लगने वाली रंगभूषा और वेशभूषा देहाती साधनों से प्राप्त की जाती है, पूर्वाभ्यास में इसकी चिन्ता हर कलाकार करता दिखाई देता है।

रूप शृंगार

खमरास का शृंगार परम्परागत रूप से मुर्दारसिंगी, काजल, दही खड़िया, गेरू, चन्दन, कुमकुम, अक्षत, गोंद, कंचोली, सूरमा आदि से किया जाता है, लेकिन आजकल टेलकम पाउडर, लिपस्टिक के विभिन्न रंगों, नाखून पालिश आदि का चलन हो गया है। मुख्य शृंगार या मेकअप स्त्री वेश धारण करने वाले पुरुष का होता है। लोकनाट्यों में पात्र अपना शृंगार स्वयं करता है। कभी-कभी कलाकार एक-दूसरे की मदद भी करते हैं। स्त्री मेकअप पर विशेष ध्यान दिया जाता है, ख़ास कर नर्तकी का शृंगार अर्थात् मेकअप सबसे अच्छा होता है, क्योंकि नर्तकी के नृत्य के कारण लोग पूरी रात बैठे रहते हैं।

खमरास में कृष्ण, गोप-गोपी, राधा के अतिरिक्त, ग्वालिन, वांदरा, जशोदा, आदि प्रमुख पात्र होते हैं। खमरास के बीच-बीच में स्वांग और गम्मत के पात्र अलग से विषय कथा के अनुसार होते हैं। खमरास के कलाकार और मण्डली होती है। मण्डली का एक मुखिया होता है, जिसे 'रास भगत' कहते हैं। भगत कृष्ण भक्ति से ओत-प्रोत और कृष्ण सम्प्रदाय को समर्पित होते हैं।

महिलाओं की भूमिका परम्परा से पुरुष ही निभाते हैं। खमरास में विदूषक की भूमिका कृष्ण सखा मनसुखा निभाता है। अपनी प्रासंगिक टिप्पणियों और आंगिक भाव भंगिमाओं से दर्शक-श्रोताओं को हँसाने में मनसुखा का कोई सानी नहीं होता।

खमरास की सोहबत

खमरास में दो तरह की संगीत सोहबत होती है–एक खड़े साज और दूसरी बैठे साज की। खमरास का प्रारम्भ खड़े साज से होता है, बीच में स्वांग गम्मत की सोहबत बैठे साज से की जाती है।

खमरास का वाद्य संगीत

खमरास के प्रमुख वाद्य मृदंग, झाँझ, हारमोनियम, तबला होते हैं। झाँझ मृदंग की संगत पारम्परिक होती है, हारमोनियम का प्रयोग बाद में शुरू हुआ। आजकल कहीं-कहीं डफ, ढोलक, बांगो, क्लारेनेट आदि का प्रयोग भी होने लगा है। निमाड़ की नाट्य परम्परा में अन्य लोकनाट्यों की तरह उसका संगीत सर्वथा अलग होता है, उनके नाट्य गीत और लोक धुनें बिल्कुल अलग होती हैं।

खमरास की अवतारणा

निमाड़ में खमरास अर्थात् रासलीला गुजरात से आयी है। मथुरा वृन्दावन के रास से निमाड़ के खमरास की प्रवृत्तियाँ बहुत कम मिलती हैं, गुजरात की कला, संस्कृति, भाषा का स्पष्ट प्रभाव निमाड़ लोक जीवन में देखा जा सकता है। निमाड़ की सीमा से गुजरात का बहुत-सा हिस्सा जुड़ा है।

इससे यह सहज सम्भव है कि द्वारकापुरी से कृष्ण सम्बन्धी गरबा, रास, जैसी लोकविधाएँ निमाड़ अंचल में बरसों पहले पहुँचीं, वे निमाड़ की अपनी आंचलिक विशेषताओं के साथ पनपी और निमाड़ की लोक विधा के रूप में प्रतिष्ठित हो गयीं। खमरास मूलतः बलाई और कोली कोष्टी लोकजनों का पारम्परिक नाट्य है। उन्हें इस लोकनाट्य को आज तक जीवित रखने का श्रेय है। उन्होंने इसे निमाड़ी संस्कृति के अनुरूप मौलिकता प्रदान की। इन समाजों का कला के क्षेत्र में बहुत बड़ा योगदान है, जिसे कभी भुलाया नहीं जा सकता।

खमरास की प्रस्तुति

पूर्वरंग समाप्त होते ही वादक उपस्थित दर्शक-श्रोताओं को अपनी जय-जय राम करते हैं। उनका स्वागत करते हैं। झाँझ-मृदंग पर पहला गीत गाया जाता है जिसमें धरती और आकाश की वन्दना की जाती है। यहीं से खमरास शुरू होता है।

जेरामा, जेरामा रघुवर तोहे राम तोहे राम...जेरामा
सिवशंकर नो पुत्र कहाये
गंगा गोरा माय।। जेरामा...
धरती माई नऽ अगर डुलैया,
तम्बू दिया असमान।। जेरामा...
लंका कोट समुन्दर खाई
कुदी गयो हनुमान। जेरामा...
सीता माई नऽ भात परोस्यो,
जीमी गया हनुमान।। जेरामा ...
नरसिंह स्यामी अन्तरयामी,
तुम परवारी मोरे राम।। जेरामा...

नरसी मेहता गुजरात के सन्त कवि हैं, उनका प्रभाव निमाड़ की संस्कृति पर अत्यधिक है। नरसी मेहता की रचनाएँ और उनकी छाप वाले अनेक लोक भजन निमाड़ में गाये जाते हैं। इस गीत की समाप्ति के पश्चात् संकट दूर करने वाले गणपतिजी की वन्दना की जाती है। वन्दना के समय कहीं-कहीं गणपति का स्वांग खम्भ के बीच में लाया जाता है–गीत चलता है। मूलतः यह गम्मत की परिपाटी है।

गणपत

परथम सुमरा गणपति, स्यामी दोंदाला,
मकऽ सुमति देव महाराज।
देवता नमोहरी, माता कहुँ गवरा पार्वती,
स्यामी दोंदाला।
थारो पिता संकरदेव, देवता नमोहरी,
तो छव छव मण का लाडुवा।
थारा मन भावऽ सो पावों-म्हारा देवता नमोहरी
सेवंऽ, सेवाळी गोळ लापसी, स्यामी दोंदाला
तुकऽ भावऽ मुंग्या केरो भात...देवता नमोहरी
नरसिंह स्यामी नऽ सावरा स्यामी दोंदाला
थारा सेवक आधार, देवता नमोहरी।

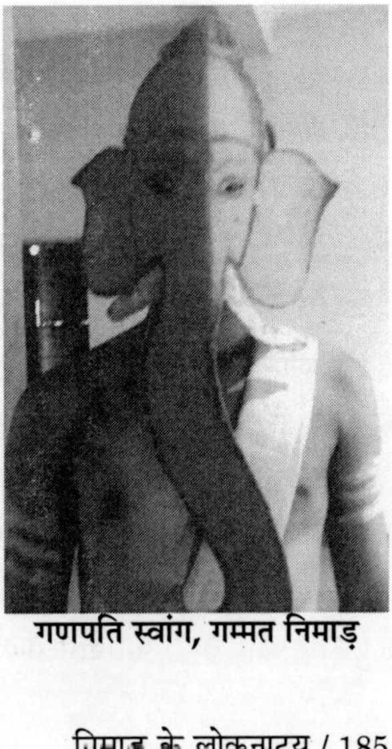

गणपति स्वांग, गम्मत निमाड़

वाँदरो

गणपति सुमरने के बाद खमरास में एक मानवेतर पात्र का प्रवेश होता है। उसे 'वाँदरा' कहते हैं। वाँदरा का अर्थ वानर से है। एक पुरुष चेहरे पर बन्दर का रूप धारण कर मोटी रस्सी की पूँछ लगाकर उछलता-कूदता दर्शकों के बीच से खम्भ के किसी भी कोने से प्रवेश करता है। प्रवेश के साथ नाट्य संगीत साजिन्दों द्वारा बजाया जाता है। वाँदरा उसी लय-ताल पर नाचता-कूदता है। 'वाँदरा' को देखकर दर्शकों में अच्छी-ख़ासी हलचल पैदा हो जाती है। रास देखने के लिए दर्शक तैयार हो जाते हैं। आश्चर्य तो यह है कि खमरास में वानर जैसे मानवेतर पात्र की अवतारणा का क्या अर्थ हो सकता है? रामचरित्र में तो वानर जाति का गहरा सम्बन्ध है, लेकिन कृष्ण से वानरों का क्या सम्बन्ध है, यह शोध का विषय है। यह वानर और कोई नहीं रामभक्त हनुमान का प्रतीक है। जो नृत्य और भक्ति संगीत का प्रतीक है।

वानर की असंयमित कला गतिविधि के बाद वाँदरा गीत गाना शुरू करता है। वानर अभिनय करता है। पार्श्व संगीत चलता है।

वाँदरों रें वाँदरो वाँद फल खाय,
सीताजी थारो वाँदरो वाँदफल माँगऽ।
अली धड़ऽ कूदऽ नऽ पली धड़ऽ कूदऽ।
कूदी गयो, कूदी गयो, हनुमान
सीता थारो वाँदरो वाँदफल माँगऽ।
लंका सा कोट समुदर खाई
कूदी गयो, कूदी गयो, हनुमान
सीताजी थारो वाँदरो वौंदफल माँगऽ।
सीता माय नऽ भात परोस्या,
जीमी गयो, जीमी गयो हनुमानऽ।
सीताजी थारो वाँदरो वाँदफल माँगऽ।

बुन्देलखण्ड के राई स्वांग में भी शारदा गणपति के सुमिरन के बाद हनुमान की वन्दना की जाती है। पता नहीं हनुमान के स्मरण से लोककलाओं का क्या सम्बन्ध है? जब तक कोई ठोस प्रमाण न हो, तब तक मात्र कल्पना से कोई सम्बन्ध जोड़ना एक विधा के प्रति बेईमानी होगी।

वाँदरा के स्वांग के समाप्त होते ही दो-तीन गोपियों का नाचते-गाते प्रवेश होता है। झाँझ और मृदंग की लय-ताल तीव्र होती है।

गोपी

आओ देवी सरसत सारज तुमकऽ विनवां,
भवानी माय।
थारो गणपत लागा रूढ़ा पाय वो,
सरसत सरग हिंदोलो बाँधसा
वो भुवानी माय।
दक्खन देस की तुलजा भवानी माय,
खेड़ऽ खेड़ऽ की रखवाल वो,
सरसत सरंग हिंदोलो बाँध सा,
वो भुवानी माय।

आओ देवी पेळ्ई पितामर पचरंग पागड़ी,
वो भुवानी माय।
असी घड़ऽधड़ऽ उनी लाल बाई को साथ,
सरसत सरग हिंदोलो बाँधसा,
वो भुवानी माय।
खारीक खोपरा कड़क सिंगोड़ा माय,
असो लौंग डोड़ा को थारो हार वो,
सरसत सरग हिंडोलो बाँध सा
वो भुवानी माय।
पाँच रतन की थारी आरती भुवानी माय,
थारा मदूड़ा मऽ लागी जगा जोत वो,
सरसत सरग हिंडोलो बाँध सा
वो भुवानी माय।
नरसिंग स्यामी तुमकऽ बिनवऽ वो भुवानी माय,
थारो सेवक सरण आधार वो
सरसत सरग हिंडोलो बाँध सा
वो भुवानी माय।

गोपियाँ माता सरस्वती, भवानी और गणपति का सुमिरण अपने नृत्य अभिनय गीत के माध्यम से करती हैं। इसके बाद गोपियाँ सिर पर दही की मटकी रखकर खम्भ मंच में प्रवेश करती हैं। ग्वालिन गीत शुरू होता है।

ग्वालिन

आवे हो, रमलाल स्याम रंग भीनी, ग्वालिन आयी।
नैण बाजूट की पटिया पाड़ी
थारा अंग-अंग अबीर गुलाल...स्याम रंग
अखियन मऽ बारीक कजलो सारे
असी नैन सी मिलावे...स्याम रंग
नाकनऽ मऽ नथ बेसर सोहे,
नाकऽ मऽ नथ बेसर सोहे,
असी हिवड़ा हार डुलावे...स्याम रंग
हाथ मऽ हाथीदात को चूड़िलो,
हाथ मऽ हाथीदात को चूड़िलो,
असी गज-गज बैया मरोड़े...स्याम रंग
पाँयन मऽ गज पायल सोहे,
पाँयन मऽ गज पायल सोहे,
थारा नेऊर नो झणकार...स्याम रंग
सुर स्याम परभु तुम हो मिलन के,
सुर स्याम परभु तुम हो मिलन के,
असी हरण चित लाये...स्याम रंग...

ग्वालिन गीत से रासलीला की शुरुआत होती है। कृष्ण के सुन्दर श्यामल रूप का वर्णन गोपियाँ करती हैं। उनसे मिलने की तीव्र इच्छा का इजहार करती हैं। गोपियों के गीत-नृत्य समाप्त होते ही खमरास में गम्मत का भाग शुरू होता है।

खमरास स्वांग गम्मत

स्वांग गम्मत खमरास के विश्राम के बीच में होता है। गम्मत के विशेषतौर से नाटकीय लोक प्रहसन होते हैं, जो लोगों को हँसाने के साथ कुछ सोचने-समझने के लिए मजबूर करते हैं। समाज की विद्रूपताओं और विसंगतियों को खुलकर सामने रखते हैं। असमानताओं पर व्यंग्य करते हैं और फिर रासलीला पर लौट आते हैं। लीला के अधिक लोग गम्मत देखने-सुनने में रुचि और रस लेते हैं। श्री रामनारायण उपाध्याय ने रास मण्डल की गम्मत के बारे में लिखा है–ये पात्र एक ओर जहाँ अपनी विलक्षण बुद्धि, अद्भुत भाव भंगिमाओं और मौलिक सूझबूझ के सहारे लोगों

को हँसते-हँसते लोटपोट करा देते हैं। वहीं दूसरी ओर व्यंग की तीखी चोट के सहारे समाज के चेहरे पर पड़े दम्भ, मान मर्यादा और गलत धारणाओं के नकाब को भी उखाड़ कर फेंक देते हैं। खमरास में सेठ, सेठानी, तीरथयात्रा, बहुरूपिया आदि गम्मत हँसने, हँसाने के लिए किये जाते हैं। लोक प्रहसन प्राय: छोटे-छोटे होते हैं।

खम्भ मंच पर पहले एक स्त्री नृत्य करते हुए प्रवेश करती है। एक-दो अन्तरे गाने और नाचने के बाद एक पुरुष उसकी स्त्री का नाम लेते हुए हाथ में डण्डा लेकर बड़ी तेज़ी से प्रवेश करता है।

– क्यों ओ! रूखड़ू की माँ! कहाँ गयी थी?

– क्या है! मैं तो कथा सुनने गयी थी।

– क्या कहा कथा सुनने गयी थी?

– हाँ, हाँ सच बता रही हूँ, कथा सुनने गयी थी। विश्वास न हो तो पूछ लो इस दादा से (सामने बैठे दर्शकों की ओर संकेत करती है)

– मैं किसी दादा वादा को नहीं जानता। (लकड़ी फटकारता है)

– सच बता तू कहाँ गयी थी?

– सच बता दूँ।

– हाँ, हाँ, सच बता दे, नहीं तो खेपड़ी फोड़ दूँगा (डण्डा उठाता है)

– (भागकर) अरे! मेरे बाप। मुझे मारना मत, सच्ची बता देती हूँ। पर तू यह डण्डा फेंक दे और मेरे पास आ मैं तुझे कान में रहस्य की बात बताऊँगी।

– ऐसा है तो ये ले, लकड़ी को फेंक देता हूँ। (फेंकता है और धीरे-धीरे पत्नी के पास जाता है)

– और जरा पास में आ, कान इधर ला।

– (कान उसके मुँह के पास ले जाकर)

(पत्नी उसका कान काट लेती है और पति ज़ोर से चिल्लाकर दर्शकों के बीच में भाग जाता है और किसी बूढ़े या बच्चे के पीछे छिपने का प्रयास करता है। जनता हँस-हँसकर ढेर हो जाती है। स्वांग गम्मत समाप्त होती है और दोनों नाचते-गाते खम्भ मंच से बाहर हो जाते हैं) रात भर में दो-चार स्वांग गम्मतें दर्शकों के समक्ष प्रस्तुत की जाती हैं। खमरास रात्रि 9 या 10 बजे से शुरू होता है, परिपाटियाँ और स्वांग गम्मत करते-करते रात्रि का चौथा प्रहर बीत जाता है, तब पुन: गणपति की वन्दना की जाती है।

प्रात:स्मरणीय गणपति

ला देव रे गढ़ ला देव राय,
ला देव खिड़की दस दरवाजा
पहलऽ बठाड़ियो गणपति राजा...ला देव रे
ये गढ़ अन्दर-अन्दर जले,
ये गढ़ अन्दर-अन्दर जले
धुवो निकलऽ जाको बाहर जाय...ला देव रे
ये गढ़ बल जल हो जाय खाक
ये गढ़ से माणक मोती होय...ला देव रे
कहे हरिदास हिरदा घट खोलो
हरिजी की भक्ति मऽ हर्ज नऽ होय...ला देव रे

रात्रि के उत्तरार्द्ध में खमरास के इस गीत में अचानक वैराग्य भाव आ जाता है। क्षण भंगुर शरीर की ओर इशारा करते हुए हरिदासजी ईश्वर भक्ति की प्रतिष्ठा करते हैं। ब्रह्म मुहूर्त में गाया जाने वाला यह गीत दर्शक-श्रोताओं को एक-दूसरे ही गम्भीर वातावरण में ले जाता है, यह गीत रात्रि के चौथे प्रहर के अनुकूल होता है, क्योंकि मनोरंजन की दृष्टि से आये बच्चे गम्मतें देखकर प्राय: नींद की गोद में चले जाते हैं और सयाने लोग रासलीला के इस रस का आनन्द लेने के लिए तैयार रहते हैं। यह गीत समाप्त होते ही खमरास का दृश्य बदल जाता है। माता जशोदा पलंग पर सोये कृष्ण को जगा रही है। इसे जागरण लीला कहते हैं।

जशोदा माता

भयो रे फजर तुम जागो हरि
भयो रे फजर तुम जागो हरि
कान्ह कान्ह तोरी मैया पुकारे
खड़े हो म्हारा कृष्ण हरि!। भयो...
बाल ग्वाल खड़े हैं आँगण मऽ
गो बछुआ की हमर पड़ी।। भयो...
पैरो जामा कमर कस बाँधो
हाथ मऽ लेव गुलाब छड़ी।। भयो...

कहे हरिदास हिरदा घट खेलो
हरिजी की भक्ति मऽ हर्ज नी होय।। भयो...

–हे कान्हा! सुबह होने को है, तेरी माता तुझे जगा रही है, तू जल्दी से बिस्तर से खड़ा हो जा। तेरे बाल मित्र आँगन में खड़े हैं, गाय और उनके बछड़े तुम्हारे लिए रंभा रहे हैं, जल्दी से उठो, कपड़े पहनो, कमर कस लो, हाथ में गाय चराने की लकुटिया ले लो और गाय चराने निकल पड़ो। इतना कहने पर भी कृष्ण उठते नहीं हैं, तो वह दूसरा गीत गाती है, इतने में भोर हो जाती है। जशोदा माता 'लरी' गीत गाती है।

लरी

पय फाट्यो फजरो भयो
काना बोली जशोदा माय
उठो म्हारा नंदजी का लाड़िला
थारी गव नऽ चली बन माँय।
सोवे ना वणी महाराज।।
चोपड़ चोपड़ तोहे देऊ, बाला
तुम जाओ बन का माँय
पाँच ग्वाला थारी संग मऽ देऊँ
तुम चराओ रूढ़ि गाय।
सोव ना वणी महाराज।।

–अरे बेटा! देख सुबह हो गयी है, अब तेरा सोना अच्छा नहीं लगता, तेरी गायें अपने आप बन में जा रही हैं। तुझे खेलने के लिए तो चोपड़ दे देती हूँ, तेरे साथ पाँच ग्वाले भी भेज देती हूँ। हे नन्दलाल! अब तो तू तेरी प्यारी-प्यारी गायों को चराने चला जा।

कृष्ण कहते हैं–
चापड़ चोपड़ नहीं लेऊँ मय्या
नई जाऊँ बन का माय।
पाँच गुवालिया हऊँ संग मऽ नी लेऊँ
नई चराऊँ थारी गाय।।

सोवे ना वणी महाराज।
पेळ्ई पिटामरी की कसवई कसूँ
माथा पऽ मुकुट धराय।
दस गुवालिया संग मऽ लेऊँ
तवं चराऊँ थारी गाय।
सोवे ना वणी महाराज।

पाँच ग्वालबालों से कुछ नहीं होगा, जब तक दस ग्वाले मेरे साथ नहीं भेजेगी, तब तक मैं तेरी गाय चराने नहीं जाऊँगा। चोपड़ मुझे अच्छा नहीं लगता। मैं तो पीताम्बर पहन सिर पर मुकुट धारण कर दस ग्वालबालों के साथ वन में गाय चराने जाऊँगा।

श्रीकृष्ण तैयार होकर गाय चराने वन में चले जाते हैं, रास्ते में गोपियाँ मिलती हैं, ग्वालिनें मिलती हैं। वे उनके साथ रास रचाते हैं। उनमें राधा भी है। जो सारी गोपियों में सबसे सुन्दर और अलग दिखाई देती है। कृष्ण उससे कुछ दूध दही का दान माँगते हैं। इसे कृष्ण की 'दानलीला' कहते हैं। इसके बाद परम्परा के अनुसार 'महारास' होता है।

कृष्ण और गोपी ग्वालिन नृत्य करते हैं। उसमें राधा मुख्य आकर्षण का केन्द्र होती है।

गढ़ सी गुवालन निसरी, मोहन बिरजो वाला।
चली मथुरा को हाट, सुन्दर राधेका, मोहन बिरजो वाला।
आड़ी लकड़ी कानो रोकी रह्यो, मोहन बिरजो वाला।
दई दऽ हमारो दान, सुन्दर राधेका, मोहन बिरजो वाला।
किन को छे तू गुवालिनी, मोहन बिरजो वाला।
काई थारो नांव, सुन्दर राधेका, मोहन बिरजो वाला।
गढ़ गोकुल की गुवालिनी, मोहन बिरजो वाला।
राधा म्हारा नांव, सुन्दर राधेका, मोहन बिरजो वाला।
बाबा नन्द को हऊँ दाणवई, मोहन बिरजो वाला।
कान्हो म्हारो नाव सुन्दर राधेका, मोहन बिरजो वाला।
तोड़ो तोड़ो वड़िया रा पानड़ा रे, मोहन बिरजो वाला।
पेवो पला दुई छाछ, मोहन बिरजो वाला।
नरसिंह स्यामी सांवरा रे मोहन बिरजो वाला।
राखो शरण लगाय रे मोहन बिरजो वाला।

राधा और कृष्ण का प्रथम परिचय नाम, गाँव, माता-पिता आदि के बारे में बहुत सहज ढंग से पूछताछ शैली में होता है। राधा के रूप सौन्दर्य पर कृष्ण रीझ जाते हैं और वे साहस करके उससे बातचीत करते है। बातें आगे बढ़ती हैं और प्रेम का अंकुर दोनों के मन में फूट पड़ता है। इसके बाद दही बिलौने की लीला होती है। राधा छाछ बिलो रही है। कृष्ण राधा से कुछ बुनियादी प्रश्न करते हैं। इसे माखन चोरी लीला भी कहते हैं।

माहिड़ो बिलमा

महिड़ो बिलम राधे, महिड़ो बिलम
थारो कानो गुवालियो, खड़ो नन्दलाल।। राधे...
कायनऽ का थारा रई रेतणा,
कायनऽ का थारा खैचण्या रे राज। राधे...
चाँद सूरिज का रई रेतणा,
वासुक नाग का खैचण्या हो राज।। राधे...
अली धड़ऽ राधे का, माहिड़ो बिलमऽ
पली धड़ऽ कानो गुवालियो नन्दलाल।। राधे...
सोवण मटकी मऽ महिड़ो बिलमऽ
थारो माखन चोरी-चोरी खाय नन्दलाल। राधे...
नरसिंह स्यामी अन्तरयामी,
राखो सरण लगाय नन्दलाल। राधे....

गोपियों के उलाहना और मक्खन चोरी करने के कारण माता जशोदा कृष्ण को रस्सी से बाँध देती है। हाथ छुड़ाने का प्रयास कृष्ण करते हैं। इसी बात पर छोड़ाव गीत शुरू होता है, अभिनय होता है।

छोड़ाव

बाँधी दियो जशोदा थारा कान कऽ
कोई धरमी होय तो छोड़ावजो,
यो तो गंगा जसो असनान जी।

रस्सी से बँधे कृष्ण के खम्भ के चारों ओर घूम कर यह गीत गाया जाता है। बँधे-बँधे लाचार कृष्ण दर्शक-श्रोताओं को देखते हैं। इतने में गोपियाँ और राधा आकर जशोदा से कृष्ण को छुड़वा लेती हैं। कृष्ण आज़ाद होकर गोप-गोपियों और

राधा के साथ रास रचाते हैं। पहले कृष्ण ग्वालिनों की मटकी में से दही, मक्खन खाते हैं। यह लीला 'दधि उडावनु' कहलाती है। कृष्ण को घेरकर गोपियाँ नृत्य करती हैं। झाँझ मिरदिंग की गति तेज़ होती है, रास की विभिन्न मुद्राओं में कृष्ण और राधा नृत्य करते हैं। नृत्य चरम पर पहुँचता है और समाप्त होता है। कृष्ण होंठ पर बाँसुरी रखकर त्रिभंगी मुद्रा में राधा के साथ बंसी बजाने के लिए स्थिर खड़े होते हैं। यह एक झाँकी लीला है, गोपियाँ आसपास खड़ी होती हैं और सब लोग राधाकृष्ण की युगल जोड़ी के दर्शन करके घर लौटते हैं। इस समय तक पौ फट जाती है, पूर्व दिशा में लालिमा छा जाती है और खमरास लीला समाप्त हो जाती है। आठ-नौ दिन तक प्रति रात में कृष्ण की विभिन्न लीलाओं का यही क्रम चलता है।

कहीं-कहीं रास मण्डल में मथुरा-वृन्दावन की प्रसिद्ध मण्डलियों को भी रासलीला के लिए आमन्त्रित किया जाता है। बड़े शहरों में प्रायः बाहर की रास मंडलियों को बुलाना पसन्द करते हैं। गाँव में खमरास की स्थानीय रास मण्डलियों को पूरे अनुष्ठान के साथ आज भी आमन्त्रित किया जाता है। इसी तरह रामलीला की मण्डलियाँ, वृन्दावन आदि जगहों से आती हैं।

लोकनाट्य में नृत्य और गीतों की प्रमुखता होती है, बल्कि यह कहना उपयुक्त है कि नृत्य और गीत लोकनाट्य विधा के प्राण होते हैं। लोकनाट्य का आधार लोक काव्य रहा है। गद्य लोकनाट्य में आंशिक रूप से ही आता है। जो बात लोकनाट्य में काव्य के माध्यम से जितनी सशक्त और प्रभावी ढंग से कही जाती है, वह बात गद्य में कहने में हमेशा अड़चन पैदा हुई है, इसीलिए लोकनाट्य काव्य चेतना के बहुत नज़दीक होते हैं। खमरास मूलतः गीति नृत्य नाट्य है।

निमाड़ के लोकनाट्य भी नृत्य-संगीत, अभिनव और वार्तालाप की समन्वित प्रस्तुति है। निमाड़ के लोकनाट्य विधा पर समीपवर्ती संस्कृति की लोकनाट्य प्रवृत्तियों के तत्त्वों का बहुत अधिक प्रभाव दिखाई देता है। खमरास पर गुजरात के डांडिया, गरबा, भवाई वैश आदि का स्पष्ट प्रभाव ही नहीं है, बल्कि खमरास का सम्पूर्ण स्वरूप इन्हीं लोक विधाओं के तत्त्वों और निमाड़ी की पारम्परिक लोक विधाओं की समरसता से बना है। निमाड़ी बोली के लोक साहित्य पर भी गुजराती भाषा का स्पष्ट प्रभाव है। इसी कारण निमाड़ और गुजरात की संस्कृति का अन्तःसूत्र एक ही दिखाई देता है। खमरास में गुजरात के लोक कवि सन्त नरसिंह मेहता की छाप के अनेक गीत निमाड़ में प्रचलित हैं। खमरास की अनेक लोक रचनाएँ हरिदास की छाप वाली भी हैं।

गम्मत

गम्मत निमाड़ का पारम्परिक लोकनाट्य है। यह लोकनाट्य का पर्यायवाची शब्द है। गम्मत कहने मात्र से नाट्य की प्रतीति होती है, निमाड़ में इसे इसी अर्थ में ग्रहण करते हैं। मालवा और छत्तीसगढ़ में भी गम्मत कमोबेश इसी अर्थ में प्रयुक्त किया जाता है। गम का अर्थ जाना होता है और मत का अर्थ विचार, सलाह, राय आदि से है, इसका मतलब गम्मत यानी किसी भी विचार, सलाह, राय या सिद्धान्त की तरफ़ जाना है। गम्मत में किसी न किसी विचार, सलाह, राय या सर्वमान्य सच की ओर संकेत किया जाता है, इसीलिए गम्मत बाद में नाट्य की सार्थक प्रस्तुति की संज्ञा से अभिहित किया जाने लगा।

निमाड़ में गम्मत प्राय: तीन अवसर विशेष पर की जाती है, पहले दशहरे पूर्व की नवरात्रि पर, दूसरे होली पर और तीसरे गणगौर पर्व पर। नवरात्रि के नौ दिन गम्मत स्वांग के सबसे बड़े दिन कहे जा सकते हैं। इस समय निमाड़ का कोई ऐसा गाँव नहीं होता, जहाँ गम्मत न की जाती हो। लोग गम्मत के लिए नवरात्रि आने की पूरे वर्ष प्रतीक्षा करते हैं। आज भी गम्मत के कई खेल गाँव-गाँव में लोकप्रिय हैं।

गम्मत लोकजनों के मनोरंजन का सार्थक साधन ही नहीं, बल्कि सबके समक्ष अपने मन की बात कहने का सबसे बड़ा जीवन्त माध्यम है। गम्मत का पारम्परिक आधार लोक समाज है। लोकनाट्य की वास्तविक शक्ति लोक समुदाय में समाहित होती है, जो अपने पारम्परिक रंगकर्म के माध्यम से समाज के बीच पूरी ताक़त के साथ खुलती है और लोग उसका भरपूर आनन्द लेते हैं। निमाड़ में गम्मत यही काम करती है।

गम्मत गाँव के ही लोग मिलजुलकर करते हैं। आठ-दस उत्साही लोग गम्मत के लिए पर्याप्त होते हैं। वैसे गम्मत के आयोजन में पूरे गाँव की सहभागिता होती है। कोई रूप सिंगार के लिए कपड़े और गहने देता है, कोई वाद्य तो कोई नाट्य में लगने वाली छोटी-बड़ी सामग्री सहर्ष दे देता है। यहाँ तक कि कोई अपनी महत्त्वपूर्ण राय भी देते नहीं थकते हैं। अबकी बार गम्मत में ऐसा होना चाहिए, वैसा होना चाहिए अधिक लोग कहते अक्सर दिखाई देते हैं। यह उनका गम्मत के प्रति गहरा लगाव ही कहा जा सकता है। यद्यपि ऐसे लोगों की गम्मत के लिए कोई ख़ास रचनात्मक भागीदारी नहीं होती, तथापि ऐसे लोग गम्मत के बारे में बहुत सोचते-समझते हैं और यही नयी सोच गम्मत और अन्य लोग विधाओं को सदैव ज़िन्दा रखने में सक्षम होती है। समाज में लोक कलाओं के लिए एक प्रकार के उदार सद्भाव और दृष्टि

की ज़रूरत होती है। यही कला सद्भाव कलाकार का सम्बल होता है, वह और अधिक समर्पण भाव से अपनी कला के प्रति उन्मुख होता है। जब तक लोककलाओं का समाज में आत्मीय सम्मान बचेगा, तब तक लोककलाओं की विलुप्ति का कोई ख़तरा नहीं होगा। लेकिन जब लोक कलाएँ सम्मान और असमंजस की धूप में तपती रहेंगी, तब समाज में उनकी जड़ें सूखने लगेंगी। आज आवश्यकता है हमारे समाज की लोककलाओं को समाज की उदार सद्भावना, उसके प्रति आत्मीय लगाव और व्यापक प्रतिष्ठा के प्रयत्न की। तभी लोककलाओं का भविष्य सुरक्षित रह पायेगा।

रंगस्थल

गम्मत के पारम्परिक रंगस्थल गाँव की चौपाल, चौराहा, नुक्कड़ या हतई होते हैं। गम्मत के लिए 15-20 फ़ीट लम्बी-चौड़ी समतल जगह पर्याप्त होती है। बीच में खम्भा गाड़कर आसपास के घरों के छज्जों से सफ़ेद कपड़े का चंदोवा या चाँदनी तान दी जाती है। कुछ और खम्भे गाड़ने की ज़रूरत हुई तो गाड़ दिये जाते हैं। बीच वाले खम्भे के नीचे देवी के गरबे के ज्योति कलश स्थापित किये जाते हैं। गम्मत के मंच पर पहले चारों ओर मसालें जलाई जाती थीं, बाद में गैस बत्ती जलाकर प्रकाश व्यवस्था हुई, आजकल बिजली के बल्ब और मरकरी ट्यूब का उपयोग किया जाता है। पास के किसी भी घर से बिजली का कनेक्शन लिया जा सकता है। ध्वनि विस्तारक की यदि व्यवस्था हुई तो ठीक है, वरना गम्मत के मंच पर किसी प्रकार के माइक की ज़रूरत नहीं रहती, क्योंकि पात्र ज़मीन पर चारों ओर घूम-घूमकर नृत्य अभिनय की परिपाटी के निर्वाह करने के आदी होते हैं।

माइक कलाकार की इस स्वतन्त्रता को बाधित कर देता है, इसलिए गम्मत में माइक का प्रयोग प्राय: नहीं होता है। कार्यक्रम की निर्विघ्न सम्पन्नता के लिए रंगस्थल की प्रारम्भ में पाठ पूजा अवश्य की जाती है, क्योंकि इसी मंच के नीचे मांगलिक कलश की स्थापना की जाती है।

दर्शक-श्रोता

गम्मत का रंगस्थल चारों ओर से खुला होता है। दर्शक-श्रोता चारों ओर बैठते हैं। स्त्रियों के लिए अलग से कोई दीर्घा नहीं होती, बच्चे और स्त्रियाँ अपनी सुविधा से सुरक्षित जगह पर बैठ जाती हैं, जहाँ से गम्मत का सारा कार्य व्यापार दिखाई दे। मुख्य रंगस्थल से महिलाएँ स्वयं कुछ दूरी बनाये रखती हैं, उनका कारण गम्मत में कुछ अतिरंजित या थोड़े अश्लील प्रसंग हों तो कुछ ओट या मर्यादा बनी रहे।

इससे कलाकारों को खुले-खुले संवाद बोलने और अभिनय करने में भी सहूलियत होती है। पुरुष वर्ग ख़ासकर किशोर और युवा अपनी-अपनी सहूलियत के मुख्य रंगस्थल में बैठ जाते हैं। कुछ रसिक बुजुर्ग भी युवाओं के बीच में बैठते हैं। क्योंकि वह कभी-कभी दर्शक गम्मत का हिस्सा हो जाते हैं। पात्रों के द्वारा आकाशीय प्रश्नों के जवाब दर्शक समूह में से कोई देता है। वैसे तो पात्र किसी भी दिशा से दर्शकों के बीच में से रंगस्थल में प्रवेश करते हैं, लेकिन रंगस्थल में पात्रों के आने-जाने के लिए एक दर्शक गलियारा अवश्य बनाया जाता है।

पारम्परिक दर्शक-श्रोता को गम्मत देखने आने के लिए किसी प्रकार का औपचारिक बुलावा आमन्त्रण नहीं दिया जाता। गम्मत में दूर-दूर के दर्शक-श्रोता स्वाभाविक रूप से जुड़ते हैं। आसपास के गाँव के लोग बैलगाड़ी, मोटरसाइकिल पर या पैदल चलकर गम्मत देखने पहुँचते हैं और गम्मत का आनन्द लेते हैं। किसी-किसी गाँव की गम्मत मण्डली अत्यधिक लोकप्रियता प्राप्त कर लेती है, वहाँ दर्शक-श्रोता इन दिनों में उमड़ पड़ते हैं।

रूप सिंगार

निमाड़ में मेकअप को 'सिंगरना' कहते हैं। सिंगरना रूप धारण के अर्थ में भी प्रचलित है। सिंगरने के लिए कलाकार सारी देशज चीज़ों का उपयोग करते हैं। जिन्हें गाँव के बाहर से लाने की आवश्यकता नहीं होती। चेहरे के आच्छादन के लिए मुर्दारसिंगी या सिंगदराज को घिसकर लगाया जाता है। आँखों में काजल आँजा जाता है। होंठ रंगने के लिए हिंगुल या लाल स्याही लगायी जाती है। चेहरे पर चमक के लिए अभ्रक (भोडल) लगाया जाता है। यह रूप सिंगार राजा-रानी, सेठ-सेठानी, प्रतिष्ठित व्यक्तियों, नचैया आदि के लिए होता है। विदूषक, चौकीदार, राक्षस, भूत-चुड़ैल आदि

शृंगार मग्न नायिका, शोभाराम बाँसुरे दल, मण्डलेश्वर

पात्रों का मेकअप प्राय: दहीखाड़िया, पेवड़ी, कोयला, चूना, राख, कुमकुम आदि से किया जाता है। ब्राह्मण, साधु-सन्त, महात्मा आदि के मस्तक पर चन्दन या खड़िया का टीका लगाया जाता है। निमाड़ी लोकनाट्यों में पारम्परिक रूप सिंगार प्राय: प्रतीकात्मक ही होता है। मेकअप की ऐसी अनिवार्यता नहीं रहती, समय पर जो उपलब्ध हो जाये, उसी से कलाकार काम चला लेते हैं, फिर भी लोकनाट्यों में कोई ना कोई पारम्परिक रूप शृंगार विधान अवश्य होता है। आजकल रूप-सज्जा में पावडर, लिपस्टिक आदि आधुनिक आच्छादनों का उपयोग किया जाता है, ख़ासकर स्त्री रूप सज्जा में विशेष ध्यान दिया जाने लगा है।

रंगभूषा

पारम्परिक नाट्यों में रंगभूषा अत्यन्त सरल होती है। स्त्री पात्र की वेशभूषा पारम्परिक होती है। निमाड़ की पारम्परिक वेशभूषा में कलीदार घाघरा लुगड़ा और काचली होती है। आजकल साड़ी पोलका, पेटीकोट का चलन हो गया है। पुरुष धोती, कुर्ता, पगड़ी, टोपी, दुपट्टा पहनते हैं। कोट, पैंट, पाजामा, टाई, जूते-मोज़े, घड़ी आदि का भी उपयोग किया जाता है। नचैया लम्बे बाल, चोटी, स्तनों के उभार के लिए नक़ली चीज़ों का प्रयोग करता है। रूप सज्जा की तरह रंगभूषा भी प्रतीकात्मक होती है। कलाकार अपनी प्रत्युत्पन्नमति से थोड़े से परिवर्धन-परिवर्तन से दूसरे पात्र का रूप शीघ्र बदल लेते हैं। लोकनाट्यकर्मी श्री प्रभाकर दुबे ने लिखा है–"गम्मत में रंगभूषा आडम्बरहीन बड़ी सरल और सहज होती है, पेट में कपड़े खोसकर सेठजी, पुलिस की टोपी पहनकर पुलिस, मुकुट पहिनकर देवता और साफा बाँधकर कलगी लगाकर तत्काल राजा बना जा सकता है। "कोई भी पात्र कभी-कभी किसी का रोल अदा कर सकता है, इस तरह की क्षमता पारम्परिक कलाकारों में पैदा हो जाती है। स्त्री पात्र को देहाती गहनों और मोतियों की मालाएँ अवश्य पहनाई जाती हैं। निमाड़ी वेशभूषा और आभूषण पहनकर जब नचैया गम्मत मंच पर आता है, तब दर्शकों में एक प्रकार की हलचल पैदा हो जाती है और इस बात पर घुसपुस शुरू हो जाती है कि नचैया ने जो गहने पहने हैं, वे किस पटेल, सेठ या पुरोहित की पत्नी के हैं। अन्दाज़ा लगाते-लगाते दर्शक सही नाम, पता पा लेते हैं और ख़ुश होते हैं। गम्मत के पात्र के अनुरूप रूप धारण करने में कलाकार परम्परागत कुशल होते हैं। गम्मत मंच के समीप ही 'सिंगरने' के लिए किसी के घर का उपयोग किया जाता है। वहीं से पात्र मुख्य मंच पर आते-जाते हैं।

गम्मत के पात्र

गम्मत करने वाले कुछ चुने हुए पात्र होते हैं, इसमें नचैया (नाचण्यो), विदूषक (कुडगर्या), बनछर पारम्परिक रूप से निश्चित होते हैं। गम्मत में स्त्री पात्रों की भूमिका प्राय: युवा पुरुष ही निभाते हैं। महिला पात्रों का प्रवेश पहली बारबड़वाह के रंग निदेशक श्री प्रभाकर दुबे ने करवाया है। गम्मत में किये जाने वाले स्वांग के पात्र प्रसंग के अनुसार बदलते रहते हैं। गणपति और सरस्वती के स्वरूप अवश्य लाये जाते हैं। इसके लिए किसी को भी तत्काल खड़ा कर दिया जाता है। गणपति और सरस्वती की तो मात्र झाँकी होती है, इन पात्रों को कुछ करना नहीं होता, इनके स्वांग स्वरूप प्रतीकात्मक होते हैं, जिनकी गम्मत शुरू होने से पूर्व अनुष्ठानिक प्रस्तुति, स्तुति और प्रतिष्ठा होना अनिवार्य होती है। देवी-देवताओं की पूर्व स्थापना की रीति प्राय: सभी लोकनाट्यों में देखी जाती है। बुद्धि के देवता विघ्न विनाशक गणेश और वाणी तथा कला की देवी सरस्वती के बिना लोककलाओं की प्रस्तुति कभी सम्भव नहीं हुई है। देवी-देवताओं की प्रतीकात्मक उपस्थिति से कार्य की मर्यादा और मांगलिकता सदियों से सुनिश्चित होती आयी है।

गम्मत के कलाकार एवं संचालक, शोभाराम बाँसुरे दल, मण्डलेश्वर, पं. निमाड़

नचैया और विदूषक भारतीय लोकनाट्य के प्रमुख पात्र होते हैं। वे अपने नाच-गाने और संवादों से नाट्य कथा को प्रस्तुत, संयोजित और आगे बढ़ाते हैं। नचैया

अपने गीत नृत्य और अभिनय से रस की निष्पत्ति करता है और विदूषक अपनी रंगभूषा, असहज अभिनय तथा वाणी से हास्य-व्यंग्य उत्पन्न करता है। इनमें आंगिक और वाचिक अभिनय की क्षमता अधिक होती है। गम्मत में अधिकांश दर्शक नचैया का नाच और विदूषक की चुहुलबाज़ी हास्य उत्पन्न करने वाले चुटीली टिप्पणियाँ एवं मज़ेदार संवाद सुनने और देखने आते हैं। नचैया अपने नृत्य से और विदूषक अपनी आंगिक चेष्टाओं तथा बेबाक वाणी से दर्शक-श्रोताओं का रात-रात भर मनोरंजन करने में सक्षम होते हैं।

नचैया की वेशभूषा नारी पात्र को सम्पूर्ण रूप से प्रकट करने वाली होती है और विदूषक कुडगर्या) की वेशभूषा विचित्र, ऊटपटाँग और हास्यकारक होती है। गम्मत का कुडगर्या अपनी बेढब वेशभूषा और हास्याभिनय की एक शैली विकसित कर लेता है, जिसके लिए वह अपने अंचल में विशेष लोकप्रिय होता है। हर गाँव की गम्मत मण्डली के विदूषक की अपनी शैली और पहचान क़ायम हो जाती है। बरसों विदूषक का कार्य करने के कारण ऐसे कलाकारों की सामाजिक प्रतिष्ठा भी बन जाती है। श्री प्रभाकर दुबे ने कुडगर्या के बारे में लिखा है–"गम्मत का सूत्रधार कुडगर्या या बनचर (विदूषक) होता है। सारे खेल का दारोमदार उसके अंग संचालन एवं कथोपकथन पर होता है। वह नाचने-गाने-बजाने के अभिनय में बेजोड़ होता है। उसका शृंगार भी हास्य उत्पन्न करता है। लाल चोल का वागा, जिस पर चाँद सितारे, सूरज सफ़ेद कपड़े के टँके रहते हैं। धोती घुटने तक रहती है, धोती के ऊपर नीम के पत्तों भरी डगालें खोंसी हुई होती हैं। पगड़ी में भी पत्तियाँ खोंसी होती है, बैलों के गले की घण्टियाँ (घूमरमाल) कमर में लपेटी रहती हैं। घूघरमाल बजती है तो हास्य उत्पन्न करती है। कुडगर्या गम्मत की जान होता है।" इसी तरह नचैया अपने प्रासंगिक गायन से कथा तत्त्व को आगे बढ़ाता है। गम्मत में संवाद प्रायः गीतात्मक होते हैं। इसमें नचैया की भूमिका व्यापक होती है। आजकल विदूषक कोट, पैंट और हैट पहनकर भी आता है।

कूटगर्या कूट और गर्यो शब्द से बना है। कूट का अर्थ सूत्र, रहस्य, भेद, नीति आदि होता हैं। गर्यो 'गर' शब्द से बना है, जिसका अर्थ वहन करने वाला होता है। जैसे जादूगर, बाजीगर वैसे ही कूटगर से कूटगर्या या कुडगर्या बना है, सूत्र, रहस्य, भेद नीति को वहन करने वाला कूटगर्या हुआ, जिसमें हास्य और व्यंग अर्थ भी जुड़ गया है। कूटगर्या अंग्रेज़ी के जोकर शब्द से बहुत कुछ मिलता है। महाराष्ट्र के तमाशा के विदूषक सांगड़िया, राजस्थान के गवरी लोकनाट्य के कुटकड़िया, गुजरात के भवाई के रंगला, आन्ध्र प्रदेश के कुचीपुड़ी लोकनाट्य के कानाची,

उत्तर प्रदेश की नौटंकी के मुंशीजी, रासलीला के मनसुखा, मालवा के माच के शेरमार खाँ का जो लोकनाट्य में महत्त्व है, वही महत्त्व निमाड़ के लोकनाट्य में गम्मत के कुटगरिया का है। कुटगर्या ऊपर से बेवकूफ़ सा लगता है, लेकिन अन्दर से अत्यधिक संजीदा, सूक्ष्म दृष्टि वाला, गायन, वादन, नृत्य में दक्ष, वाक्पटु तथा प्रत्युत्पन्नमति होता है। उसकी सामयिक टिप्पणियों से कुटगर्या की बौद्धिक क्षमता का पता लग जाता है।

रंग उपकरण

गम्मत में परम्परा से उपलब्ध दैनिक सामग्री का उपयोग कल्पनाशील तरीक़े से किया जाता है। लोकनाट्यों में रंग उपकरण स्वयं कलाकार बना लेते हैं। घर की टूटी-फूटी वस्तुएँ, नये पुराने वस्त्र, टावेल, पंचा, चौकी, कुर्सी, स्टूल, रस्सी खटिया, लकड़ी के मुखौटे आदि का उपयोग प्रसंग के अनुसार प्रतीकात्मक रूप से किया जाता है। टावेल को बल देकर गणपति की सूँड़ बनायी जा सकती है, या मुखौटे का उपयोग किया जा सकता है। कोट पहनकर साहब की भूमिका की जा सकती है। रस्सी की जनेऊ, डंडे की बन्दूक या पिस्तौल बाल्टी का कमण्डल कपड़े को हिलाकर नदी, स्टूल या कुर्सी, राजा का सिंहासन, हाथ और मुँह से हाँकने की आवाज़ निकाल कर बैलगाड़ी को मूर्तरूप में उतार दिया जा सकता है। लोकनाट्यों में रंग उपकरणों को उतना ही महत्त्व दिया जाता है, जिससे संकेत मात्र से लोगों तक वह सम्प्रेषित हो जाय। थोड़े से संकेत मात्र से गाँव के दर्शक समूची वस्तु या स्थिति को कल्पना से अपनी आँखों में साकार कर लेता है।

गम्मत का संगीत

गम्मत में पारम्परिक वाद्य झाँझ, मृदंग, ढोलक के साथ हारमोनियम, तबले का प्रयोग किया जाता है। गम्मत का पारम्परिक गीत-संगीत विभिन्न अवसरों के लोकसंगीत से बहुत कुछ अलग होता है। गम्मत के गीत-नृत्य अभिनय पर आधारित होते है। वाद्यों की लय-ताल द्रुत होती है और गाने का स्वर उच्च और तीव्र होता है। सारे गीत चलत में गाये जाते हैं, गीतों की लोकधुनें मधुर लोकप्रिय और पारम्परिक होती हैं। गम्मत में पार्श्व संगीत जैसी कोई परिपाटी नहीं है, फिर भी प्रभाव पैदा करने के लिए गायन के सम पर या किसी पात्र के कहने-सुनने कूदने-दौड़ने पर मृदंग या तबले की थाप लगा दी जाती है। जब संवाद चल रहे होते हैं, तब किसी प्रकार का संगीत नहीं बजाया जाता है। लेकिन नृत्य गीतों के साथ सभी वाद्यों के सामंजस्य से

नाट्य संगीत की उत्पत्ति की जाती है। प्रत्येक कलाकार स्वयं गाता है, नाचता है और अभिनय करता है। गीत को पीछे से उठाने अर्थात् सहयोगी दो या तीन गायक होते हैं, जो अपने हाथों से झांझ भी बजाते हैं। हारमोनियम बजाने वाला भी गीत को स्वर और गाने का ठेका देता है। गम्मत में खड़े साज और बैठे साज दोनों तरह की पद्धति अपनायी जाती है। खड़े साज में वाद्यों को कमर में बाँधकर चलते-चलते बजाया जाता है, और बैठे साज में गम्मत मंच के किसी कोने में बैठकर वाद्य बजाये जाते हैं। मृदंग, ढोलक, तबला और हारमोनियम बजाने वाले प्रायः परम्परा से दक्ष होते हैं, उन्हें पारम्परिक लय-ताल और धुनों की अत्यधिक समझ होती है। कहीं-कहीं इन वादकों को पैसे देकर बुलाया जाता है। गम्मत में पेशेवर नचैया पहले पैसे तय करके अपनी पसन्द के वादकों को साथ लाता है। नचैया की सबसे ऊँची क़ीमत होती है। कुटगर्या, वनचर और नचैया मृदंग की ताल पर नाचते और गाते प्रवेश करते हैं।

गम्मत का संगीत कर्णप्रिय होता है। गायकों के स्वर सधे हुए और गला साफ़ तथा खुला हुआ होता है। गाने वाले की आवाज़ बिना माइक दूर-दूर तक सुनाई देती है। गम्मत के गीत और संगीत की परिपाटियाँ मौखिक होती हैं, इसलिए कलाकार को गाने बजाने में और उसमें कुछ जोड़ने-घटाने में एक तरह की स्वायत्त परम्परा मिलती है।

गम्मत की मौखिक परम्परा

गम्मत मौखिक होते हैं। कथावस्तु पारम्परिक होती है। गीत और कथोपकथन पहले से ही कण्ठस्थ होते हैं। कलाकार अपनी प्रत्युत्पन्नमति से कई लोक प्रहसन, संवाद और अभिनय तत्काल जोड़ देते हैं। एक-एक कलाकार को कई गीत और संवाद याद होते हैं। गम्मत के मौखिक पाठ किसी एक व्यक्ति की रचना नहीं होते, वे सामूहिक रूप से रचे जाते हैं। विचार करते-करते गम्मत का कोई विषय तय हो जाता है, फिर उसके गीत, संवाद, वार्तालाप आदि निश्चित हो जाते हैं, इस तरह सामूहिक रूप से किसी नाट्य या गम्मत की रचना होती है। गम्मत के गीतों की रचना भी प्रायः सामूहिक होती है, कभी कोई कवि या गीतकार द्वारा रचित गरबी गीतों का उपयोग भी गम्मत में किया जाता है। गरबी गीतों के अन्त में रचनाकार अपनी छाप लगाते हैं। इसलिए गरबी में उसके रचनाकार को पहचानना सहज है, लेकिन ऐसे गीतों की भी तासीर लोकधर्मी होती है। सेठ-सेठानी, तीर्थयात्रा, उड़द की दाल, सतनारायण कथा, जतरा, गदड़ा कऽ गवरनी, पटेल-पटलन, फजीतो, घुणचक्कर आदि कई गम्मतें पारम्परिक रूप से लोकप्रिय हैं। वे समूचे निमाड़ में

खेली जाती हैं। इसके अतिरिक्त हर गाँव में अपने अलग-अलग गम्मत और स्वांग प्रचलित होते हैं। कलाकारों को गम्मत के न तो संवाद रटने पड़ते हैं और न गीत, धीरे-धीरे पार्ट करते-करते सब कण्ठस्थ हो जाता है। एक पीढ़ी से दूसरी पीढ़ी उसी तरह गम्मत के पाठ मौखिक रूप से सीखती चलती है। गम्मत के पाठ लिखित रूप में कहीं नहीं उपलब्ध होते। लोकनाट्य मौखिक परम्परा में जीते आये हैं, कभी उन्हें लिखने-लिखाने की ज़रूरत नहीं पड़ी, लेकिन आज के बदलते वातावरण में मीडिया के आने से लोकनाट्यों के लिखित पाठ होने लगे हैं। नौटंकी और माच के खेल शुरू से लिखे जा रहे हैं, उनके नामी रचयिता हुए हैं। दक्षिण के कई लोकनाट्य शास्त्रीय कलारूप ग्रहण कर चुके हैं, उनकी हर चीज़ लिखित रूप से प्राप्त होती है, कर्नाटक का यक्षगान उनमें से एक है।

गम्मत का विषय

गम्मत के विषय सामाजिक, धार्मिक और राजनैतिक होते हैं। समाज की विसंगतियों को उजागर करना गम्मत की पहली शर्त है। विद्रूपताओं पर चोट करना गम्मत की तासीर है। लोक रीतियों, मर्यादाओं, संस्कृति की रक्षा करना गम्मत का मूल उद्देश्य है। समाज की भटकी हुई प्रवृत्तियों और रूढ़ियों को ठीक करना भी गम्मत की बुनियादी प्रतिबद्धता है। मनोरंजन से समाज की जड़ता और उदासीनता को तोड़ना गम्मत का केन्द्रीय विषय रहा है। शृंगार, हास्य, करुण और वीर आदि गम्मत के प्रिय रस हैं। प्रेम, घृणा, उपहास, उपेक्षा, सौहार्द आदि मनुष्य के मूल संवेगों के आसपास गम्मत के कथानक बुने जाते हैं। गम्मत में मनुष्य की कमज़ोरियों को उजागर करने की पूरी कोशिश होती है। किसी बात को छिपाया नहीं जाता है। गम्मत की सामयिक सटीक बातों से दर्शक-श्रोता तिलमिला जाता है। सफ़ेद टोपी लगाकर नेताओं की धज्जियाँ उड़ाई जा सकती हैं। रस्सी की जनेऊ पहनकर पोंगा पण्डितों की हँसी उड़ाई जा सकती है। हँसी-हँसी में ढोंग, ढकोसलों और आडम्बरों को अनावृत किया जा सकता है। सार रूप में गम्मत के विषय जीवन की किसी भी घटना, क्रिया-प्रतिक्रिया और अन्विति से उठाये जा सकते हैं।

गम्मत का पूर्वरंग

गम्मत के आरम्भ में कुछ पारम्परिक विधि-विधान निभाये जाते हैं। खेल शुरू होने से पूर्व पूजा-पाठ ज़रूरी है। गणपति और सरस्वती का स्वांग लाया जाता है, उनकी स्तुति और प्रतिष्ठा की जाती है। पूर्वरंग में खड़े साज का संगीत और नृत्य किया

जाता है। खम्भ के चारों ओर घूम-घूमकर गणपति और सरस्वती की वन्दना की जाती है। नचैया आगे-आगे नाचते हुए चलता है। उसके पीछे गणेश या सरस्वती के स्वरूप होते हैं, स्वरूपों को कोई व्यक्ति गोद में उठाये होते हैं। गोद में उतारकर गणपति थोड़ी देर नृत्य भी करते हैं। गणपति का मुखौटा लगाया जाता है या दुपट्टे को बल देकर उसकी सूँड़ बनायी जाती है। सरस्वती के सिर पर श्वेत मुकुट बाँधा जाता है।

गणपति वन्दना (भुवान्या अंचल)

विघन हरो रे देवा, विघन हरो...
विघन हरण गणराज हो...विघन हरो रे
कौन तेरी माता देवा, कौन थारी पिता
किन हरि नाम धरायो हो...विघन हरो रे...
गोरा माता पिता शिवशंकर
उन हरि नाम धरायो हो...विघन हरो रे

गणगौर स्वांग की गणपति वन्दना

गणपति लागा थारा पाँय
रनुबाई आयी पावणी जी,
कई माता अपना शहर मऽ किरसान्यो बसऽ जी,
कई गहुड़ा सो बेगो लई आय।
कई माता अपना शहर मऽ जमराल्यो बस जी,
कई तुरकई सो बेगो लई आय।

गणपति और सरस्वती वन्दना के समाप्त होते ही पूर्वरंग में गणपति की स्थापना का स्वांग शुरू होता है। मृदंग पर ताल बजती है और बनछर नाचता-कूदता प्रवेश करता है। बनछर के सिर पर नीम की पत्तियाँ बँधी होती हैं। पैरों में घुँघरू होते हैं। प्रारम्भ में बनछर का आना अनिवार्य है। बनछर गम्मत के स्वांग की प्रस्तावना करता है। बनछर और कुडगरिया की भूमिका एक ही व्यक्ति निभाता है और कहीं-कहीं अलग-अलग इस भूमिका को धारण करते हैं। बनछर गम्मत का सूत्रधार होता है। बनछर अथवा वनचर दोनों शब्द प्रचलित हैं, जिसका अर्थ जंगली होता है, रूढ़ अर्थ में विदूषक है। बनछर पूरी गम्मत को बाँधे रखता है। बनछर को अपनी आंगिक चेष्टाओं से दर्शक-श्रोताओं को ख़ुश करना होता है, इसलिए उनके चरित्र में एक

प्रकार की चंचलता होती है। दूसरा सूत्रधार पटेल या मुखिया होता है। स्वांग में पटेल की अवतारणा अनिवार्य होती है। बनछर आने के बाद पटेल आता है, जिसकी वेशभूषा सामान्य सादगीपूर्ण होती है। जो गणपति, सरस्वती के पूर्वरंग वाले स्वांग का मुख्य पात्र होता है।

गम्मत की शुरुआत

पटेल – क्यों रे भाई तू कौन है और तेरा नाम क्या है? तू कहाँ से आया है?

बनचर – मेरा नाम है, बनचर और मैं कैलाश पर्वत से आ रहा हूँ।

पटेल – कैलाश पर्वत से आया है? (गौर से देखता है) क्यों भैया तुम गणपति महाराज को तो पहचानते होंगे?

बनचर – हाँ मैं उसके पूरे खानदान को जानता हूँ, उस लम्बी सूँड़ वाले के साथ मैं रोज़ कंचे खेलता हूँ। (कंचे खेलने की नक़ल करता है।)

पटेल – तेरी उम्र कितनी है?

बनचर – मेरी उम्र यही कोई पाँच साल की है।

पटेल – और तेरी औरत की उम्र कितनी है?

बनचर – मेरी औरत की उम्र है दस साल।

पटेल – तेरी औरत दस साल की है तो बच्चे कितने साल के हैं?

बनचर – अरे वो पन्द्रह से लगाकर पचास-साठ साल तक के हैं।

पटेल – तो ऐसे तेरे कितने बच्चे हैं?

बनचर – यही कोई तीस-चालीस और चालीस में प्रत्येक के बीस हैं।

पटेल – तो भैया ऐसा कर उनको यहाँ बुला ले।

बनचर – तेरे घर में खाने का इन्तजाम है?

पटेल – तू इसकी फिक्र मत कर, पहले भैया तू बुला क्यों नहीं लेता?

बनचर – बता, तेरी फसल कितनी पकी है?

पटेल – मेरे यहाँ मक्का बहुत पकी है और जुवार की तो कोठियों पर कोठियाँ भरी हैं। कितना खायेंगे तेरे बच्चे, और खाने से कभी कमी नहीं होती समझे।

बनचर – देख, पटेल सोच समझकर बुलाना।
(मृदंग वादक ताल बजाते हैं। बनचर गीत गाता है, और आग्यासुर को बुलाता हैं)

बनचर – आओ आओ रे आग्यासुर आओ।
आओ आओ रे आग्यासुर आओ।।
(आग्यासुर हाथ में दो जलती हुई मशालें लेकर आता है। मृदंग वादक ताल बजाते हैं। आग्यासुर नाचता-कूदता है, और वापस चला जाता है।)

बनचर – पटेल देखा मेरी औलाद को।

पटेल – बनचर! बहुत बाँकी है तेरी औलाद।

बनचर – अभी तो तुमने एक ही को देखा है, अब और देखना (गीत गाता है)
आओ रे आओ रे भैंसासुर आओ।।
आओ आओ रे भैंसासुर आओ।।
(भैंसासुर भैंस का मुखौटा लगाकर अटपटे वेश में प्रवेश करता है।)
(मृदंग वादक ताल बजाते हैं। भैंसासुर नाचता-कूदता है और वापस चला जाता है। इसी तरह से बनचर ढाई किलो को बुलाता है। फिर बनचर पाँच किलो को बुलाता है। वह भी आता है। नाच-कूद कर खाने-पीने का अभिनय कर वापस चला जाता है।)

पटेल – बनचर मेरे घर में खाना ख़त्म हो गया है। खाने को एक भी दाना रहने देगा कि नहीं?

बनचर – मैंने तो पहले ही कहा था, तू माना ही नहीं अभी तो सारे आये ही नहीं।

पटेल – अच्छा बनचर अपने देश का एक गाना तो सुना।

बनचर – क्या कहा गीत सुनाऊँ (गीत गाता है और नाचता है)
मैथी को याव रचायो सुणो जी सरकार
मैथी को याव रचायो सुणो जी सरकार
करेला जी दुल्लव बणी आया, सुणो जी
सरकार मैथी को याव...
आलू का तो बण्या बराती,
अरे लसुण का छोरा-छोरी आया,
सुणो जी सरकार
मैथी को याव रचायो सुणो जी सरकार

नारंगी की नानी आयी
लिम्बू का नाना जी आया, सुणो जी सरकार
मैथी को याव रचायो सुणो...
भरकोला जी भाई उनका
भिंडी जी उनकी भौजाई, सुणो जी सरकार
मैथी को याव रचायो...
ससरो उनको चकरी को कोलो
लौकी जी उनकी भौजाई, सुणो जी सरकार
मैथी को याव रचायो...
गिलकी की तो गाड़ी आयी
भट्टा का बइल्या बनाया, सुणो जी सरकार
मैथी का याव रचायो सुणो जी सरकार
करेला जी दुल्लव वणी आया।

पटेल – बस-बस मजा आ गया वनचर।

बनचर – क्या मजा आ गया पटेल?

पटेल – क्यों रे बनचर तूने इतने बच्चे पैदा किये, परिवार नियोजन वाले कैलाश पर्वत पर नहीं गये क्या?

बनचर – अरे पटेल! यह कौन सी बला है, क्या आफत है।

पटेल – तू नहीं समझेगा, जा, कैलाश पर्वत पर और वहाँ से गणपति महाराज को ले जा।

बनचर – नहीं मेरी और उनकी राशि तो जरा भी नहीं मिलती। आप चाहें तो उन्हें बुला लें या मुझे रख लें।

पटेल – नहीं! नहीं! भाई दोनों होना चाहिए। गणपतिजी के बिना कार्य शुरू नहीं होगा और तेरे बिना गम्मत नहीं चलेगी।

बनचर – ऐसी बात है तो मैं उन्हें ले आता हूँ।

(मृदंग वादक ताल बजाते हैं। बनचर नाचता-कूदता कैलाश पर्वत पर जाता है। थोड़ी देर बाद में गणेशजी के साथ रिद्धि-सिद्धि का आगमन होता है। रिद्धि-सिद्धि के हाथों में लम्बी-लम्बी नीम की छड़ियाँ होती हैं।)

(बनचर गणेशजी को लाकर एक स्थान पर बिठा देता है और रिद्धि-सिद्धि उनके दायें-बायें खड़ी हो जाती हैं।)

बनचर – ले, पटेल सँभाल इस तोंद वाले को।

(ऐसा कहने के साथ ही रिद्धि-सिद्धि बनचर को सड़ासड़ दो-तीन सोंटियाँ मारती हैं।)

पटेल – ऐसा नहीं कहना भाई, ये गणपति महाराज हैं।

बनचर – (पीठ को सहलाते हुए) अरे! इसकी सूँड़ तो देखो, कैसी लम्बी है, इसकी तो ख़ूब नाक बहती है। सेमड़िया कहीं का?

(इतना सुनते ही रिद्धि-सिद्धि पुनः बनचर को दो-तीन सोंटिया मारती हैं)

बनचर – पटेल अब मेरा काम समाप्त हो गया, मैं तो जा रहा हूँ।

पटेल – जा कहाँ रहे हो, पूजा कौन करेगा? पहले गणेशजी महाराज की पूजा करो।

बनचर – इस नाक बहने वाले की, अरे! इससे तो मक्खियाँ भी नहीं उड़तीं, जो इसके शरीर पर बैठी हैं, और मैं इसकी पूजा करूँ? मुझसे तो नहीं होगा।

(रिद्धि-सिद्धि फिर बनचर को कोड़ा मारती हैं। वह इधर-उधर देखता है, लेकिन रिद्धि-सिद्धि तन कर खड़ी हैं।)

बनचर – देखो, मैंने पहले कहा था कि इसकी और मेरी नहीं पटेगी, और ये मधुमक्खियाँ तो मुझे तड़ातड़ मारती हैं।

पटेल – देख, भैया गणेशजी की पूजा बिना कोई काम शुरू नहीं होता, इसलिए तू इनकी पूजा कर।

बनचर – (नीम की पत्तियाँ तोड़कर पूजा करता है) कुंकुम, चावल, चन्दन उठाकर (रिद्धि-सिद्धि की तरफ़ देखकर कहता है।) (रिद्धि की ओर) यह भैंस के पाड़े को जन्म दे। (सिद्धि की तरफ़ देखकर कहता है) इसे भैंस की पाड़ी हो। इतना सुनते ही रिद्धि-सिद्धि पुनः बनचर को प्रत्यक्ष में मारती हैं।)

पटेल – पहले चन्दन घिसना, ध्यान से पूजा करना और फिर आशीर्वाद लेना।

बनचर – पटेल पहले मुझे आशीर्वाद ले देने दे।

बनचर – (जाकर गणेशजी की गोद में बैठ जाता है, रिद्धि-सिद्धि तड़ातड़ मारती हैं।)

पटेल – देखो, मैंने तुम्हें पहले ही समझाया था कि पहले चन्दन घिसना फिर पूजा करना, तू तो पहले ही आशीर्वाद लेने पहुँच गया।

बनचर – (नीम की पत्तियाँ तोड़कर ज़मीन पर फैलाकर उन पर बैठता है और कूल्हों से रगड़ता है। रिद्धि-सिद्धि पुनः उसे मारती हैं।)

बनचर – देख पटेल, ये रिद्धि-सिद्धि मुझे कैसे पड़ा-पड़ मारती हैं।

पटेल – अरे पगले! अब तू सीधे-सादे ढंग से पूजा कर और मजाक बन्द कर, तभी रिद्धि-सिद्धि और गणेश जी प्रसन्न होंगे। तू जल्दी पूजा कर फिर हम गम्मत शुरू करें।

(बनचर सीधे-सादे ढंग से गणेशजी की पूजा करता है। पैरों में गिरकर आशीर्वाद माँगता है।)

बनचर – अरे गणपति महाराज! तेरी चरण वन्दना करता हूँ।

गणेशजी – (आशीर्वाद देते हुए) ख़ुश रहो बालक!

बनचर – देखो पटेल मुझे गणेशजी ने खोंस दिया। अब मैं वर्ष भर बाद निकलूँगा, जब गम्मत होगी।

पटेल – अरे गधे! खोंस नहीं। ख़ुश रहने का आशीर्वाद दिया है। बनचर इन्हें जहाँ से लाया है वहाँ वापस सम्मान से छोड़ आ।

बनचर – गणेश को स्थान से उठाकर नेपथ्य में ले जाता है, फिर मुख्य गम्मत शुरू होती है।

निमाड़ी स्वांग और गम्मत

स्वांग गम्मत का अनिवार्य अंग है। स्वांग एक नाट्य परिपाटी है। स्वांग दो प्रकार के होते हैं। एक स्वरूप स्वांग और दूसरे हास्य स्वांग। स्वरूप में देवी-देवताओं के स्वरूप या झाँकी लायी जाती है और हास्य स्वांग में छोटे-छोटे लोक प्रहसन होते हैं। स्वरूप, स्वांग की गम्मत में केवल स्थापित होते हैं, उनकी भूमिका बहुत अधिक नहीं होती और हास्य स्वांग गम्मत के बीच में किसी विश्राम के क्षणों में किये जाते हैं या गम्मत के साथ-साथ भी चलते हैं।

गम्मत मुख्य नाट्य होते हैं, जिनकी अवधि पन्द्रह मिनट से एक घण्टे के बीच होती है। गम्मत एक सम्पूर्ण लोक नाट्य है। गम्मत के विषय, पात्र, कथानक, गीत, नृत्य, संगीत और अभिनय सुनिश्चित होते हैं। गम्मत का एक निश्चित उद्देश्य होता है, उसमें सोची-समझी कोई पारम्परिक रूप से लोकप्रिय घटना या कथा होती है। गम्मत निमाड़ी लोक जीवन का दर्पण है। गम्मत में निमाड़ी लोक संस्कृति साकार होती है। निमाड़ की प्रदर्शनकारी कलाओं में गम्मत का स्थान सर्वोपरि है।

गणगौर और होली पर प्राय: स्वांग किये जाते हैं। गणगौर पर्व पर सब जगह स्वांग करने की परम्परा नहीं है। गणगौर तो मूलत: गीत और नृत्य का पर्व है, पर कहीं-कहीं ख़ासकर हरदा, हरसूद और खण्डवा अंचल में स्वांग गम्मत किये जाते हैं। हरदा के ग्रामीण अंचलों में निवास करने वाले गुर्जर और नार्मदीय ब्राह्मणों में गणगौर के आनुष्ठानिक गीतों के साथ स्वांग गम्मत करने की परिपाटी है।

स्वांग गम्मत की बोली निमाड़ी होती है। बीच-बीच में पात्र हिन्दी और अंग्रेज़ी के शब्दों का प्रयोग करते हैं। स्वांग गम्मत में निमाड़ी बोली का ठेठ रूप देखा जा सकता है। निमाड़ी के शब्दों, कहावतों, मुहावरों और बोली की शक्ति का जितना अच्छा प्रयोग गम्मत में पाया जाता है, उतना किसी दूसरी विधा में नहीं दिखाई देता। नाट्य गीतों में प्रयुक्त रूपक और उपमाएँ दैनन्दिन वस्तुओं के गुणों के आधार पर दी जाती हैं।

गणगौर के स्वांग गम्मत अत्यन्त प्रभावशाली तरीक़े से प्रस्तुत किये जाते हैं। उनके विषय बड़े रोचक और व्यंग्यपूर्ण होते हैं। गणगौर स्वांग गम्मत की सबसे बड़ी विशेषता उनकी सादगी और मर्यादा है। मर्यादा के घेरे में स्वांग गम्मत के माध्यम से आदमी के सुख-दुख, हर्ष-विमर्श, प्रेम-घृणा, लोक व्यवहार आदि लोकरंग में बख़ूबी अभिव्यक्त होते हैं। एक स्वांग गम्मत में पड़ोसी अपना धर्म कितना सफ़ाई से निभाता है, देखते ही बनता है।

दो किसान पड़ोसी हैं, उनके खेत भी पास-पास में हैं। एक किसान दूसरे किसान से कहता है–भाई तेरे खेत में रात को सारे ढोर घुस गये और फ़सल चरने लगे। वह तो अच्छा था, मैं खेत में ही था, मैंने सारे ढोर भगा दिये।

दूसरा किसान कहता है–अच्छा! तू तो बहुत ही सीधा सच्चा है, क्या कहने, तूने अपने ही ढोरो मेरे खेत में घुसेड़ दिये और ख़ूब चरा लिये। अब मेरे सामने सीधा बन रहा है।

एक-दूसरे की पोल खोलने में पड़ोसी कभी चूकते नहीं हैं, उसी पर यह स्वांग गम्मत है। सिर पर अमाड़ी की लटें, रस्सी की जनेऊ पहने, हाथ में बाल्टी का कमण्डल लिए, पण्डित के स्वांग का मूल उद्देश्य ढोंग और आडम्बर को उजागर करना है। ऐसे ही कितने ही स्वांग प्रचलित हैं, जो लोक समाज को सही दिशा देने का कार्य करते हैं।

स्वांग गम्मत जैसे ग्रामीण लोकानुरंजन की सशक्त लोक प्रवृत्तियाँ धीरे-धीरे विलुप्त होती जा रही हैं। निरन्तर बदलती जीवन पद्धति में लोक की कई महत्त्वपूर्ण

विधाएँ पीछे छूटती जा रही हैं, लोकनाट्य भी उनमें से एक है। यदि समय रहते लोकनाट्यों के संरक्षण की दिशा में कोई ठोस क़दम नहीं उठाया गया तो लोकनाट्य परम्परा इस संसार से विदा हो जायेगी।

निमाड़ी के दो लोकप्रिय गम्मतों के सार संक्षेप से उनकी कथावस्तु का अन्तरगठन समझ में आ सकता है।

सती-सावित्री

एक गाँव में एक सुतार की पत्नी बड़ी चटोरी थी। वह अपने आप को सती-सावित्री कहती थी, वह पति को बाहर गाँव भी काम करने नहीं जाने देती, लेकिन जब वह गाँव में ही काम करने चला जाता तो घर में ख़ूब पकवान बनाकर खाती। पड़ोसी एक बुढ़िया यह सब देखकर दुखी होती। उसने एक दिन सुतार को यह बात बतायी। सुतार ने कहा मैं आँख से देख लूँ तो सच मानूँ। डोकरी ने कहा–कल तू काम के बहाने बाहर जाने की ज़िद करना और चुपचाप मेरे घर के छज्जे पर आकर बैठ जाना, तब देखना तेरी पत्नी क्या-क्या करती है?

सुतार ने ऐसा ही किया। उसकी पत्नी पति के पैरों की पूजा करके भोजन करती थी, इसलिए उसने आँगन में खड़िया से अपने चरण चिह्न बना दिये और कहा–तुम इसकी पूजा करती रहना। मैं बाहर धन कमाने जा रहा हूँ। गाँव में पर्याप्त काम नहीं मिलता। इस पर पत्नी राज़ी हो गयी।

सुतार सुबह से औज़ार लेकर बाहर गाँव के लिए निकल पड़ा। घूम-घाम कर वह डोकरी के छज्जे पर जाकर बैठ गया। चुपचाप वह पत्नी की गतिविधि देखने लगा। पति के जाते ही वह खीर, पूड़ी, भजिये बनाती है। गन्ना उसे बहुत प्रिय है, तो वह गन्ना भी ख़रीद लाती है। एक गन्ना दरवाज़े की आड़ में छिपा देती है। चने फुटाने और धानी भी ले लेती है। सब चीज़ें इकट्ठी होने पर वह पति के चरण पूजती है। चरण क्या पूजती है? चरण चिन्हों पर पाँच बार चप्पल मारती है और कहती है, पहले चरण पूजूँ, फिर पेट पूजा करूँ। जल्दी ही वह खीर, पूड़ी, भजिये खाती है। यह सब उसका पति अपनी आँखों से देख लेता है। वह चुपचाप घर पहुँचता है और दरवाज़े के सामने गिर पड़ता है और पड़े-पड़े पत्नी के किये कार्यों का बयान करता है। वह अपने पैर दरवाज़े में फँसा लेता है और मरणासन्न हो जाता है। उसे मरा हुआ समझकर वह जल्दी-जल्दी फिर खीर खा लेती है, पति सब चुपके से देखता है। अन्त में वह पति का पैर कटवाने के लिए तैयार हो जाती है, लेकिन दरवाज़े

की उसे चिन्ता होती है, दरवाज़ा काट दिया तो कौन बनायेगा? आदमी तो मर गया, अब टाँग काट भी दी तो कोई नुक़सान नहीं होगा। पत्नी के कहने पर एक व्यक्ति कुल्हाड़ा लेकर पैर काटने के लिए तैयार होता है, इतने में पति उठकर बैठ जाता है और पत्नी की स्वार्थपरता पर ख़ूब चोट करता है। पत्नी का चटोरापन निकल जाता है। गम्मत समाप्त हो जाती है।

तीरथ यात्रा

एक सेठ-सेठानी तीर्थ यात्रा की तैयारी करते हैं। सेठ का नौकर भी तीर्थयात्रा पर जाना चाहता है। सेठ राज़ी नहीं होता, लेकिन सेठानी नौकर को चाहती है, उसके कहने पर नौकर को भी साथ रख लिखा जाता है ताकि रास्ते में वह उनकी सेवा चाकरी कर सके।

ख़ुशी-ख़ुशी तीनों रवाना होते हैं। सेठ अपने व्यापार की व्यस्तता की वजह से कभी सेठानी की तरफ़ ध्यान नहीं दे पाता था, इसकी वजह से तीर्थयात्रा में सेठानी का दिल अपने नौकर पर आ जाता है। सेठानी और नौकर तीर्थयात्रा में सेठ को चकमा देकर मिलने की कोशिश करते हैं, लेकिन सेठ ऐन मौक़े पर हमेशा आ जाता है। इससे सेठानी और नौकर बहुत दुखी होते हैं। सेठ-सेठानी तीर्थयात्रा करके लौटते हैं। सेठ नौकर को घर से निकाल देता है। इस गम्मत में तीर्थयात्रा के बहाने बुरे कर्म करने वाले लोगों की जमकर पोल खोली है।

निमाड़ के लोकनाट्यों की प्रवृत्ति और प्रकृति अन्य लोकनाट्यों की तरह नृत्य गायन प्रधान है। इसीलिए जितना अधिक उनके नृत्य गायन में ध्यान दिया जाता है, उतना संवाद या कथोपकथन पर नहीं दिया जाता। लोकनाट्यों में परम्परा के साथ समसामयिक विषयों को भी सूझ-बूझ के साथ सम्मिलित किया जाता है।

लोकरंग शैलियों में उनकी परम्परा और लोक रीतियों पर सबसे अधिक ध्यान दिया जाता है। निमाड़ के लोकनाट्यों में हँसने-हँसाने की परिपाटी का पालन प्रमुख प्रतिज्ञा की तरह किया जाता है। लोक समाजों में फैली जड़ता, असमानता, वैमनस्यता और उदासीनता को दूर करने का कार्य भी लोकनाट्य करते आये हैं, इस कसौटी पर निमाड़ की लोकनाट्य परम्परा खरी उतरती है। लोक जीवन में लोकनाट्यों की महती भूमिका है, सदियों से चली आ रही लोकानुरंजन की यह परम्परा नहीं होती तो समाज में हास्य-विनोद और मनोरंजन के बजाय अवसाद की सर्वत्र एक काली छाया सी दिखाई देती।

एक सम्पूर्ण लोक नृत्यनाट्य काठी

काठी निमाड़ का सशक्त लोक नृत्यनाट्य है। जिसका मुख्य स्वरूप नृत्य प्रधान होता है। निमाड़ और उससे बाहर मालवा, महाराष्ट्र, गुजरात, छिन्दवाड़ा, होशंगाबाद अंचलों में काठी होता उठाने वाले बलाई हरिजन होते हैं। महाराष्ट्र में काठी गम्भीरा के रूप में प्रचलित है। काठी धारक को भगत कहते हैं, अन्य जातियाँ काठी धारक नहीं होतीं। दसोरा महाजन, तेली, माली, कहार, नावड़ा और चर्मकार काठी पूजक हैं। सभी हरिजन या बलाई काठी नहीं उठाते हैं। परम्परा से जिन परिवारों में काठी उठाई जाती रही है, दूसरा पन्थ उसी परिवार के लोग काठी उठाते हैं। कई काठी नर्तक कबीरपन्थी होते हैं। काठी भक्तों के दो पन्थ हैं। पहला दूधिया दूसरा सात्तव कहलाता है। दूधिया सात्तव भगत शुद्ध शाकाहारी होते हैं। सात्तव पन्थ के भगत मांसाहारी होते हैं, इसीलिए काठी माता पर बलि के रूप में मुर्गा और दारू चढ़ाते हैं।

काठी का प्रारम्भ देवप्रबोधिनी एकादशी से होता है और समापन महाशिवरात्रि को। इस तरह काठी का पर्व पूरे चार महीने चलता है। एकादशी के दिन से काठी माता की धजा (ध्वज) चढ़ जाती है। एक काठी दल में तीन से आठ तक भगत होते हैं। यात्रा में भगतों के साथ काठी माता हमेशा होती हैं। दो नर्तक जिनकी प्रमुख भूमिका होती है, एक बड़ा भगत तथा दूसरा छोटा भगत कहलाता है। एक काठी माता रखने वाला रजूल्या, एक थाली बजाने वाला 'खोरदार' कहलाता है। खोरदार थाली बजाने के साथ कथाओं को दोहराता है, अर्थ करता है तथा गीतों में नये संवाद तत्कालमति से जोड़ता है। देवी के लिए सिंहासन स्वरूप एक काष्ठ-पाट या पावड़ी सदैव साथ रखी जाती है।

काठी मातृशक्ति पार्वती की पूजा का पर्व है। किंवदन्ती है कि कच्छ काठियावाड़ गुजरात में काठी नामक जाति थी, जो केवल विवाह के अवसर पर अपना नृत्य करती थी, यह नृत्य उस समय इतना प्रसिद्धि पा गया कि वहाँ के राजा ने अपने राज्य का नाम काठी की स्मृति में काठियावाड़ रख दिया। काठी आवास अर्थात् जहाँ काठी का आवास हो। काठी आवास अपभ्रंश होकर काठिया अवाड़ हो गया। इस किंवदन्ती से यह स्पष्ट है कि काठी जाति काठियावाड़ से अपना नृत्य लेकर निमाड़ में आयी, निमाड़ में काठी को पूरा प्रश्रय मिला। गुजरात में काठी नृत्य कहीं भी देखने को नहीं मिलता, लेकिन इतना ज़रूर है कि वहाँ काठी नामक कलाकार जाति आज भी अस्तित्व में है। जो कपड़ों पर रंगीन धागों से सुन्दर आकृतियाँ, मिथ

कथाएँ बनाती हैं। निमाड़ में बलाई हरिजन जाति पीढ़ियों से काठी उठा रही है और युगों से काठी पर्व परम्परागत ढंग से मनाती है। वेशभूषा और काठी के अन्य शृंगार को देखते हुए सहज अनुमान लगाया जा सकता है कि निमाड़ में काठी हज़ार-आठ वर्ष पूर्व से प्रचलित रही है। हरिश्चन्द्र की सत कथा का लोकप्रिय कथानक पुराण से आया है। गोंडेन नार ताराबाई गोंडवाना की रानी थी। इसी तरह सूरियालो महाजन, भिलणो बाल, मैदा गवलन पौराणिक प्राचीन कथाएँ हैं, वागा मध्यकालीन है, चूड़ीदार पाजामा मुस्लिम संस्कृति के प्रभाव को दर्शाता है। वागे में चाँद-सूरज का टँका होना लोक परम्परा का प्रतीक है। लोक में चाँद-सूरज अमरता के प्रतीक के रूप में प्रागैतिहासिक काल से व्यवहृत हैं।

काठी की लोकभाषा निमाड़ी है। चार सौ साल पूर्व निमाड़ के मानक सन्त कवि सिंगाजी ने जिस निमाड़ी का प्रयोग अपने पदों में किया है, उससे कहीं अधिक पुरानी निमाड़ी काठी प्रबन्धों में प्राप्त है। रीखी (ऋषि), पराचित (प्रायश्चित) जैसे संस्कृत शब्द अप्रत्यक्ष रूप में काठी गीतों में अनुस्यूत हैं। परवर्ती भाषाई आन्दोलनों का प्रभाव निमाड़ पर भी हुआ है, इसी वजह से निमाड़ी में उर्दू, फ़ारसी, मराठी, गुजराती और राजस्थानी भाषाओं का प्रभाव स्पष्ट देखा जा सकता है।

जरद (ज़र्द), क़दम, ख़ून उर्दू शब्द हैं। सामळयो-गुजराती, धणियर-राजस्थानी शब्द निमाड़ी का बाना पहनकर काठी में उतरते हैं। सन्त सिंगाजी के पदों में प्रयुक्त निमाड़ी की तरह हिन्दुस्तानी का प्रयोग काठी गीतों में कतई नहीं है। इससे बहुत साफ़ है कि काठी की निमाड़ी सन्त सिंगाजी से बहुत पहले की निमाड़ी है।

काठी माता की आकृति बाँस, बेर की लकड़ी, मोर पंख और लाल, पीले, सफ़ेद कपड़ों से बनायी जाती है। नये बाँस के एक मीटर लम्बे टुकड़े के सिरे पर बेर की लकड़ी आड़ी बाँध दी जाती है। बेर की लकड़ी काटी जाने से पूर्व बेर-पूजा की जाती है। पूजा के बाद उस पर दराँती या कोई औज़ार चलाया जाता है। बेर की लकड़ी पूर्व दिशा से लाना शुभ माना जाता है। लकड़ी गाँव के सुतार को दे दी जाती है। शाम तक वह दी हुई लकड़ी को तैयार कर देता है। भगत लकड़ी को श्रद्धा भाव से घर लाकर काठी को आकार देने लगता है। बाँस के ऊपरी सिरे पर कोरे सफ़ेद कपड़े से मोर पंख बाँधे जाते हैं। यह काठी का मुकुट कहलाता है। आड़ी लकड़ी पर सफ़ेद कपड़ा लपेटकर काठी की भुजाएँ बना दी जाती हैं। भुजाओं और गले में लाल, पीले कपड़ों से माता का शृंगार किया जाता है। कपड़ों के एक सिरे में पैसा

सुपारी, कुमकुम, चावल बाँधकर काठी माता की कमर में लटका दिये जाते हैं। काठी के दो रूप और प्रचलन में हैं, कपला धज काठी और दूसरा रावण काठी। कपला ध्वज यानी सफ़ेद ध्वजा।

काठी की उत्पत्ति

"काठी का एक पैर है, दो हाथ हैं, सिर नहीं है।"

काठी का यह स्वरूप किस प्रकार का है। क्या किसी का एक पैर होता है? दो हाथ हैं, धड़ है, सिर नहीं है। है ना आश्चर्य की बात? काठी के बारे में एक कथा प्रचलित है। बलकवाड़ा के वयोवृद्ध काठी गायक मांगीलाल ने यह कथा पच्चीस-तीस वर्ष पहले सुनायी थी।

यक्ष की एक लड़की थी। उसका नाम काठी था। वह जवान हुई तो यक्ष ने उसका विवाह रचाया। वह हल्दी भरी अपनी सहेलियों के साथ घूमती हुई एक जंगल में निकल गयी, वहाँ एक दानव तपस्या में बैठा था। दानव का हृष्ट-पुष्ट शरीर और अपूर्व सौन्दर्य देखकर मोहित हो गयी। काठी सहेलियों के साथ दानव को सताने लगी। दानव की तपस्या में खलल पड़ गया। ग़ुस्से में आकर दानव ने काठी को चीर कर फेंक दिया। सहेलियाँ काठी के लिए रोने धोने लगीं। सहेलियों ने उस दानव से विनय किया–यह आपने क्या कर दिया? कल इसका विवाह होने वाला है। इसके घर पर क्या जवाब देंगे? इसकी कोई 'सति-गति लगाओ।' दानव ने कहा–'इस लड़की ने मेरी तपस्या भंग कर दी। इसलिए मैंने इसे चीर कर फेंक दिया।' सहेलियों ने रोते हुए पूछा–'महाराज इसका कोई उपाय बताओ।' सहेलियों के आग्रह से पसीज कर तपस्वी दानव ने कहा–अब तुम्हारी सहेली वापस तो नहीं आ सकती, लेकिन इसका एक पैर और दो हाथ महादेव के चरणों में पहुँच गये हैं और वे उसी के गुण गाते रहेंगे, इसी से काठी की महिमा चलेगी। उसका एक पैर और सिर नाथ जाति के यहाँ मिलेगा। सिर और पैर को ढूँढ़ने के लिए चार भगत भेजता हूँ। भगत काठी माता के भक्त हैं। वे शिव और पार्वती की पूजा करेंगे, एक पैर और दो हाथ वाली काठी माता को श्रृंगार देकर गाँव-गाँव फिरेंगे। काठी का वाद्य ढाँक होता है। जिसकी आवाज़ 'ढुंढुक-ढुंढुक' होगी, उसका मतलब है 'ढूँढ़ रही हूँ, ढूँढ़ रही हूँ।' ढाँक के साथ थाली बजेगी, जिसका स्वर होगा 'पल्ले गया-पल्ले गया', अर्थात् बहुत दूर चला गया, बहुत दूर चला गया। तब से आज तक काठी के भगत तीन-चार महीनों में काठी का नृत्य अभियान करके शिव को रिझाते हैं और काठी को ढूँढ़ते हैं। इधर स्वर्ग लोक में काठी महादेव की भक्त हो गयी, महादेव

और पार्वती की कृपा से काठी का उद्धार हो गया। मृत्यु लोक में भगत दानव द्वारा चीर कर फेंके गये अंगों को आज तक ढूँढ़ रहे हैं। देवी के नाम से नाचना, गाना, बजाना देवी उपासना काठी भक्तों का प्रमुख कार्य है।

पौराणिक आख्यान के आधार पर काठी भस्मासुर की पत्नी थी। भस्मासुर ने भगवान शंकर की तपस्या कर उनका भस्म कंगन प्राप्त कर लिया था। वह पार्वती के मोह में भगवान शिव को भस्म करने के लिए आतुर हो गया, यह देखकर भगवान शंकर पचमढ़ी के पहाड़ों में छिपते फिरे। इसीलिए पचमढ़ी में कहीं शंकर चौरागढ़ की सबसे ऊँची चोटी पर विराजमान हैं तो कहीं जटाशंकर जैसी गुफाओं में भस्मासुर के डर से पृथ्वी में समा गये। नारद और अन्य देवताओं ने भगवान विष्णु से निवेदन किया। कहा महादेव और पार्वती भस्मासुर के उत्पात से त्रस्त हैं, कोई उपाय कीजिए। भगवान विष्णु मोहिनी रूप धारण कर भस्मासुर के समक्ष उपस्थित हो जाते हैं। कामान्ध और क्रोधी भस्मासुर पार्वती को देखकर शंकर का पीछा छोड़ देता है। इधर पार्वती के रूप में विष्णु भस्मासुर को अपनी मोहिनी में फँसा लेते हैं और उसे भस्म कंगन के साथ शंकर की तरह नाचने के लिए राज़ी कर लेते हैं।

भस्मासुर पार्वती के कहने पर सिर पर भस्म कंगन लेकर नाचने लगता है और नाचते-नाचते भस्म हो जाता है। पचमढ़ी के जिस स्थान पर भस्मासुर भस्म हुआ था, वहाँ एक कुण्ड है, जिसे हर यात्री बाँस की पतली सोटी से पीटता है। भस्मासुर के मरने से शिव पार्वती सुख की साँस लेते हैं, परन्तु भस्मासुर की पत्नी झापली काठी विष्णु के पास पहुँचती है। विष्णु को श्राप देने लगती है। विष्णु उसकी टाँग पकड़ चीर कर फेंक देते हैं। तबसे काठी का एक पैर, दो हाथ, तीनों लोक में पूजित हो गये। पार्वती के कहने पर भगवान शंकर ने काठी के चार भगत बनाये। उन्हें बजाने के लिए ढांक और खोरा दिया और गाने के लिए काठी माता की गौरव गाथा दी। भूरा भगत इन्हीं चार भगतों में से एक था। जिसने शिव की तपस्या कर काठी उठाने का बीड़ा लिया था। भूरा भगत शिव का गण था। पचमढ़ी में चौरागढ़ महादेव के सम्मुख हाथ जोड़े भूरा और धीरा भगत की मूर्तियां स्थापित हैं। पचमढ़ी में भक्त लोग पहले भूरा भगत के दर्शन करते हैं, फिर शंकर भगवान के। भूरा भगत काठी भक्तों का प्रथम पुरुष है। जिसने काठी को संसार में प्रतिष्ठा दिलाई और काठी पन्थ की स्थापना की।

पूर्व निमाड़ के ग्राम नागचुन में नब्बे वर्षीय तोताराम उमदा ने काठी उत्पत्ति सम्बन्धी एक और कथा सुनायी। बात हस्तिनापुर की है, जहाँ पाण्डव रहते थे। एक

बार भीम को अपने बल पर घमण्ड हो गया। यह बात कृष्ण को अच्छी नहीं लगी। कृष्ण ने भीम से कहा–तुम बड़े बलवान हो, पचमढ़ी के पहाड़ पर रहने वाले राक्षस की छाती के बाल उखाड़ लाओ। यह सुनकर भीम आग-बबूला होकर कृष्ण से कहने लगा, इतना छोटा-सा काम कहते हुए तुम्हें शर्म नहीं आती, तुम कहो तो मैं इन्द्रासन को तोड़ कर ले आऊँ। कृष्ण ने समझाते हुए कहा–भीम तुम पहाड़ पर चले जाओ, सब मालूम पड़ जायेगा। भीम हुंकार भरकर पचमढ़ी की तरफ़ चल दिया। पहाड़ पर पहुँचकर भीम ने देखा विशालकाय राक्षस सोया पड़ा है। उसकी साँस से आँधी चल रही है। भीम ने देखा राक्षस की सुन्दर लड़की काठी पास में बैठी साँस से खींचे पशु-पक्षियों को हटा रही है। राक्षस के बाल किसी जंगल की तरह थे। भीम को आता देख काठी ने दूर से ललकारा। भीम ठिठक गया। भीम ने राक्षस के बालों की ओर हाथ बढ़ाया। काठी ने भीम के हाथ को झटक दिया। भीम पूरी ताक़त से झपटा, लेकिन लड़की ने भीम को दोनों हाथों से रोक लिया। भीम ने लड़की की टाँग पकड़कर चीर दिया। एक पैर व धड़ दूर फेंक दिया। राक्षस की छाती के बाल मुट्ठी से नोचकर भीम कृष्ण की ओर चल पड़ा। राक्षस की निद्रा टूट गयी। उसने पल भर में भीम को बच्चे सा दबोच लिया। भीम मिमियाने लगा। भीम ने कहा तुम्हारी लड़की काठी शक्तिशाली देवी है, उसका एक पैर और दो हाथ भगवान शंकर की शरण में चले गये हैं। भीम को अपने घमण्ड का एहसास हो गया। भीम ने काठी को ढूँढ़ने के लिए चार भगत भेजे। वही चार भगत आज तक काठी को ढूँढ़ रहे हैं।

एकादशी के दूसरे या तीसरे दिन नर्तक काठी माता को घर से निकालते हैं। गाँव-गाँव, शहर-शहर ले जाते हैं। गाँव में सबसे पहले पटेल के यहाँ काठी का प्रदर्शन करते हैं। यथाशक्ति गाँव का पटेल नर्तक को दान देता है। प्रदर्शन से पूर्व पटेल के घर की महिलाएँ काठी माता की पूजा करती हैं, नारियल चढ़ाती हैं। इस तरह गाँव में काठी के प्रदर्शन की अनुमति मिल जाती है। गाँव में काठी की धूम मच जाती है। कई पुरुष और महिलाएँ कामना पूर्ति की मनौती कर लेती हैं। मनौती पूरी होने पर अगले साल काठी को विशेष रूप से आमन्त्रित किया जाता है। दो या तीन दिन उसी के घर नाचना गाना और काठी कथाएँ होती हैं। भगतों का भोजन, आवास आदि यजमान देता है। मनौती करने वाला अच्छी दान-दक्षिणा देकर काठी दल को विदाई देता है। काठी नर्तक गा-गाकर यजमान को आशीर्वाद देते हैं।

महाशिवरात्रि काठी नर्तकों का सबसे बड़ा उत्सव मेला है। इसी दिन काठी का समापन होता है, बाना उतार दिया जाता है। काठी माता को विश्राम दिया जाता है।

सुविधा के अनुसार काठी दल पचमढ़ी, बीजागढ़, चारुवा, सिरवेल, बड़केश्वर और मकड़ई महादेव पहुँचते हैं। एक-एक स्थान पर कई काठी दल पहुँचते हैं। दिन भर नाचते हैं, संध्या के समय भगवान शिव की पूजा कर काठी का बाना अगली देव प्रबोधिनी एकादशी तक के लिए उतार देते हैं। काठी निशान (ध्वज) भी उतार लिया जाता है। काठी का श्रृंगार घर में पूरी पवित्रता के साथ वर्ष भर के लिया रख दिया जाता है। केवल काठी के गीतों की मधुर लय, नाच के ठुमके और काठी कथाओं के संवादों की गीतमय प्रस्तुति, ढाँक की सुरीली थाप, थाली का मधुमय अनुगूँजन कानों में गूँजता रहता है। काठी का पूर्वरंग पूर्णतः पारम्परिक और अनुष्ठानिक है।

काठी का श्रृंगार

काठी नर्तकों का श्रृंगार पारम्परिक है। वागा गले से लगाकर पैरों तक पहना जाता है। वागा लाल चोल का कमर के नीचे घाघरे जैसा घेरदार और ऊपर पूरी बाँह का होता है। काठी की यह वेशभूषा नेपाल के महाकाली नृत्य के नर्तकों से मिलती-जुलती है। दक्षिण के कत्थक की वेशभूषा भी इसी तरह की होती है। वागा की पीठ पर सफ़ेद कपड़े के चाँद-सूरज की आकृतियाँ टँकी रहती हैं। सामने वक्ष एवं घेर में सितारे टँके रहते हैं। जिन्हें 'कवड़िया' कहते हैं। वागा नर्तक के पूरे तन को ढँक लेता है। सिर पर लाल पगड़ी। पगड़ी पर सफ़ेद पीला दुपट्टा दाढ़ी के नीचे से होता हुआ बाँधा जाता है, जिसे 'काछा' कहते हैं। पगड़ी में मोरपंख की कलगी 'छेंगा' लगाया जाता है, पगड़ी में गोटा-किनारी टँकी होती है। मस्तक पर श्वेत चन्दन टीका, गालों पर चमक, कमर में कमर पेटी ज़री या जालीदार बाँधी जाती है, बाँह पर

माच, सीता स्वयंवर में रावण, उज्जैन

बाजूबन्द, वागे के ऊपर जनेऊ के समान सेली पहनी जाती है। सेली में सिंगी बाँधी जाती है। नर्तकों के शृंगार में कम से कम एक घण्टा लगता है। अन्य भगत, धोती, कुर्ता, पगड़ी और कमर में अँगोछा बाँधे रहते हैं। आँखों में काजल, पैरों में घुँघरू, चूड़ीदार पाजामा काठी शृंगार का अनिवार्य अंग है। काठी नर्तकों के अन्य साथी खोरदार, रजूल्या और छड़ीदार जो चूड़ीदार पाजामा-कुर्ता पहने होते हैं। खोरदार थाली बजाता है। रजूल्या देवी की सेवा और अखाड़ा लगाता है। काठी के प्रसिद्ध नर्तकों में लुक्का भगत, शंकर-जिवराज, भग्या, ठाकरिया, मुकुंद, धरम्या, उंदरिया, सीताराम-गिरधर, गणपत अपने समय के प्रामाणिक कलाकार रहे हैं।

वर्तमान में सखाराम गिरधर–रणगाँव, पद्मशंकर दयाराम भाडली, छज्जू बंकट–बिटोरी, पूनमचंद–बोरवार, गबरू दशरया–बलकवाड़ा, भील्या-छीटू–साईखेड़ी, भगवानदास–नागचून, उमराव-फूलचंद–भंडरिया, तेज्या बाबू–बिलखेड़ी (खण्डवा), मांगीलाल, मोहनलाल, राधेश्याम, रामस्वरूप, गोंदागाँव गंगेश्री (होशंगाबाद) काठी परम्परा को जीवित रखे हुए हैं। बलकवाड़ा के पुन्या हेमा, ख़ुश्याल, धरमिया ने मालवी-निमाड़ी लोकोत्सव 73 इन्दौर में खुले रंगमंच पर काठी का सार्वजनिक प्रदर्शन किया था। पद्मशंकर के दल ने भोपाल, दिल्ली, अहमदाबाद में काठी का सफल प्रदर्शन कर काठी को व्यापक प्रतिष्ठा दिलाई। पद्मशंकर को मध्यप्रदेश शासन संस्कृति विभाग की ओर से प्रदेश का सर्वोच्च शिखर सम्मान प्रदान किया गया। वहीं रामस्वरूप शंकरलाल की काठी मण्डली ने जर्मनी और ब्रिटेन की सांस्कृतिक की यात्राएँ की हैं।

काठी के वाद्य

ढाँक, काठी का मूल वाद्य है। नर्तक ढाँक को गले से कमर तक इस तरह लटकाते हैं, जिससे बजाते समय आसानी से ऊपर-नीचे, आगे-पीछे किया जा सके। ढाँक केवल वाद्य का ही काम नहीं करती, बल्कि गाये गये अंशों के अभिनय में भी सहायता करती है। ढाँक मर्सिंग वृक्ष के एक ओर झुके हुए पतले डण्डे से बजाई जाती है। नर्तक एक हाथ से ढाँक में कसी रस्सियों को पकड़ता है, रस्सियों को दबाने से ढाँक की अनुगूँज आवश्यकतानुसार कम-ज़्यादा, गमक तेज़ ऊँची-नीची की जा सकती है। ढाँक पर मर्सिंग का डण्डा पड़ते ही 'ढुढुक-ढुढुक' का स्वर निकलने लगता है। ढाँक स्वयं नर्तक अपने गाँव में बनाते हैं। ढाँक की आकृति डमरू से मिलती-जुलती होती है। ढाँक पर बकरे, गौरफड़ या बैल की खाल मढ़ी होती है। ढाँक को सजाने के लिए रंगीन रूमाल बाँध दिये जाते हैं।

ढाँक के साथ थाली की झनझनाती तेज़ तीखी आवाज़ काठी नृत्य को इतना प्रभावशाली बना देती है कि ढाँक और थाली का संयुक्त स्वर दूरस्थ दर्शकों का आह्वान कर लेता है। थाली काँसे की होती है। लकड़ी के गोल डण्डे की सन्तुलित मार से थाली ऐसी ध्वनि उत्पन्न करती है कि बस? रात के सन्नाटे में थाली की मधुर और गम्भीर ध्वनि मन में इतना कुतूहल भर देती है कि काठी का 'ख्याल' (तमाशा) आधी रात में लोग उठ-उठकर देखने दौड़ पड़ते हैं। काठी में सिंगाड़िया का प्रचलन लगभग बन्द हो गया है।

काठी में सभी पुरुष पात्र होते हैं। स्त्रियाँ काठी का बाना नहीं उठातीं। काठी की प्रारम्भिक प्रतिष्ठा, पूजा गाँव की सुहागन स्त्रियों द्वारा की जाती है। काठी के दो नर्तक महत्त्वपूर्ण पात्र होते हैं। मुख्य पात्र बड़ा भगत होता है। बड़ा भगत कथा, नृत्य ढाँक बजाने की शुरुआत करता है। छोटा भगत बड़े भगत का अनुसरण करता है। कथा गीतों को ऊँची आवाज़ में दुहराता है, अर्थ करता है। अर्थ के साथ नृत्याभिनय करता है। खोरदार की वेशभूषा सादी होती है। रजुल्या देवी धारण करने के साथ गीतों को दोहराने में सहायक होता है। श्रृंगार लेने के बाद काठी के सभी पात्र नृत्य करने के लिए तैयार हो जाते हैं।

काठी की मूल प्रस्तुति सरस्वती वन्दना से प्रारम्भ होती है। नर्तकों की मान्यता है कि सरस्वती स्वरों की देवी है, इसीलिए स्वर की आराधना पहले किये बिना नृत्य-गान कैसे प्रारम्भ हो सकता है? बाद में मंगल दाता गणेश की वन्दना प्रचलित है।

प्रथम संवरा रामा, देवि सारजा,
पाछऽ सी लेवां, गणपति को नाँव।

–हे भाई! सबसे पहले हम सरस्वती की वन्दना करें, फिर गणेश की स्तुति करें। नर्तक गाते हैं, ढाँक बजती है, थाली पर डण्डा पड़ता है, खोरदार गीत उठाता है।

ढाँक की थाप पर नर्तकों के पैर थिरकने लगते हैं।

काई बिन सँवरी रामा, देवी सारजा,
केसा उछाल्या, बाळो गणराज।
कुण की बेटी रामा, देवी सारजा,
अमृत लगायो, बाळो गणराज।
कण्ठ बिन सँवरी रामा, देवी सारजा,
हिरदा बिन सँवरियो बाळो गणराज।

–सरस्वती वन्दना के बीच-बीच में नर्तक काठी माता के लिए प्रणाम की मुद्रा लेते हैं।

वन्दना समाप्ति के बाद आरती होती है।

एक संजा पड़ी म्हारा धणियर,
दिन आसण हो गया राम।
कुण कारणा हो राम।।
कुण कारणा राजा, पड़ी गयी साँझ,
एक धरम का कारण सूरीमल,
रथ पऽ चढ़यो हो राम,
आरामल कारण राजा, पड़ी गयी साँझ।।

यहाँ से संध्या आरती प्रारम्भ होती है।

पयली बिन आरती भोला देव ईस्वर,
दूसरी बिन आरती अम्बा माई हो।
तीसरी बिन आरती अठकुल परबत।
चौथी बिन आरती, सई देव ब्रह्म की।
ब्रह्मा का तो हात मऽ वेदपुराण।
पाँचवीं बिन आरती,
छत्तीस करोड़ देव मांडळई।
छटी बिन आरती कासप रखी।
सातवीं बिन आरती जलमी माता पण अपणी।
तून जलम बताया हीरा अवतार।
मनुस सरीखो दुनिया मऽ जलम नी,
बहुड़ी नी आवगऽ हीरा अवतार।
दुनिया में आया, धरम कोई नेम करो
धरम संगाती रे पुन साथ जाये,
आठवीं बिन आरती कपला गाय कामधान
थारो घीव को दिवलो बळ खण्ड पृथ्वी माय।

–हे भाई! पहली आरती हम भगवान शंकर की उतारें क्योंकि, भोले शंकर की वन्दना किये बिना कोई कार्य पूरी तरह से सम्पन्न नहीं होता है, दूसरी आरती जगत जननी जगदम्बा देवी की उतारें, तीसरी आरती हम आठ वंश वाले पर्वत हिमालय

की उतारें। चौथी आरती संसार के स्रष्टा भगवान ब्रह्मा के बिना अधूरी है, जिनके हाथों में वेद पुराण हैं, विश्व का समस्त ज्ञान है। पाँचवीं आरती छत्तीसकोटि देवताओं की, छठी आरती कश्यप ऋषि के बिना पूरी नहीं होगी। सातवीं आरती जन्म देने वाली माता और जन्मभूमि के बिना अधूरी है। माँ ने इस पृथ्वी पर हीरे जैसा अवतार दिया है। मनुष्य के समान संसार में अवतार नहीं हैं, मनुष्य जीवन फिर लौट कर नहीं आयेगा। संसार में आये हो तो धर्म-पुण्य करो, केवल अच्छे कार्यों की चर्चा ही रहती है। आठवीं आरती कामधेनु की करना आवश्यक है, जिसके पावन घी से नौ खण्ड पृथ्वी में दीपक रात-दिन जलते हैं।

इस महाआरती का प्रसाद किसे मिलेगा?

कोण भगत न आरती को साँजो लियो,
कोण भगत न कळस दियो चढ़ाय
सुरा भगत न आरती को साँजो लियो,
पुरा भगत न कळस दियो चढ़ाय।
आरती थारी गावाँ ईस्वर छव नी पड़ऽ
हरि-बुध मेला हम कलस चढ़ाय।।

किस भाई ने महा आरती का प्रसाद पाया है? किस भाई ने कलश चढ़ाया है? दूसरा उत्तर देता है–

वीर भाई ने इस आरती का प्रसाद लिया है। और बलिदानी भाई ने कीर्ति कलश चढ़ाया है। हे ईश्वर! हम आरती गाते हैं, जिसका कोई पारावार नहीं है। आरती के अन्त में सबको आशीर्वाद दिया जाता है–

गायो गवाड्यो नगर को धरम हुजो।
सुणता सामळता गंगा स्नान।।

जिसने गाया और गवाया उनका तथा नगर का भला हो, जिस किसी ने यह सुना और समझा, उसे गंगा स्नान का पुण्य प्राप्त हो।

आरती के बाद दर्शकों के घेरे में नाचते हुए नर्तक यजमान और दर्शकों से कथा चरित सुनाने की इजाज़त लेते हैं।

कहो ते हम गावाँ रे राजाराम हरिचन्द्र,
कहो ते हम गावाँ वन की गोंडेन नार,
कहो तो हम गावाँ रे सुलयाळो सती महाजन,
नई तो कवो तो हम गावाँ नानो सो भिलणों बाळ।।

हे भाइयो! चारों कथाओं के शीर्षक हमने बता दिये हैं, अब आप अपने मन की बात कहो।

चार खण्ड रे सुरता नऽ कऽ परखई दिया,
धीर-धीर कयजो मंदड़ा की बात।।

यहीं से मुख्य कथाओं की प्रस्तुति शुरू होती है। बहुधा यजमानों के आग्रह पर ये कथा चरित गाये जाते हैं। यदि कोई धार्मिक वृत्ति का यजमान है तो वह हरिश्चन्द्र आदि की कथा करवाता है। चारों चरितों का इतना विस्तार है कि राजा हरिश्चन्द्र की कथा तीन दिन, सुरयाला सती महाजन तीन दिन, गोंडेन नार साढ़े तीन दिन और भिलणा बाल सात दिन तक चलती रहती है।

कथाओं की रचना के बारे में निश्चित नहीं कहा जा सकता है। किंवदन्ती के अनुसार काठी गीत कथाओं का सृजन भूरा भगत और उनके शिष्य हरिबुध ने किया है। गीतों में हरिबुध का नाम कई बार आया है।

काठी की मूल प्रवृत्ति नृत्यनाट्य की है। काठी में नृत्य का अंग सर्वाधिक है, लेकिन काठी में नृत भी मौजूद है। संस्कृत नाटकों की तरह गाते समय अभिनय का पुट काठी नर्तक खोरदार और छड़ीदार अवश्य देते हैं। काठी सम्पूर्ण लोकनाट्य है। काठी की नियति नृत्य प्राधान है, परन्तु कथावस्तु नाट्य के नज़दीक है। काठी में अलग से सूत्रधार नहीं होता। सूत्रधार की भूमिका स्वयं बड़ा भगत निभाता है। वह कथानक को संक्षिप्त और विस्तार देता है। वह ढाँक की हर चाल को तीव्र, मध्यम और नृत्य की गति का समन्वय करता है।

तमिलनाडु का लोकनृत्य-नाट्य तेरूकुत्तु निमाड़ की काठी से बहुत कुछ मिलता-जुलता है। तेरूकुत्तु की तरह काठी में संवाद बहुत कम हैं, जो संवाद हैं, गीतिमय हैं। कथा सुनाने के लिए कथा खण्डों के नाम छन्दों में प्रस्तुत करना और यजमान से उसके मन पसन्द कथा चरित्र सुनने के लिए पूछना प्रारम्भिक संवादों की शुरुआत है। बंगाल की काठी में हाथ में डण्डा लेकर नाचने की परम्परा है।

प्रमुख नर्तक गीत के रूप में कथा उठाता है। एक चौक गाता है, लय में चौक का अर्थ करता है। इसे 'अर्थाना' कहते हैं। प्रमुख नर्तक के कहे गये अर्थ को 'खोरदार' दोहराता है। अर्थात् दोहराते समय खोरदार का हाथ उठाकर आगे-पीछे गोल घूमना और नाचना काठी की दूसरी कड़ी है।

काठी की विषयवस्तु पौराणिक और ऐतिहासिक है। हरिश्चन्द्र कथा सतयुग, सुरियाला सती महाजन द्वापर, भिलणों बाळ त्रेता और गोंडेन नार आदिम युग की

कथाएँ कही गयी हैं। हरिश्चन्द्र पौराणिक आख्यान है। गोंडवाना की रानी की कथा आदिम है। काठी कथाओं में आंचलिक विशेषताओं का समावेश है। गाने के लिए केवल काठी कथाएँ ही नहीं होतीं, महाभारत के कई प्रसंगों के अलावा गौरा माता को चूड़ो, पार्वती की तपस्या, उमावड़ो, नानीबाई को मायरो, रूप-बसन्त कथा, शंकर को ब्याव, सरवण कथा, नर्मदा स्तुति आदि कई प्रसंग काठी नर्तक गाते हैं।

काठी नृत्य-नाट्य में हरिश्चन्द्र की सत्परीक्षा, रोहित और तारामती के सहज मानवीय करुणा ने निमाड़ की विराट उदारता, सहिष्णुता और व्यावहारिक आदर्श और सत्य का दर्शन कराया है।

थारो नाँव लेवा, म्हारा राजा हरिश्चंद
थारो नाँव लेवा, भरी सभा का माँय।
थारो नाँव लेतऽ दुखियन का दलिद्दर कटऽ
जलम-जलम का पराचित कटता जाय।।

हे सत्यवादी हरिश्चन्द्र! आज हम तेरा नाम लेते हैं, तेरा नाम हम भरी सभा में लेते हैं। तेरा नाम लेते ही दुखियों के दारिद्र्य दूर हो जाते हैं, जन्म-जन्म के प्रायश्चित्त कट जाते हैं।

सत्य पर मिटने वाले राजा हरिश्चन्द्र का सत्य स्वर्ग लोक तक पहुँच गया, तो स्वर्ग में हड़कम्प मच गया।

चवरो डोलऽ सिंगासण कापी गया,
थारा सत का मारे।
उप्पर का डोल्या-चन्दन का झाड़
गवरा माता बोलऽ
भोळा ईस्वर देव जी,
केका पुन आया सिव का चवरा माय।
सत का एक दुनिया मऽ कुण हुया।
केका पुन आया सिव का चवरा मांय।

–हे राजा हरिश्चन्द्र! तेरे सत्य के कारण सारा नभ मण्डल डोलने लग गया। राजाओं के सिंहासन काँप गये हैं। स्वर्ग के देवता भी तेरे सत्य के मारे घबराने लगे हैं।

इसी समय पार्वती ने भोले शंकर से कहा–हे नाथ! यह मृत्युलोक में किसके पुण्य उजागर हुए हैं, जिसकी कीर्ति शिव के कैलाश तक पहुँच रही है। ऐसा सत्यवान संसार में कौन हुआ है? जिसका पुण्य प्रकाश शिव के चबूतरे तक पहुँच रहा है।

हरिश्चन्द्र की कथा का मूल्य सत्य की प्रतिष्ठा है, काठी गीत में इस सत्य की प्रतिष्ठा प्रतीकात्मक है। उस सत्य का बायाँ अंग तारामती हैं। दायाँ अंग हरिश्चन्द्र है और ख़ून रोहिताश्व है। काशी करवत का एक मार्मिक दृश्य द्रष्टव्य है–

हे बेटा! तुम राजा शीतल के बेटे हुए कश्यप ऋषि के शिष्य राजा हरिश्चन्द्र हैं। राजा सवा लाख रुपये कमर में बाँधकर, काशी करवत लेने के लिए काशी नगर को चल दिये। एक रात जंगल में बितायी, दिन निकलते ही वे काशी में पहुँच गये। काशी करवत देने वाले के यहाँ जाकर राजा हरिश्चन्द्र कहने लगे–हम काशी करवत लेने आये हैं, हमें करवत दो। 'करवती' ने उत्तर दिया–करवत के सवा लाख रुपये लगेंगे, इससे कम करवत का मोल कभी नहीं होता। हरिश्चन्द्र ने करवत की मूठ की तरफ़ सवा लाख रुपये रख दिये। हरिश्चन्द्र काशीनगर में करवत लेने लगे। जैसी करवत हरिश्चन्द्र के सिर पर रखी हरिश्चन्द्र ज़ोर-ज़ोर से रोने लगे। करवती ने कहा–राजा हरिश्चन्द्र तुम्हारे रोने का रहस्य क्या है? राजा ने कहा–बायीं धड़ के सभी कोई होते हैं, दायीं धड़ का कोई भी नहीं। बायीं धड़ रानी तारामती है, दायीं धड़ राजा हरिश्चन्द्र दीवान हैं। ख़ून की बूँद धरती पर गिरते ही रोहित पैदा हो गया। काशी नगर को रानी तारामती ने और नगर हरसूद को राजा हरिश्चन्द्र ने बसाया।

नौ सौ पारथी महिलाएँ बारह महीने घर में बैठकर खाती-पीती रहती हैं, उनके नौ सौ पारधी (शिकारी) पति अठारह सौ जीवों का रोज़ शिकार करते हैं, और जीव हत्या करते हैं।

ऐसी घड़ी में राजा के उन जीवों की हत्या करना बन्द करवाया। यह जीव दया राजा हरिश्चन्द्र ने की और रानी तारामती ने पारधियों को जीविका दी। नगद सहायता दी।

गोंडेन नार कथा (आदि आख्यान)

गोंडवाने की गोंडेन नार की कथा शृंगारपरक है। पूरी कथा उपमाओं से भरी है। गोंडवाने में एक गोंड राजा था, गोंडेन रानी ताराबाई सौन्दर्य सम्पन्न थी। एक दिन वह अपने पति के साथ शयनकक्ष में सोयी थी। उसने अपने पति से कहा–मुझे अपने राज्य के पर्वत की सैर कराओ। गोंड राजा ने हाथ में गैती-फावड़ा लिया। रानी गोंडेन ने हाथ में पोटली ले ली। जब दोनों साधारण वेश में घर से निकले तो सामने छींक हुई।

पति बोला–सगुन अच्छे नहीं हैं। गोंडेन ने बागड़ से एक काँटा तोड़ा और काँटे के ऊपर पत्थर रख दिया। इस तरह उसने अपशगुन को दबा दिया। फिर वे आगे चले। एक वन छोड़ा, दूसरा वन पार किया, तीसरे वन में खाड़ी पर्वत पर पहुँचे।

बड़ी मेहनत से राजा गोंड ने कन्दमूल खोदे गोंडेन कन्दमूलों को टोकनी में भरती जाती। चैत्र और वैशाख की तीखी धूप गिर रही है, इस धूप में गोंडी राजा घबरा गये हैं। वे गहरे क़दम की छाँव में जाकर सो गये हैं। इधर पर्वत में विचरण करने वाली गोंडेन नार ने गरमी की वजह से अपना जूड़ा खोल दिया। जूड़ा खोलते ही उसमें लगे फूलों की सुगन्ध महादेव के चबूतरे तक पहुँच गयी। महादेव जी को सुगन्ध भा गयी। उन्होंने पास खड़े हुए अपने नारायण नामक गण को बुलाया और कहा यह सुगन्ध शायद वन में खिले मोगरे दौने के फूलों की है, लेकिन इस समय न मोगरा खिलता है और न दौना। हो ना हो यह सुगन्ध रानी गोंडेन के जूड़े की हो। महादेव जी घोड़े पर सवार हो, नारायण के साथ उसी वन की ओर चल दिये। थोड़ी दूर पर उन्हें रामचन्द्र नाम का पारधी मिला। महादेव जी ने गोंडेन का पता पूछा। पारधी ने कहा हम उसके राज्य में रहते हैं, उसका पता नहीं बताते। इतने में दो सवार निकले, उन्होंने कहा–वह वहाँ बैठी है। हमारा नाम मत बताना।

महादेव जी ने घोड़ा दौड़ाया। घोड़े की टाप सुनकर गोंड राजा घबराया। वह बाँस की जाल में छिप गया। महादेव और नारायण (राउत) गोंडेन के सामने गये। उन्होंने कहा हमारे जंगल की जड़ी क्यों खोदी गयी। सत्य की कमाई पर हमारा निर्वाह होता है। गोंडेन ने विनम्रता से कहा–अनजाने में की गयी ग़लती को माफ़ कर दीजिए। महादेव जी प्रसन्न हो गये। गोंडेन से उन्होंने पीने के लिए पानी माँगा। गोंडेन ने कहा इस वन में कुआँ बावड़ी नहीं है। पानी कैसे पिलाऊँ? बाँस की झाड़ियों में छिपा हुआ गोंड़ राजा ने गोंडेन से कहा, सबसे बड़ा पुण्य पानी पिलाने का है, नदी में पानी पिला ला। यह सुनकर रानी राजा को लानत देने लगी–तूने धनुष बाण क्यों बाँधे? मुझे ग़ुस्सा आ जायेगा तो मैं तेरे धनुष बाण अपने नाख़ून और पाँव से तोड़ दूँगी। नाराज़ होकर रानी गोंडेन महादेव जी के साथ नदी की ओर चल दी। महादेव जी को गोंडेन ने नीचा घाट बता दिया और ख़ुद ऊपर के घाट पर हाथ-पाँव धोने लगी। महादेव जी गोंडेन के सौन्दर्य पर रीझ गये।

हाथ-मुँह धोकर गोंडेन ने महादेव जी को जवाब दिया–'हम लोग सात दिन से भूखे-प्यासे थे। हमारे साथियों ने आपके कन्दमूल खोद कर खा लिए।' महादेव जी छेड़खानी करने लगे। उन्होंने उसे पत्थर मारा। इससे वह नाराज़ होकर अपने

देवर लक्ष्मण के पास गयी। उसने अपनी सेना लेकर महादेव जी पर चढ़ाई कर दी। महादेव और गोंड राजा में भयानक युद्ध हुआ है।

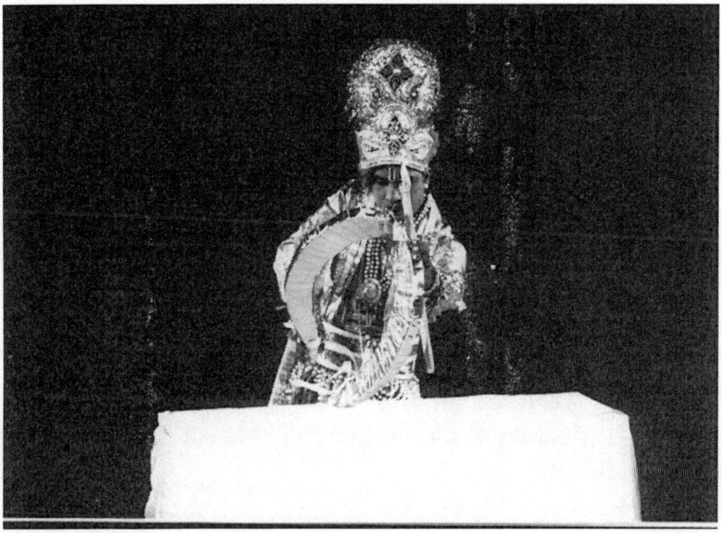

धनुष भंग, सीता स्वयंवर, उज्जैन

महादेव जी ने पल भर में सबको मार दिया। गोंडराजा के निवेदन पर पुनः गोंडेन नार को महादेव ने जीवित कर दिया। तब महादेव जी और गोंडेन जुआ खेलने लगे। जुए में गोंडेन जीती और महादेव हारे। दूसरी बाजी में पार्वती ने चालाकी से अपनी चिड़िया के सहारे महादेव को जिता दिया। पार्वती गोंडेन को राजरानी बना देने का आश्वासन देकर अपने साथ ले आयी। शृंगाररत गोंडेन का सौन्दर्य धीरे-धीरे दमकता है।

न्हाई एक धोई गोंडेन, खड़ी रई,
लागी रई ऊंगता सूरिया भान का पांय।
चोली पेरी गोंडेन चम्पाकली,
लुगड़ी वैड़ी जरद गुलाल,
नैणा में कजलो सारी लियो,
टीकी लगायी ली तारा की जोत।
सोला सिंगार गोंडेन न अपरंग लियो,
जाई न लागी सासू नणद का पाँय

अमर रयजो कुलवऊ थारो रंग मायरो
सदा रयगऽ थारा गोंडिया को राज।

प्रातः स्नानादि करके गोंडेन तैयार हुई। उदित होते हुए सूर्य देवता को प्रणाम किया। फिर उसने अपना श्रृंगार करना आरम्भ किया। सबसे पहले उसने चम्पा की कली के समान रंग वाली चोली पहनी। गहरी गुलाबी रंग की साड़ी पहनी। नयनों में काजल लगाया। भाल पर टिमटिमाते हुए तारे की बिंदिया लगायी। इस तरह उसने पूरा सोलह सिंगार करके सास और ननद के पाँव छुए। सास और ननद ने उन्हें आशीर्वाद दिया–हे कुलवधू! तेरे पति गोंडराज का राज सदैव बना रहे।

भिलणो-बाळ कथा

लीमगढ़ का लीमजी और आसागढ़ का आसा गवली मवेशी लेकर पर्वत पर गये। एक जगह दोनों इकट्ठे हो गये। दोनों ने समधी का रिश्ता तय कर लिया। लीमगढ़ गवली के यहाँ लड़का था। नाम था एलन। आशा गवली की लड़की का नाम था मैदा गवलन। लड़का-लड़की की शादी हो गयी। मैदा गवलन और एलन ने रुलगाँव पाटन में अपनी बस्ती बसाई। उनके यहाँ कोई सन्तान नहीं हुई। दोनों ने पुत्र प्राप्ति के लिए वन में बारह वर्षों तक महादेव की कठिन तपस्या की। मैदा गवलन और एलन के भाग्य में कोई सन्तान नहीं थी। पार्वती की कृपा से वासुकी नाग के नौ पुत्रों में से एक पुत्र मैदा और एलन को मिल गया। माता ने बालक का नाम भिलणा रखा। भिलणा बचपन से ही विलक्षण बुद्धि वाला लड़का था। पूरी कथा भिलणा और उसके मित्र भैरव के अद्‌भुत कार्यों से भरी हुई है। भिलणा वीर, जड़ी-बूटियों का जानकार था। तन्त्र-मन्त्र विशेषज्ञ तथा जादूगर था। बंगाल के जादूगरों को वह पाठ पढ़ाकर, राजा गंधी की राजकुमारी राजल से विवाह कर घर लौटता है।

श्रृंगाररत नायक, शोभाराम बाँसुरे दल, मण्डलेश्वर

भिलणा का चरित्र अनूठे कारनामों से भरे होने के कारण श्रोता-दर्शक पूरी कथा सुने बगैर नहीं उठते। नर्तक भी श्रोता-दर्शकों को बीच में बेसहारा नहीं छोड़ते। बीच-बीच में खोरदार हास्य-व्यंग की फुलझड़ियाँ लगाकर दर्शकों की नींद को भगा दिया करते हैं। भिलणा पौराणिक भैरव की कथा है।

कहीं-कहीं कथा के ख़ास अंश सुनने के लिए श्रोता स्वयं सजग हो जाते हैं। घर लौट गये हों तो वापस काठी अखाड़े में आ जाते हैं।

सुरियालो सती महाजन

सुरियालो सती महाजन जितना बड़ा सत्यवादी था उतना ही बड़ा दानी भी था। कहते हैं वह महादानी कर्ण का अवतार था। वह अपनी बुद्धि, साहस, त्याग और धैर्य के कारण अराजकता, व्यभिचार, अव्यवस्था और भयंकर दुर्भिक्ष के विरुद्ध विजय प्राप्त करता है और अपनी प्रजा को सुख-समृद्धि देने में सक्षम होता है। दुर्भिक्ष में सब कुछ दान करने के बाद भगवान शंकर सुरियालो सती महाजन की कठिन और अन्तिम परीक्षा लेते हैं। जोगी के रूप में शिव और गणे नारायण सती महाजन के पुत्र के मांस को खाने की ज़िद करते हैं। अतिथि सत्कार के लिए महाजन राज़ी हो जाते हैं, लेकिन निवाला मुँह में जाने के पूर्व महादेव सती महाजन का हाथ पकड़ लेते हैं। भगवान प्रसन्न हो जाते हैं। पार्वती के आग्रह पर पुत्र को पुनः जिलाकर सती महाजन को अमर होने का वरदान देते हैं।

कथा में दुर्भिक्ष का सजीव वर्णन मिलता है। सारी कथा करुण रस से सराबोर है। सती महाजन की कथा राजा मोरध्वज के कथानक से बहुत कुछ मिलती है। काठी की चार प्रमुख कथाओं के अतिरिक्त महादेव की तपस्या, पार्वती को चूड़ो, नानी बाई मायरो, उमावड़ो, सरवण की कथा आदि महाभारत के प्रसंग काठी में गाये जाते हैं।

काठी में कथा गान के साथ नृत्य होता है। काठी की लयात्मकता अत्यधिक समृद्ध और सर्वोपरि होती है। आकर्षक दैहिक गतियों, लयबद्ध पद संचलन तथा सहज हाव-भावों का अद्‍भुत समन्वय काठी को प्रभावकारी बना देते हैं। संक्षेप में कहें तो काठी का खेल ढाँक की लय पर केन्द्रित है। ढाँक की तेज लय नृत्य को द्रुत गति प्रदान करती हैं।

काठी की कथावस्तु शिव-पार्वती के इर्द-गिर्द घूमती है। काठी भगत भगवान शिव के परम भक्त होते हैं। काठी उठाते समय नर्तक पूरे समय भगवान के भक्त का बाना धारण करते हैं। काठी की वेशभूषा फन्तासी रचने में समर्थ होती है। काठी

की वेशभूषा, सज्जा और नृत्य की तुलना किसी भी नृत्य-नाट्य से की जा सकती है। काठी का व्यवसायीकरण अभी तक नहीं हुआ है। सभी काठी दल पारम्परिक और पूजित भाव से काठी धारण करते हैं।

काठी नृत्य-मुद्राएँ कथा गीत के साथ चलती हैं। मुख्य नर्तक गीत की पंक्तियाँ गाकर विभिन्न मुद्राओं में नृत्य करते हैं। खोरदार थाली बजाते हुए नृत्य करता है। काठी की मुद्राएँ परम्परागत होती हैं। नृत्य की गति और लय का समन्वय काठी नृत्य की ख़ासियत है। दोनों नर्तक अर्द्ध चक्री लगाते हैं। झुककर उड़ान भरते हैं। एक झटके के साथ घूम कर बैठते हैं। झुककर एक हाथ में घाघरे का छोर पकड़कर हाथ को सिर तक ले जाते हैं। ढाँक छाती तक उठाकर डण्डे से विशेष प्रकार का ठेका लगाते हैं। पीठ से पीठ लगाकर नाचना, आगे-पीछे वक्री होकर नाचना आदि काठी की नृत्य मुद्राएँ हैं। काठी नर्तकों से मिली जानकारी के अनुसार काठी की प्रमुख बारह मुद्राएँ हैं। अलग-अलग अंचलों में इनसे मिलती-जुलती या भिन्न मुद्राएँ हो सकती हैं। नृत्य अपनी सुविधा और आवश्यकतानुसार मुद्राओं में फेरबदल कर लेते हैं। लोकनाट्यों में शास्त्रीय नृत्यों की तरह मुद्राओं का कोई बन्धन नहीं होता। नर्तक की मनमौज पर बहुत कुछ निर्भर करता है। फिर भी परम्परागत मुद्राओं का निर्वाह हर काठी कलाकार करता है।

संगीत की दृष्टि से काठी के केन्द्र में ढाँक होती है। ढाँक की थाप और थाली का डंका काठी नृत्य की मुद्राओं को खोलता है, एकत्रित करते हैं और दर्शकों को कथाओं में रहने का अवसर देते हैं। काठी नृत्य के लिए ढाँक पर कई परम्परागत तालों का प्रयोग होता है। ढाँक की मुख्य विशेषता है तालों की निबद्धता। ढाँक पर निकलने वाली ताल हर गीतों के लिए उपयुक्त नहीं होती। खास रागों में निबद्ध कथा गीत ही ढाँक पर चलती हैं। ढाँक पर मुख्य सात ताल या चाल बजाई जाती है। काठी कथाएँ मुख्यत: बागेश्वरी, भोपाली, यमन, भीमपलासी, दुर्गा, बिहाग और जै-जैवंती रागों में निबद्ध हैं। एक ही कथा में एक से अधिक रागों का प्रयोग हुआ है। हरिश्चन्द्र कथा में बागेश्वरी, भोपाली, बिहाग, भिलणा बाळ और गोंडेन नार में भोपाली, जै-जैवंती आदि रागों का समावेश हुआ है।

काठी का मुख्य स्वर मध्यम है। पंचम और षड़ज का प्रयोग भी सर्वाधिक हुआ है। कथाओं का प्रारम्भ द्रुत से होता है और समापन विलंबम से। नर्तक बीच-बीच में 'महादेव-महादेव' का आलाप लगाते हैं। कथाओं में मुखड़ा, टेक, दौड़, उड़ान, रास, झेला रोजई (उतार-चढ़ाव), पटक, चलत का प्रयोग होता है। खोरदार

विलम्बित या पिछली राग पकड़कर कथाओं को दोहराता है। मुख्य गायक के अर्थ करने के बाद फिर एक बार खोरदार अन्तिम पंक्ति गाता है।

यह क्रम पूरी कथा में चलता रहता है। काठी में यशगान की तरह प्रसंग के अनुरूप पात्रों का अवतरण नहीं होता, इसीलिए काठी तीन पात्रों में पूर्ण हो जाती है। प्रमुख नर्तक कथा गायन में पात्रों, संवादों और अभिनय की सृष्टि करता है। कहते हैं काठी में पहले कथा के अनुरूप पात्रों का आगमन होता था। नृत्य के पीछे-पीछे अभिनय अनुसरण करता है और नृत्य बन्द होने पर अभिनय की छाया बनकर नृत्य चलता है। यह पता नहीं चलता कि अभिनय किस स्थान से प्रारम्भ हो गया है। काठी में नृत्याभिनय अन्योन्याश्रित है।

निमाड़ का काठी नृत्य-नाट्य किसी भी पारम्परिक नाट्य की बराबरी कर सकता है। आज अनुष्ठानिकता को क्षति पहुँचाये बग़ैर काठी को आधुनिक मंच पर प्रतिष्ठा की आवश्यकता है।

❑❑

चौपट राजा
तथा अन्य बाल नाटक

विजय तेंडुलकर

अनुवाद

माधुरी ब्रम्हे

वाणी प्रकाशन

वाणी प्रकाशन
4695, 21-ए, दरियागंज, नयी दिल्ली 110 002
शाखा
अशोक राजपथ, पटना 800 004
फ़ोन : +91 11 23273167 फ़ैक्स : +91 11 23275710
www.vaniprakashan.in
vaniprakashan@gmail.com
sales@vaniprakashan.in

CHOUPAT RAJA
TATHA ANYA BAL NATAK
by Vijay Tendulkar
Translated by Madhuri Bramhe

ISBN : 978-93-5229-767-2
Play

प्रथम (वाणी) संस्करण

मूल्य : ₹ 200

सिटी प्रेस, दिल्ली-110 095 में मुद्रित

वाणी प्रकाशन का लोगो मक़बूल फ़िदा हुसेन की कूची से